산골짜기에서 온 편지 4

신앙계

| 머릿글 |

〈산골짜기에서 온 편지〉 제4권을 발간하게 되어 대단히 기쁩니다. 하나님이 저를 사용하신 것에 대해 감사를 드립니다.

이 책은 학문적인 책이 아닙니다. 외진 산골짜기에서 생활하는 관계로 우리는 정확한 연구를 할 수 있는 시설과 시간을 갖추고 있지 못합니다. 조그만 서재 하나가 있기는 합니다만 그곳을 이용할 만큼 여유가 있는 사람도 없습니다. 우리는 우리의 기본 사역인 성경 읽고 기도하는 일 외에 밭을 갈고 집을 짓고 음식을 장만하는 일만으로도 너무 바쁜 사람들입니다.

나는 우리가 하는 일을 성경 읽기라고 말합니다. 왜냐하면 그것에 '성경공부', 혹은 '성경연구'라는 거창한 명칭을 붙여 주기는 어렵기 때문입니다. 그러나 우리는 성경을 해석할 때만은 최대한의 주의를 기울였습니다. 알고자 하는 말씀이 성전 전체의 흐름과 또 관련된 다른 구절의 말씀과 상치되지 않는지를 확인하고자 했습니다. 우리가 이렇게 하는 것은 성경을 해석하는 일이야말로 가장 정확성과 조심성을 기해야 한다고 믿기 때문입니다.

저는 여기에 실린 편지의 대부분을 짜집기 형식으로 작성했다는 것과 대부분의 질문자들의 이름을 실명이 아닌 가명으로 했다는 것을 밝혀 두고자 합니다.

몇몇 사람들의 비슷한 질문을 혼합해서 하나의 질문으로 만들었고 가공의 인물을 설정해 그에게 질문에 대한 답을 편지로 썼습니다. 그 외의 것은 실제 인물에게 보내진 편지입니다. 질문들은 대개가 문어체보다는 구어체이기에 저 역시 구두 형식으로 대답을 했습니다. 저는 질문의 주제들이 무척 광범위하다는 것과 보다 많은 독자들과 함께 나누어야 할 사안이라는 것을 나중에야 깨닫게 됐습니다.

수많은 독자들에게 저를 소개시켜 주시고, 나의 글이 때로는 문제의 대상이 될 수 있었음에도 불구하고 편지 내용에 대한 재량권을 전적으로 저에게 맡겨 주신 점에 대해 신앙계사에 진심으로 감사드립니다.

저는 얼마 전 프랭키 쉐퍼의 〈진짜 돼지를 위한 가짜 진주〉란 책을 읽고 시장경제 속에서 살아 남기 위해 예술가들이 얼마나 자주 타협을 해야만 하는가를 깨닫게 됐습니다. 이 같은 현실에 비춰 볼 때 저에게 부여된 자유가 얼마나 완벽한가를 새삼 느끼게 됩니다.

제가 주의 음성을 올바로 듣고 그것을 타협 없이 전할 수 있도록 저를 위해 기도해 주시기 바랍니다. 진리란 너무나 중요한 것 아닙니까?

예수원에서 **대천덕**

목 차 _contents

■ 인간 본성이 변화될 수 있는 방법

11 '믿음'이라는 단어가 주는 진정한 의미
19 '형제, 자매'라는 호칭의 특별한 의미
25 내적 치료, 어떻게 해야 할 것인가
33 인간 본성이 변화될 수 있는 방법
41 국기에 대한 경례는 우상숭배 아닌가
47 자신을 낮출 수 있는 방법은 무엇입니까
55 기독교 단체 운영은 어떻게 해야 합니까
61 농촌 교회, 왜 쇠약해 가나
69 믿지 않는 자는 지옥에 갈 수밖에 없는가
77 우리의 자녀, 인본 교육에서 보호할 수 있나

■ 환난날을 어떻게 대비해야 할까요

87 용서받음같이 남을 용서해 주라
97 환난날을 어떻게 대비해야 할까요
105 기도로 잘못된 목회자를 바로잡아 줍시다
113 남편의 폭행을 어떻게 치유해야 할까요
121 크리스천이 가져야 할 노동관
127 주님은 때로 변장한 모습으로 다가옵니다

■ 기독교 국가란 가능한가

137 세상과 그 법에 대한 우리의 자세
145 기독교 내의 샤머니즘, 어떻게 볼 것인가

153 기독교 국가란 가능한가

161 교회에서 일어난 분열, 어떻게 해결해야 하나

169 교회 내의 전문연구직, 어떤 것이 있나

177 한반도에 대한 하나님의 계획

183 한국전쟁에 나타난 하나님의 섭리

189 국가지도자가 취해야 할 정강(政綱)정책 12가지

■ 신유기도에 관한 성서적, 과학적 근거

199 한국의 추석과 유대교의 초막절

207 신유기도에 관한 성서적, 과학적 근거

215 회교는 왜 급속히 성장하고 있는가

223 서로에게 '죄'를 고백합시다

231 온 인류에 대한 죄도 용서를 구해야만 합니까

239 성찬의 참의미

■ 성령세례의 필요성은 무엇입니까

249 성령세례의 필요성은 무엇입니까

259 하나님이 인도하시는 방법

269 성령의 사역에는 어떤 것이 있습니까

277 신앙상담, 어떻게 할 것인가

285 선교사역의 여러 유형들

291 예수원을 위한 우리의 기도 제목

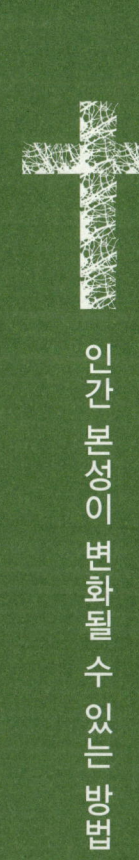

인간 본성이 변화될 수 있는 방법

산골짜기에서 온 편지

'믿음'이라는 단어가 주는 진정한 의미

존경하는 대천덕 신부님.

제가 이 글을 올리는 것은 한 가지 질문에 대한 해답을 얻고자 해서입니다. 얼마 전 저는 믿음이 남달리 좋은 사람들이 예수의 본을 따르려는 시도를 하다 참극을 빚은 몇 가지 사례에 대해 들었습니다.

어떤 두 형제가 예수의 본을 따라 40일간 금식을 했습니다. 그런데 한 형제가 39일 만에 죽었습니다. 이 참상을 옆에서 지켜보던 다른 형제는 충격을 받고 혼절해 버렸습니다. 제가 알고 있는 한 의사는 의학적 치료로 쉽게 나을 수 있는 암환자가 의료를 거부하고 기도로 치료하기 위해 산으로 들어간 얘기를 제게 해 준 적이 있습니다. 그러나 그 환자는 그의 기도에도 불구하고 암이 악화되어 결국 죽었습니다.

신부님, 저는 예수께서 마태복음 9장 29절에서 "너희 믿음대로 되라."라고 말씀하신 것을 기억합니다. 또한 예수께서는 제자들이 모인 곳에서 몇 번 구하여도 받지 못함은 믿음이 부족해서 그런 것이라고 설명하셨습니다. 그러나 제가 앞에서 언급했던 사람들은 모두 훌륭한 믿음을 갖고 있었습니다. 하지만 그들은 죽었습니다. 신부님께서 이 문제에 대해 설명을 해 주십시오.

- 주 안에서 천석 올림

사랑하는 천석 형제.

주신 편지 감사합니다. 바쁘시지만 저희 예수원에 오셔서 유익한 시간을 보내시면 좋을 텐데 아쉽습니다.

천석 형제께서 제기한 질문에 대해 생각해 봅시다. 형제는 아주 중요한 질문을 제게 해오셨습니다. 형제가 질문하신 문제는 '믿음'이란 말을 이해하는 차원과 관련이 있지 않나 생각합니다. 믿음, 소망, 사랑, 그리고 은혜, 교제의 단어들은 성경에 나오는 낱말 중에서 매우 중요한 단어들입니다. 그러나 우리들은 이 단어들의 뜻을 바로 알지 못하고 있습니다. 그러면 형제가 질문한 '믿음'이란 단어의 뜻이 진정 무엇을 의미하는지 명확히 알아보도록 합시다.

믿음을 의미하는 어휘는 성경에 3백 개 이상이나 나오고 있어서 사람이 이 어휘들을 모두 비교하고 각각 어떤 차이점이 있는지를 알아내려면 그의 삶의 대부분을 소비해야 할 것입니다. 그러나 여기 이 문제를 이해하는 데 도움이 되는 성경 구절 몇 개가 있습니다.

히브리서 11장 4절의 말씀은 아벨의 믿음을 통해 가인의 믿음도 엿볼 수 있습니다. 아우를 죽인 가인은 하나님을 믿었고, 그의 속죄물과 그의 아우에 대해서 하나님과 대화를 나눈 사람이었습니다. 그러나 가인은 오만하고 완고했습니다. 그의 믿음은 자아 중심적인 믿음이어서 하나님의 쓰임을 받으려는 믿음이 아니라 하나님을 이용하려는 믿음이었습니다.

또한 히브리서 11장에는 노아의 믿음이 나옵니다. 노아는 당시 그가 살아 있던 시대의 가치기준으로 판단했을 때 분명 어리석은 일을 도모했습니다(당시의 사람들은 '비'라는 단어를 들어 본 적이 없었음). 그러나 그는 하나님께 순종하며 그 같은 어리석은(세상의 눈으로 봤을 때) 일을 했습니다. 그는 자신을 과시하거나 하나님을 시험하지 않았으며 다만 순종만 했을 뿐이었습니다.

또한 히브리서 11장은 '순종하여 집을 떠난' 아브라함에 대해 말씀합니다. 그가 갈대아 우르를 떠나기 원했는지 원하지 않았는지 그리고 새 보금자리를 찾았는지는 중요한 문제가 아닙니다. 중요한 것은 그가 하나님이 시키신 대로 했다는 사실입니다.

우리는 구약성서를 읽으면서 금식을 했던 사람들을 발견할 수 있습니다. 그중에는 하나님의 뜻에 순종해서 금식을 한 사람도 있었으나 하나님의 힘을 이용하기 위해 금식했던 사람도 있었습니다. 야고보서 4장 3절은 "구하여도 받지 못함은 정욕으로 쓰려고 잘못 구함이니라."라고 말씀하십니다.

40일 기도를 드리다 쓰러졌던 두 분의 동기에 대해선 제가 판단할 입장이 못됩니다. 나는 이따금 얼마나 오랫동안 금식기도를 해 봤느냐는 질문을 받곤 합니다. 그럴 때마다 그런 질문은 호기심에 의한 질문에 불과한 것이며 하나님께 순종하는 일하고는 아무런 상관이 없다는 사실을 압니다. 나는 그런 질문이 몹시 불쾌하다고 생각해 "세어 본 일이 없습니다."라고 대답합니다.

예수께서는 우리가 금식할 때 남에게 알리거나 자랑하지 말고 하나님(가능하면 직계가족은 무방함) 외에는 어느 누구도 알아차리지 못하도록 조심스럽게 행동할 것을 분명히 말씀하셨습니다.

마태복음 6장 16절부터 18절까지를 보십시오. 하나님의 뜻에 배치된 것은 설령 그것이 금식이나 남을 구제해 주는 일이라 할지라도 그 행위는 죄입니다. 일을 할 수 있는데도 그러하지 않고 남의 도움에 기대는 사람은 죄를 짓는 것이 되며, 높은 임금을 지급하며 경제정의를 실천할 수 있는데도 그러하지 않고 구제하는 일에만 몰두하는 사용주들도 역시 죄를 범하는 일이 됩니다.

공생애 초기에 예수께 닥쳤던 사탄의 시험들을 상기해 봅시다. 첫 번째 유혹은 기도를 해서 기적을 만들어 예수 자신의 문제를 해결하라는 것이었습니다. 복음서를 주의 깊게 읽는다면 예수는 결단코 자신의 유익을 위해 기적을 행하신 일이 없었다는 사실을 발견할 수 있습니다. 그는 다른 사람들의 문제를 해결하는 데는 지극히 관심을 보이셨으나 자신의 문제는 하나님의 손에 맡기셨습니다.

두 번째 유혹은 하나님의 질서세계와 상치되는 정치적인 힘을 이용하는 것, 즉 사탄의 방법을 빌리고 사탄에 복종함으로써 이 세상의 모든 문제를 풀어 버리라는 것이었습니다.

마지막 유혹은 성전 꼭대기에서 뛰어내려 천사들의 도움으로 모든 이들이 보는 앞에서 목숨을 건져 세상 사람들의 이목을 예수 자신에게 집중시키라는 시험이었습니다. 이것은 하나님께 영광을 돌리는 행위가 아니라 인간 자신에게 영광이 돌아가는 시험을 의미합니다.

믿음이란 근본적으로 복종을 말하는데 이는 하나님이 시키시는 것은 무엇이라도 해야 하는 것이며 하나님의 명령이 없으면 그 어떤 행위도 하지 말아야 하는 계율을 뜻합니다. 하나님이 확실히 암환자에게 의학적 치료를 받지 말고 병 낫기를 기도하라고 명령하시면 의학적 치료를 받는 것은 불순종이 될 겁니다. 그러나 명확한 하나님의 명령이 없는 상태라면 자연적으로 해결할 수 있는 것을 초자연적인 방법으로 굳이 해결해야 할 이유가 없습니다.

하나님은 창조주이십니다. 자연의 법칙은 하나님의 법칙이며 우리는 이러한 사실을 진지하게 받아들여야 합니다. 사탄은 우리로 하여금 '이것 아니면 저것'을 생각하게 해 혼란 속에 빠뜨리려고 합니다. 하나님이 만약 자연을 통해 역사하신다면 그때는 기적을 기대해선 안됩니다. 때때로 하나님은 어떤 일을 이렇게도 하시고 저렇게도 처리하십니다. 우리의 임무란 모든 일에 지혜를 구해 하나님이 우리에게 명하시는 일을 하는 것입니다.

지혜를 구하는 문제가 몇 군데의 성경 구절에 언급되어 있는데 그중의 하나가 요한복음 7장 17절입니다. "사람이 하나님의 뜻을 행하려 하면 이 교훈이 하나님께로서 왔는지 내가 스스로 말함인지 알리라." 여기 하나님의 조건이 있습니다. 연구를 하지 마십시오. 특별히 기도하거나 성경을 읽지 마십시오. 선지자나 종교지도자들의 말에 귀기울일 필요가 없습니다(이 말은 기도할 필요가 없거나 성경을 읽을 필요가 없다는 뜻이 결코 아닙니다).

오직 하나님께 복종하려는 단호한 의지를 갖고 그분의 뜻을 찾아 행하십시오. 그러면 하나님은 여러 가지 방법을 통해, 예를 들면 성경 말씀이나 크리스천과의 교제 혹은 환상이나 자신이 속해 있는 공동체의 결정을 통해 당신의 뜻을 우리들에게 알리실 것입니다. 중요한 것은 결과가 어떻게 나타나든 하나님의 뜻에 따라 행하겠다는 신자 개개인의 의지입니다.

또 하나의 중요한 구절은 요한복음 16장 13절입니다. "그러하나 진리의 성령이 오시면 그가 너희를 모든 진리 가운데로 인도하시리니." 이 말씀은 단독적으로 행하는 것이 아니라 동료 크리스천들과 보조를 맞춰 행동해야 하는 것을 의미합니다.

성령께서 우리를 하나로 묶었다는 사실이 제일 중요한 것이며(요 17:23; 고전 12:12~26; 고후 13:13; 엡 2:14~18, 4:4~6), 하나님의 뜻이 무엇인지를 알고자 할 때 크리스천들 사이에 불화가 생기면 그때 야말로 한 걸음 물러서서 우리가 지금 무엇을 하고 있는가를 주의 깊게 관찰해야 합니다.

이 문제와 관련된 한 가지 더 중요한 구절이 야고보서 1장 5절에서

8절에 기록되어 있습니다. 이 말씀에서 하나님께선 우리에게 지혜를 주시겠다고 약속하셨습니다. 그러나 한 가지 조건이 달려 있습니다. 그것은 '믿음'입니다.

　사람들이 믿음을 애기할 때 과연 그들이 말하는 의미가 진정한 믿음을 뜻하는지 유심히 살펴보십시오. '믿음'이란 조금도 의심하지 않는 행위입니다. 야고보는 의심하는 자를 가리켜 '두 마음을 품은 자'라고 지적합니다. 달리 말하면 자신이 하나님의 뜻을 행하기 원하는지, 그렇지 않은지에 대해 확신이 없는 사람을 의미합니다. 즉 하나님이 그에게 복을 주시면 하나님의 뜻을 행하기 원하지만, 하나님이 그에게 박해받고 조롱당하고 순교하기를 바라시면 하나님의 뜻에 관심이 없어지는 사람을 말합니다.

　이처럼 하나님의 지혜와 인도하심을 얻기에는 고된 조건이 따릅니다. 절대적이고 무조건적인 순종이 필요합니다. 예를 들어 내가 금식을 해야 할지 혹은 병의 치료를 위해 하나님의 기적을 구해야 할지를 알기 원한다면 먼저 성령께서 나를 다스려 주사 나의 모든 것이 하나님의 뜻에 전적으로 부합되고 내 의지는 온전히 사라질 수 있게 해달라고 성령님의 인도하심을 구해야 합니다. 또한 성령께서 내 모든 교만과 외적인 농기를 제거하시어 내게 각각의 상황 속에서 하나님의 뜻을 나타내시도록 간구해야 합니다.

　오늘날 많은 크리스천들은 하나님의 뜻을 구하지 않고 크리스천 대중들이 선택하는 방향에 따라 심지어는 세상의 흐름에 따라 자신들이 좋다고 생각한 일을 독단적으로 처리하고 있습니다. 그러다가 갑자기 예기치 못했던 사건들이 터지고 나면 당황해 합니다. 그들은 하나님의 음성에 귀를 기울이는 훈련을 해 본 적이 없는 사람들이며 그 사실을 깨닫지도 못하고 항상 사탄의 목소리를 들으며 살아온 사람들입니다.

사탄이 그들을 기만해 경건하게 보이나 하나님의 뜻과는 정반대가 되는 일을 하도록 하기란 쉬운 일입니다.

천석 형제의 편지가 도착했을 무렵 우리들은 물 위를 걸으신 예수와 베드로의 사건을 우연히 읽게 되었습니다. 배에는 사람들이 있었는데 광풍이 몰아쳤습니다. 시각은 한밤중이었습니다. 갑자기 배 저편에서 예수께서 물 위로 걸어오셨습니다. 배에 탄 사람들은 모두 놀라 유령이라고 생각했습니다. 그러자 예수께서 "내니 두려워 말라."며 무리를 진정시켰습니다. 그때 베드로가 "주여, 만일 주시어든 나를 명하사 물 위로 오라 하소서." 하고 말했습니다. 베드로는 예수님의 명령이 없으면 물 위를 걸을 수 없다는 것을 알고 있었으나 예수께 요구한 사항은 실로 어리석은 일이었습니다. 불필요한 요청이었습니다. 베드로는 물 위를 걸을 필요가 없었습니다. 물 위에서 그가 갈 곳이란 아무데도 없었고 그가 해야 할 일도 없었던 것입니다. 또한 그는 "만일 주시어든." 하며 말할 필요도 없었습니다. 베드로는 비록 밤중이었으나 파도 소리 위로 들려온 주님의 음성을 분명히 들을 수 있었기 때문에 물 위로 걸어오신 분이 예수님이란 사실을 알고 있었습니다.

예수께서는 베드로가 굳이 물 위를 걸을 필요가 없다는 것을 알고 계셨지만 교훈이란 경험을 통해 얻어질 수 있는 것이기 때문에 허락하셨습니다. 주님은 명령하셨고, 베드로는 배에서 내려 예수께로 걸어 갔습니다. 만약 베드로에게 있어 예수께로 가는 것이 유일한 소망이었다면 그는 물에 빠지지 않았을 것입니다. 그러나 불행하게도 베드로는 예수께 복종하기보다는 자신을 뽐내기에 바빴습니다. 말하자면 그의 동기가 나빴습니다. 그래서 시선을 주님이신 예수에게서 떼어 주위를 살폈습니다. 그는 자신의 큰 믿음을 부러운 듯이 쳐다보고 있는 다른 제자들의 모습을 보기 위해 배 편을 바라봤을 것입니다. 그러나 그는 배 쪽을 바라보기도 전에 자신이 성난 파도 속에 휩싸인 것을 알고 두려운 마음이 생겨 마침내 바다에 빠지고 말았습니다.

이 사건이 우리에게 시사해 주는 교훈은 큽니다. 우리는 하나님의 명령을 듣고 순종하는 마음으로 명령을 실천에 옮겨 마침내 하나님의 기적을 나타낼 수 있습니다. 여기서 자칫 잘못하면 우리는 하나님이 기적을 베푸신 이유에 대해선 생각지 않고 기적 자체에 대해서만 관심을 쏟을 수 있습니다. 우리가 기적을 만들었기 때문에 우리의 행한 일에 놀라 우리를 공경하는 사람들을 지나치게 생각할 수 있습니다. 그러나 바로 그 순간에 베드로처럼 자신도 모르는 사이에 물에 빠지고 만다는 것을 기억해야 합니다.

하나님은 지극히 거룩하신 분이고 우리는 그분 앞에서는 티끌만도 못한 존재입니다. 그분은 창조주이시며 왕이시고 전능자이십니다. 우리는 절대로 하나님을 이용하려는 마음을 품어서는 안됩니다. 우리는 영원히 그분의 뜻대로 쓰임을 받아야 하는 그분의 소유물입니다. 우리가 그분의 도구이지 그분이 우리의 도구가 아닙니다. 오늘날 소위 크리스천이라고 불리는 많은 사람들이 하나님을 이용할 수 있다고 생각하고 있는 것은 정말 슬픈 현실입니다. 이러한 행동은 마땅히 회개해야 합니다. 하나님이 천석 형제를 하나님의 뜻대로 능력 있게 사용하시기를 바랍니다.

'형제, 자매'라는 호칭의 특별한 의미

존경하는 대천덕 신부님께.

지금쯤 예수원은 흰 눈으로 덮여 있겠지요? 한여름에 그곳을 방문했을 때에도 무척 아름답다고 느꼈는데 지금은 눈이 내려 또 다른 모습의 아름다움이 펼쳐져 있으리라 생각합니다.

예수원을 막연히 기도원으로 알고 있는 사람들이 많습니다. 수도원이면서 선교훈련이 이루어지고 있는 장소라는 것을 잘 모르더군요. 예수원의 역할에 대한 좀더 많은 이해가 있기를 기도합니다.

사실 제가 말씀드리려는 것은 그곳에 머무는 동안 지켜본 관례에 관한 것입니다. 예수원 식구들은 신부님을 부를 때 '신부님'이나 '목사님'이라는 말 대신 '아처 형제'라는 호칭을 사용하더군요. 반면에 외부에서 다른 성직자들이 그곳을 방문하면 그 사람의 직위에 따라 '신부님' 혹은 '목사님'이라고 부르더군요. 이러한 관례에 특별한 의미가 있습니까? 이것이 성서적이라는 느낌은 들지만 좀더 정확히 이해하고 싶습니다.

— 허진목 드림

사랑하는 진목 형제에게.

보내 주신 편지와 기도에 감사드립니다. 이곳 예수원의 기능 중에는 성경연구가 있습니다. 성경을 연구하는 분야도 다양하지만 성서적인 내용을 실제로 삶에 적용하는 것도 중요합니다. 이와 관련해서 '현지우선'이라는 말을 생각해 볼 수 있습니다.

어떻게 성경의 영원한 진리를 한국의 상황에 맞도록 이해하기 쉽게 표현할 수 있을까요? 우리는 어떠한 일에 대한 실험을 일반 교회들에게 권장하기 전에 우리가 먼저 해 봅니다. 실험과정을 통해 바람직하다고 인정이 되면 그때서야 외부에 공개를 합니다. 우리는 실생활에서 행하는 실험들이 성경에 나타난 하나님의 의지를 적절하게 표현했는지의 여부를 계속해서 알아나가기 원합니다.

예수님께서 말씀하신 "땅에 있는 자를 아비라 하지 말라."는 것도 연구 대상 중의 하나입니다. 마태복음 23장 9절부터 12절까지를 봅시다. 이 구절은 매우 중요하다고 생각합니다. 어떤 사람들은 이 구절을 근거로 '아버지'라는 뜻을 지닌 '신부님'이라는 호칭을 사용해서는 안 된다고 주장합니다. 이러한 견해는 예수님께 신랄한 책망을 들었던 바리새인의 생각과 다를 바 없다고 봅니다. 예수님께서는 원리나 원칙의 숨은 뜻을 이해하고 그 실제의 의미에 따라 생활할 것을 말씀하셨습니다. 그들의 주장대로라면 나를 낳아 준 분을 아버지라 부르는 것도 예수님의 말씀에 위배됩니다. '신부님'이라는 용어에 대한 설명이 성경에 나와 있지도 않은데 무조건 비난하는 것이 옳을까요?

우리는 이 구절의 의미가 무엇인지 알아야 합니다. 계속해서 읽어 보면 예수님께서 지도자와 겸손에 대해 말씀하십니다. 그분은 우리에게 세상 나라의 지도체제에 대한 지나친 의존과 지위에 대한 교만을 신중하게 구별해야 한다고 말씀하십니다. 즉 어떠한 조직에서 하위에 속하는 사람들은 세상의 위계질서를 지나치게 의식하지 말고 유일하신 하나님만을 의지해야 한다는 것입니다. 그렇다고 해서 세상의 지도자들을 무시하라는 뜻은 아닙니다.

하나님 대신 인간을 의지하려고 예수원을 찾는 사람들이 있어서 문제입니다. 그들은 꼭 '신부님'이나 '원장님'이라는 말을 남용합니다. 그러한 사람들은 별로 좋지 못한 방법으로 존경을 표시하며 자신들의 책임을 우리에게 부담시키려 합니다. 하나님이 어떤 분인지도 모르며, 어떻게 그분을 아버지로 영접해야 하는지도 알지 못합니다. 또한 영적으로나 정신적으로 불안정하기 때문에 상대방을 형제로 받아들이지도 못합니다. 그들은 일종의 계급, 페킹오더(pecking order)를 원하고 있습니다.

아마 이 페킹오더라는 단어가 생소하게 느껴질지도 모릅니다. 이것은 닭들이 모이를 쪼아 먹는 순서를 말하는데 인간사회에서도 흔히 볼 수 있는 일입니다. 닭들은 그들 사이에 먹이를 쪼아 먹는 순서를 정하기 위해 서로 부리로 쪼아댑니다. 이렇게 되면 위계질서의 하위에 있는 닭은 살아남지 못합니다.

하나님을 모르며 성령을 받지 못한 사람들 사이에서 이와 비슷한 현상을 보게 됩니다. 예수님은 이러한 것의 원인이 인간의 타락과 죄에 있다고 말씀하셨습니다. 우리가 죄를 용서받고 성령을 모셔들이며 새로운 마음으로 변화되면 하나님을 아버지라 부를 수 있고, 예수님을 지도자로, 다른 사람들을 형제로 받아들일 수가 있는 것입니다.

그러기에 우리는 일체의 직함을 가능한 한 배제하고 서로를 '형제'나 '자매'로 부르는 것입니다. 이것이 헛된 형식에 불과했다면 이전보다 더 나아질 게 없었을 겁니다. 하지만 실제 경험을 통해 우리는 더 큰 영적 성숙을 이루게 되었습니다. 특히 함께 오랫동안 지낸 예수원 식구들에게는 아주 자연스러운 일이었습니다.

우리는 각자의 직업이 다양하고 직업이 바뀔 수도 있습니다. 프로그램을 짜던 사람이 트럭을 운전할 수도 있고 관리직에 있던 사람이 숲속에서 잡목을 베거나 목장일을 할 수도 있습니다. 직업의 다양성에도 불구하고 우리는 존경받기보다는 사랑받기를 더 원합니다. 우리는 서로를 존중하며 또한 우리 자신을 존귀하게 여깁니다. 그러나 형제 자매로서의 관계가 더 중요합니다. 사랑은 존경보다 더 가치가 있습니다.

우리들 사이에 행해지는 이런 관례에 대해 잘 모르는 사람이 우리 안에 들어왔을 때에 어떻게 하겠습니까? 그 사람에게 '목사님'이라는 호칭 대신 '형제'라는 말을 사용하면 그는 불쾌한 느낌을 받거나 무례한 표현이라고 여길지도 모릅니다. 어떤 면에서 보면 이것은 당연한 것인지도 모릅니다. 그 사람이 처음 만난 사람이라면 어떻게 사랑할 수 있으며 형제로 받아들일 수 있겠습니까? 이럴 때는 세상 관습(사회 관습이나 교회의 관례)을 좇는 것이 최선의 방법입니다.

실제로 누가의 경우가 그렇습니다. 누가복음 1장 1절에서 3절을 봅시다. 그는 여기서 데오빌로 각하라고 썼습니다. '지도자'라 칭함을 받지 말라는 예수님의 가르침에 어긋나게 보입니다. 그가 세상의 고위관리에게 아첨하기 위해 그렇게 썼을까요?

마태복음 23장에 나온 예수님의 말씀을 다시 한번 상고할 필요가 있습니다. 8절을 보십시오. 예수님은 바리새인이나 서기관을 율법의 권위자로 인정하고 그들의 말을 지킬 것을 명하셨습니다. 그러고 나서 "너희는 랍비라 칭함을 받지 말라."라고 말씀하셨습니다. 중요한 것은 '너희'라는 말입니다. 예수님은 제자들이 세상과 구별되기를 원하셨습니다. 우리는 누가가 데오빌로를 크리스천이 아니기 때문에 각하라는 호칭을 썼을 것이라고 생각할 수 있습니다. 데오빌로는 세상에 속한 자이기에 크리스천의 관습을 불쾌하게 여길 수도 있습니다.

이제 사도행전 1장 1절을 봅시다. 이것도 데오빌로에게 쓴 편지이지만 그냥 데오빌로라고만 쓰여 있습니다. 비로소 그는 크리스천이 된 것입니다. 그가 지위를 잃어 버렸을까요? 세상 사람들은 그렇게 생각할지도 모르지만 크리스천의 입장에서 보면 그는 지위 상승을 한 것입니다. 그는 예수님의 형제가 되었고 우리의 형제가 되었습니다. 세상적인 지위는 별것 아닙니다. 이것이 예수원에서 시도하고 있는 일입니다. 다른 사람들을 당황하게 할지도 모르는 이론을 우리가 먼저 생활에 적용해 봄으로써 성경에 대한 맹목적인 주장을 내세우기보다는 그것을 시도해 보는 것입니다.

이것을 어떻게 한국의 관습에 적용할 수 있을까요? '현지우선'에 대해 생각해 볼까요? 예수원의 아랫마을 사람들은 외부인과 대화할 경우에만 직함을 사용합니다. 하지만 그들끼리는 서로의 이름을 부릅니다. 한 가족이나 다름없다고 생각하기 때문입니다. 지금까지 우리가 지켜본 바로는 경험을 통해 성경과 지역관습을 일치시킬 수 있다고 봅니다.

마태복음 23장의 내용으로 다시 돌아갑시다. 예수님은 바리새인과 서기관들이 시장에서 랍비라 불리는 것을 좋아한다고 경책하시면서 가르침을 시작하셨습니다. "너희는 랍비라 칭함을 받지 말라 너희 선생은 하나요 너희는 다 형제니라." 여기에서 우리는 다른 사람에 대한 호칭과 우리 자신에 대한 호칭을 생각해 볼 수 있는데 이 두 가지 문제는 교회와 세상 모두에 관련합니다. 먼저 세상에 적용시켜야 할 규정이 있습니다. 우리가 세상에 나가 있을 때는 사람들에게 불필요한 불쾌감을 주지 않도록 해야 합니다. 크리스천은 무례하고 불손하다는 인상을 주어서는 안됩니다.

한편 집안에서나 우리들 사이에서는 겉치레나 위선, 혹은 우위를 차지하기 위한 다툼이 있어서는 안 됩니다. 우리는 서로를 형제로 대접해야 합니다. 그러나 예수님은 한층 더 나아가 형제임에도 불구하고 서로 섬기라고 하셨습니다. 우리는 서로의 유익을 위해 일하고 상대방의 요구에 묵묵히 따라 주어야 합니다.

초대 교회에서는 이 원리를 어떻게 적용했을까요? 바울은 그의 서신에서 누군가를 지칭할 때 그 사람의 직함을 부르지 않았음을 볼 수 있습니다. 당시에도 사도들과 일곱 명의 집사, 또 다른 장로들이 있었습니다. 그러나 그들은 모두 이름이 불리웠습니다. 어느 누구도 직함이 불리운 경우는 없습니다.

이러한 관습에서 현실감이 느껴집니까? 이것이 정말 가족적인 사랑의 표현일까요? 가족 중에 형님이 사장님이라고 형님이라는 호칭 대신 사장님이라고 부르겠습니까? 가족이 아닌 다른 사람들은 사장님이라고 부르겠지만 가족의 구성원끼리 서로의 직함을 붙여 부르는 일은 없습니다. 가족 내에는 외부와 또 다른 관계가 있게 마련입니다.

초대 교회는 가족으로 여겨질 정도로 친근했습니다. 사도행전 2장 44절의 내용은 그들의 관계가 어느 정도인지 말해 주고 있습니다. 그들은 함께 먹고 서로에게 속했으면 물건을 함께 나누었습니다. 오늘날의 교회가 이런 관계를 회복할 수 있을까요? '코이노니아'라는 단어의 의미를 생각해 봅시다. 이 단어는 고린도후서 13장 13절에 '교통'이라고 번역되어 있습니다. 또 다른 곳에서는 '교제' 혹은 '사귐'이라고 되어 있습니다. 이 말은 전혀 새로운 것이 아닙니다. 아무런 관계가 없는 사람들끼리 형제 자매가 되어 유대관계를 가진다는 것은 성령의 임재 하에 가능합니다. 이것이 예수원에서 행하고 있는 성경연구의 기본적인 실천입니다. 이 일을 위해 기도해 주시기 바랍니다

내적 치료, 어떻게 해야 할 것인가

존경하는 대천덕 신부님.

제가 다니는 교회에서는 신유의 역사가 많이 일어나고 있으며 병자들에게 안수하는 예배를 정기적으로 드리고 있습니다. 10년 또는 20년 가까이 병환으로 고생하던 사람들이 하나님의 역사하심으로 완쾌되는 것을 볼 때마다 하나님의 크신 능력에 놀라지 않을 수 없습니다. 제가 이 글을 올리는 것은 신유의 역사에 대해 비판적인 사람들이 "신유의 역사는 하나님과는 관계 없는, 전적으로 심리적 치료에 의한 것."이라고 주장하고 있기 때문입니다.

사실 우리 교인들 중에서도 심리적인 치료(심리학적인 치료의 의미가 아닌 하나님의 심리치료를 뜻함)에 대해 관심을 갖고 계신 분들이 있습니다. 제 질문의 초점은 하나님은 육체만 고치시고 마음(정신, mind)은 고치시지 않느냐는 것입니다. 정신이상자는 차치하더라도 우리들 대부분은 내적인 상처를 갖고 있다고 생각합니다.

성경에 나타난 '평화'란 의미는 '완전함' 또는 '질서'와 연관이 있다고 저는 이해하고 있습니다. 따라서 육체의 병 고침은 몸에 대해서는 '평화'를 가져다 주는 것이라고 생각합니다. 신부님, 마음 또는 감정에 대한 성경적 치유는 있는 것입니까? 신부님의 고견을 듣고 싶습니다.

— 주 안에서 신영자 올림

사랑하는 영자 자매님.

자매님의 교회가 신유사역에 관한 좋은 결과를 낳고 있다니 무척 기쁩니다. 자매님의 교회에서의 신유사역은 외적인 치료뿐만 아니라 내적인 치료에까지 미치지 않았나 생각되는군요.

하나님께서는 사람의 외형은 물론 내적인 부분도 치유하기 원하신다는 자매님의 생각은 옳습니다. 우리가 어떤 사람의 내적인 부분에 하나님의 평화를 가져다 줄 수 있다면 우리는 하나님의 일 가운데서 아주 중요한 일을 한 셈이 됩니다. 사실 내적 부분은 외적 부분보다 더 중요합니다. 다리가 불구인 사람은 휠체어를 이용해 움직일 수가 있습니다. 영국의 존 밀턴이나 미국의 헬렌 켈러 같은 사람들은 그들의 육체적 핸디캡에도 불구하고 엄청난 일들을 해냈습니다. 그러나 심리적으로 불구인 사람들은 얘기가 다릅니다. 그들은 건강한 육체로 자유롭게 돌아다니지만 다른 사람들과 자신에게 문제만 일으킵니다. 그들은 치료를 받아야 할 사람들입니다.

그렇습니다. 하나님은 전능하시며 사랑이 많은 분이기 때문에 우리들의 외적과 내적 부분을 모두 치료하기 원하십니다. 그러나 문제는 내적인 상처를 당한 사람들은 그들의 문제를 발견하고 도움을 구하기 위해 하나님께 나오기가 어렵다는 점입니다. 그들은 보통사람 이상의 용기와 교회의 특별한 사랑과 관심을 필요로 합니다. 또 하나의 문제점은 내적인 상처는 외적인 상처처럼 쉽게 눈에 뜨이지 않는다는 사실입니다. 사람들의 눈에 가려 있으며 형태도 다양해 찾아내서 치료하기가 여간 힘든 것이 아닙니다.

성령의 지혜의 역사로 내적 치료의 결과를 가져온 예를 하나 들어 보겠습니다. 그것은 제가 이제껏 보아온 내적 치료 가운데 가장 극적인 것이었습니다. 한 군인용사와 그의 아내가 군인용사의 병을 치료받기 위해 예수원을 방문하게 되었는데 우리들은 병의 형태가 어떤 것이며 그 원인이 무엇인지를 전혀 알 수 없었습니다. 우리는 치료를 위해 어떤 도움도 줄 수 없었습니다.

　우리는 그의 삶에 있어서(그가 태어나기 전까지 포함해서) 어떤 일이 발생하여 그의 잠재의식에 깊은 상처를 주었는지 알기 위해 기도하기로 결심했습니다(보통 내적으로 큰 고통을 당한 상처는 사람의 접근을 막기 위해 '잊어 버리라'고 명령합니다). 4명으로 구성된 우리 기도팀은 주님의 인도하심을 의지하며 돌아가면서 기도했습니다. 기도를 하는 가운데 기도팀의 한 형제의 마음에 그 군인용사가 학교에 처음 입학하던 날, 학급 전체 아이들과 싸움을 했다는 내용이 떠올랐습니다. 그러한 사실이 믿기지 않았으나 그 형제의 기도순서가 왔을 때 그는 이 사실을 소리내어 얘기했습니다. 그가 "오 주님, 저(군인)를 치료해 주십시오."라는 기도를 드리기도 전에 그 젊은 군인용사는 갑자기 웃음을 터뜨렸습니다. 그러다가 울기도 하고 또 웃음을 터뜨리는 것이었습니다. 그의 잠재의식 속에 박혀 있던 어렸을 때의 상처가 기억나자 그는 견딜 수가 없었던 것입니다. 두말할 필요도 없이 주님께서는 그를 고치셨습니다. 이 사건은 히브리서 12장 15절에 나오는 '쓴 뿌리'의 영향력이 얼마나 크게 작용하는지를 보여 준 예였습니다.

　그러면 내적 상처를 일으키는 경우는 어떤 것이 있는지 살펴 봅시다. 두 가지 경우가 있습니다. 하나는 그 젊은 군인용사가 어렸을 때에 학급 전체 아이들과 싸웠던 것처럼 사건(events)이 원인인 경우입니다.

　다른 하나는 사건이 아닌 말(words)입니다. 이것은 사람의 잠재의식 속에 한부분으로 자리잡아 마치 그의 생각의 일부인 것처럼 변합니다. 이 말에 관한 문제는 사람이 외상(外傷)을 당해 의식불명인 상태에서 생겨날 수 있고 모태 안에 있었을 때처럼 의식이 채 형성되기 전에 발생할 수 있습니다. 그러나 자매님, 하나님께 감사하십시오. 성령님의 도우심으로 우리는 이 문제도 앞의 군인의 경우와 같이 치료할 수 있습니다.

사람의 마음속에 내적 상처를 일으키는 형태와 효과적인 치료를 위해 우리가 어떻게 기도해야 할 것인지에 대해 생각해 보도록 합시다. 우선 우리가 내적 치료를 위해 하나님께 기도하지 못할 이유가 없다는 사실을 깨달아야 합니다. 하나님이 내적 치료를 위해 우리 모두가 기도하기를 원하신다는 사실, 이것이 내적 치료에 있어 가장 간단한 접근방법입니다. 먼저 가장 간단한 방법부터 하십시오. 우리가 안고 있는 내적 문제가 보다 복잡한 문제라면 좀더 시간이 걸릴 것입니다.

만약 가장 간단한 방법-내적 치료를 위해 기도하는 것-이 효과를 거두지 못한다면 좀더 깊게 들어갈 필요성이 있다고-하나님이 알려주기 원한다고-생각하십시오. 대부분의 이런 경우는 내적 상처를 당한 자가 풀어야 할 용서의 문제가 걸려 있습니다. 성경은 우리에게 잘못을 범한 사람의 죄를 용서하라고 분명히 밝히고 있습니다. 우리가 용서하지 않는다면 하나님께 우리의 죄를 용서해 달라고, 우리의 내적 상처를 치료해 달라고 요청할 권리가 없어집니다.

예수께서는 우리들의 죄와 우리 원수들의 죄를 위해 십자가 상에서 죽으셨습니다. 예수께서는 그와 원수들을 위해 기도했으며 우리에게 우리들의 원수들을 위해 기도하라고 가르치셨습니다. 종종 내적 상처의 일부분이 된 분노와 증오심은 하나님의 치유의 손길을 방해합니다. 나는 모든 경우에 있어 내적 치료의 실패가 당사자들의 이러한 죄(남을 용서해 주지 못하는) 때문이라고 말하려는 것이 아닙니다. 하나님의 내적 치유의 역사가 나타나지 않았을 경우에 이러한 가능성도 배제

할 수 없다는 사실을 말하려는 것입니다.

　하나님께서 내적 상처를 입은 당사자가 과거로 거슬러 올라가 그의 잠재의식에 상처를 끼친 사건을 회상하기 원하시는 것은 그가 그 사건뿐만 아니라 그 사건과 관련된 비기독교적인 것(분노 자괴 자책감 등)들에서 자유롭게 되기를 바라시기 때문입니다. 교회의 형제 자매들의 애정 어린 도움으로, 내적 상처를 입은 사람은 그 상처와 분노를 회상하여 그것을 예수께 고하고 또한 자신과 다른 사람들을 용서해 줄 수 있도록 성령의 은혜를 간구할 수 있습니다.

　자책감에 집착하는 것은 자신을 용서하는 것을 거부하는 행위이며 그리스도께서 우리를 위해 값지게 사신 용서의 대가를 거부하는 것입니다. 또한 두려움에 떠는 행위는 하나님의 치료와 사랑을 거부하는 것이며, 분노를 버리지 못하는 것은 자신은 비록 용서받았다고 주장할지 몰라도 하나님의 용서를 나누기 거부하는 것입니다.

　과거의 아픈 사건을 기억하고 그 사건과 관련 있는 사람을 용서하는 것은 내적 상처를 가장 빨리 치료하는 방법입니다. 그러나 쉽게 회상되지 않는 것이 있습니다. 그것이 바로 말과 관련된 문제입니다.

　사람이 의식불명인 상태에 빠지게 되면 정상적인 판단을 할 수 없으며 그의 귓전에 들리는 소리의 의미를 파악할 수 없습니다. 그는 그의 귀에 들리는 소리가 무슨 소리인지를 알지 못하지만 그의 귀는 그 소리를 주워 담고 그의 잠재의식은 그것을 입력합니다.

　어떤 사람이 교통사고를 당해 의식을 잃고 길에 쓰러져 있는데 지나가는 사람이 "불쌍한 김 씨, 다시는 전과 같은 모습을 되찾을 수 없을 거야."라고 말했다고 가정해 봅시다. 그 말은 그 사람의 잠재의식 속으로 들어가 그는 한평생 자신은 성공할 수 없을 것이라는 생각 속에 살아갈 것입니다. 성공할 수 있는 기회가 다가와도 그의 잠재의식은 그로 하여금 그가 성공하지 못하도록 일을 그르치게 만들 것입니다. 길가에 쓰러졌던 사람이 영어를 사용하는 사람이라면 '불쌍한 김 씨'라는 단어는 영어로 번역돼 그의 잠재의식 속에 파고 들어가서 그가 한평생 패배적인 생각 속에 머물도록 이끌 것입니다.

의식불명인 사람이 어른일 경우에는 말에 의한 피해의 정도가 어머니 뱃속에 있는 태아나 유아기의 어린이들에 비해 심각한 상태로까지 번지지는 않습니다. 그러나 피해 당사자가 태아나 유아기의 어린이(특히 태아인 경우)인 경우에는 그가 어른이 되어서도 예상치 못한 불행한 사고를 일으킬 수 있습니다.

우리가 특히 조심해야 할 점은 태아인 경우입니다. 어머니(산모)가 극도로 화를 내거나 두려움에 떠는 경우 태아에게 심각한 영향을 미칠 수가 있다는 사실입니다. 주로 부부간의 싸움이 생길 때 이러한 일이 발생하는데 부부싸움 중에 오간 '분노의 말'들이 태중에 있는 태아의 뇌 속에 마치 테이프에 녹음되듯 그대로 입력됩니다. 몇 년이 지나 그 태아가 태어나 어른이 되었을 때에, 그는 화가 나거나 두려운 경우를 만날 때마다 옛날 부모가 다투면서 주고받던 분노의 말들을 기억할 것입니다.

그가 긴장하고 기분이 좋을 때는 그 같은 말은 그에게 영향을 미치지 못합니다. 그러나 그가 병에 걸렸거나 위기를 당했거나 녹초가 되었을 때 혹은 어떤 심한 충격을 받았을 경우 체내에 아드레날린이란 효소가 흐르기 시작하면서 그의 이성이 비정상적으로 작용하게 됩니다. 그리고 그때 그 분노의 말들이 그의 잠재의식을 장악하기 시작합니다. 그는 정신을 차릴 겨를도 없이 다음과 같은 말들을 내뱉을 수 있습니다. "내버려 둬, 끝장내 버려, 이 불한당 같은 놈, 지독한 술주정뱅이 같으니라고."

태아의 뇌 속에 입력된 분노의 말과 같은 비이성적인 일들은 태아가 어른이 되어 심한 심적인 충격을 받았을 경우에 아무런 여과 없이 그대로 나타납니다. 그는 때때로 그가 미친 것은 아닌가 하고 생각해 보기도 하고 이성적으로 말하고 행동하려고 노력도 해 봅니다. 그러나 문제는 해결되지 않습니다.

해결의 열쇠는 하나님 안에 있습니다. 인간의 여러 복잡한 기능을 만드신 하나님은 그것들이 어떻게 작동되는지를 아시며 몸 안의 끊어진 퓨즈를 어떻게 고쳐야 할지를 아십니다.

우리는 성령의 지혜와 지식에 의지해서 그런 말들이 피해 당사자의 뇌 속에 들어가게 되었는지를 알 수 있습니다. 그 당사자는 그의 부모가 살아 있건 또는 돌아가셨건 간에 부모의 죄의 용서를 위해 하나님께 간구해야 합니다. 그는 또한 성령께서 그에게 사랑하고 용서하는 마음을 주시도록 간구해야 합니다. 그렇게 할 때 그는 하나님의 치료의 능력을 받고 그의 인생을 파탄으로 몰고 온 그 '분노의 말'들에서 벗어날 수 있는 것입니다.

영자 자매님, 자매님께서 이렇게 서로를 위해 기도할 때 하나님께서는 자매님을 인도해 보다 효과적으로 쓰실 것입니다. 이러한 내적 치료는 주일예배에서는 나타나기 힘들고 소그룹의 기도모임에서 나타날 가능성이 많습니다. 저는 하나님께서 자매님을 잘 인도해 보다 효과적인 내적 치료의 역사가 많이 일어나기를 바랍니다.

산골짜기에서 온 편지

인간 본성이 변화될 수 있는 방법

존경하는 대천덕 신부님.

저는 몇 년 전 한국에서 군복무를 하던 중 예수원을 방문할 기회가 있었습니다. 그곳 크리스천 공동체와의 생활은 정말 즐거웠습니다. 한국의 형제 자매들은 저에게 거리낌 없이 대해 주었습니다.

군복무를 마치고 고국에 돌아왔을 때 저는 제가 하층시민에 불과하다는 것과 자격이 있음에도 피부색을 이유로 수많은 직장이 저를 거부하고 있다는 것을 느껴야만 했습니다. 흑인 사회는 제가 어렸을 때 이후로도 변한 것이 아무것도 없었습니다. 백인 교회는 가지도 못합니다. "미국에서 인종차별이 가장 심한 곳이 바로 교회."라는 말이 실감나더군요. 아이로니컬한 것은 한국계 이민자들이 미국 본토박이인 흑인들보다 이곳 미국 사회에 훨씬 잘 적응하며 살아간다는 것입니다.

신부님, 제가 어떻게 이러한 상황을 분노와 쓰라림 없이 받아들일 수 있겠습니까? 성령충만한 흑인 친구들조차도 크리스천의 양심과 분노 사이에서 매우 갈등하며 괴로워하고 있습니다. 현실적인 문제와 경제적인 어려움을 해결할 길은 없습니까? 우리가 위로받을 수 있는 말씀을 부탁드립니다. 그리고 미국 사회가 변화할 수 있는 가망이 있는지에 대해서도 듣고 싶습니다.

— 톰 브라운 올림

사랑하는 브라운 형제.

그 동안 형제로부터 수많은 편지를 받았더라면 아마 나의 양심도 무디어져서 마음이 별로 찔리지도 않았겠지요. 형제의 솔직한 편지 내용에 감사드립니다. 수많은 흑인들이 침묵 속에 몸부림치며 아무 대책도 없이 살아가거나 혹은 분노 가운데 외쳐대지만 그것 또한 쓸모 없다는 것을 저는 알고 있습니다. 아무 쓸모가 없다는 말은 해서는 안될 소리지만 말입니다. 우리는 수많은 소리를 듣고 있으며 그 소리는 우리의 양심을 일깨우려 합니다.

나는 미국을 변화시킬 수는 없지만 하나님께 그것을 위해 기도할 수는 있다고 생각합니다. 하나님의 능력이 나타나도록 여러 사람들과 함께 간절히 기도드리는 것입니다. 그렇게 한 후에야 공공장소에서 그 일에 관해 강연할 기회를 찾아 보거나 모종의 행동을 취할 수가 있습니다.

내가 처음 사제직에 있었을 때(미국 최남부 지방에서 있었던 일) 일어난 문제에 대해 어떤 행동을 취하려 했다는 이유 하나로 생활의 위협까지 받기 시작했고 직책도 잃게 되어 결국 그곳을 떠나야만 했던 적이 있었습니다. 그 후로 실제적이고 장기적인 수준에서 무엇이 얼마나 잘 해결되었는지는 잘 모르겠습니다.

한 가지 우선적으로 취해야 할 일은 교회가 회개하는 것입니다. 이것은 성경의 가르침입니다. 교회는 수세기에 걸쳐 이단을 묵인하고 이슬람교와 마르크스주의, 특히 미국 내에 현대 인본주의와 샤머니즘의 성행을 초래한 수많은 과오와 불의에 대해 공개적인 사과를 해야 할 것입니다. 지금까지 모든 교회를 대표해서 공식적으로 사과를 표명한 교회는 없는 것 같습니다.

나는 최소한의 관심이라도 가지고 들어 줄 사람이 있다면 간단하게 나마 이야기할 수는 있습니다. 아마 형제도 이 편지를 친구분들과 함께 읽을 수 있겠지요. 나는 몇 주 후에 있을 세계교회지도자회의에 참석할 예정인데 그곳에서 이에 대한 연설을 할 수 있도록 주님께 허락받기를 기대해 봅니다. 그전에 먼저 형제와 친구분들에게 사과를 드리고 싶군요. 기독교계를 대표해서 말하지 않더라도 이 자리에서 몇 가지 문제점을 들어 볼 수는 있습니다.

먼저 도덕적 측면에서 살펴 봅시다. 우리 백인들의 교만, 무지, 무자비, 편견 등의 불합리성에 대해 용서를 구합니다. 우리는 정의를 실현하는 데 실패했습니다. 가정교육의 전통은 불완전하고 비효과적인 것으로 취급되어 이제는 박물관에서나 찾아볼 수 있는 골동품처럼 되어 버렸습니다. 한두 번이 아니라 끊임없이 계속되어 온 우리의 과오에 대해 용서를 구합니다.

두 번째로 현실적인 측면에서 보겠습니다. 이에 관해 성경은 많은 것을 말합니다. 미국의 어떤 흑인 지도자가 말했습니다. "미국 내 흑인들이 경제 기반을 구축할 때까지 인종차별은 존속할 것이다." 맞는 말입니다.

그러나 많은 사람들이 경제 기반이 무엇인지 잘 모릅니다. 그것은 바로 토지를 의미합니다. 토지는 하나님께 속한 것으로 사람이 만든 상품처럼 매매될 수 없으며 모든 사람에게 공평하게 분배되고 50년마다 재분배되어야 합니다.

신학적인 견지에서 생각해 봅시다. A.D. 4세기경 융성했던 교회는 오므리의 율례와 아합의 모든 행위를 밟기 시작했습니다. 말하자면 바알의 토지제도를 택한 것입니다.

오늘날에 와서도 우리는 토지에 관한 모세 율법의 타당성을 부인하고 있습니다. 우리는 모세 율법의 '완성'에 관한 예수님 말씀의 뒷전에서 무기력한 모습으로 숨어 있을 뿐입니다. 그 율법의 단 한 가지도 완성하지 못한 채 말입니다.

특히, 신학대학의 경제학 분야에서 바알제도를 거부해야 합니다. 나는 신학교에서 희년제도가 제대로 지켜지지 않았다고 배웠습니다. 그리고 졸업 후 일반 간행물에 성경의 토지법에 관한 글을 쓰면서 우리가 얼마나 거짓된 생각에 속아 왔는지 알게 되었습니다.

이것은 그냥 넘길 사소한 거짓이 아닙니다. 링컨의 노예 해방 이후에도 흑인들은 진정한 자유를 얻기 위해 몸부림쳐야 했습니다. 당시 링컨 대통령은 성경을 잘 알고 있었습니다. 노예 해방령에는 해방된 노예들이 가구당 노새 한 마리와 40에이커의 땅을 소유할 수 있도록 했습니다. 노예 소유주들은 자신이 부렸던 노예들이 해방된 뒤에도 그들에게 의식주를 공급해야 하는 것을 몹시 싫어했습니다.

결국 이 제도는 실효를 거두지 못했습니다. 그들은 해결을 원했으나 결코 성경적인 해결을 원하지는 않았습니다. '자신들의 토지'를 포기한다는 것은 그들이 생각하는 이상적인 해결방법이 아니었습니다. 이에 따라 남북전쟁이 터졌고 전후 흑인들이 토지를 얻거나 보유하는 것을 저지하는 KKK단이 생겨났습니다.

이와 똑같은 그릇된 생각은 미국의 가난한 백인들에게도 커다란 희생을 요구했습니다. 백인 사회의 부익부 빈익빈 현상이 증가함에 따라 백인 빈곤층에게는 최소한의 자존심을 채워 줄 아무것도 주어지지 않았고 흑인들은 계속 멸시의 대상이 되어야만 했습니다.

콘스탄틴 시대 이후 토지가 없는 유럽인들도 역시 희생을 치러야 했습니다. 토지의 공정한 분배가 이루어지지 않음에 따라 이슬람교가 발생했고 마호메트가 전쟁을 일으키며 외친 소리는 성경 레위기 25장 23절의 "토지는 다 하나님의 것."이라는 말씀이었습니다.

실제적인 문제들은 성경에 입각하여 다루어져야 합니다. 인간은 피부색에 관계 없이 땅을 생활수단으로 삼은 존재들입니다. 땅이 없으면 집도 지을 수 없고, 사업도 할 수 없으며, 식량생산은 물론 해상무역조차도 불가능해집니다.

나는 조지아 주에 있는 맥킨토시의 한 교회에서 시무한 적이 있는데 당시에는 새우잡이로 큰돈을 벌 수 있었습니다. 그러나 흑인들은 자신들이 소유한 배와 그물로 새우를 잡았어도 백인 소유의 부두에 정박시켜야 합니다. 조지아 주의 1백 개 도시에서 맥킨토시와 다른 두 곳에 흑인 소유의 땅이 있었으나 부두가 있는 땅은 모두 백인 소유였습니다. 어떤 흑인 어부는 백인 부두 소유주가 새우 상자를 하역시키는 대가로 - 원래 한 상자에 30달러임에도 불구하고 - 1백 달러를 요구했을 때 생계의 위협마저 느껴야 했습니다.

브라운 형제, 토지는 실제적인 문제입니다. 토지에 대한 언급 없이 경제 정의는 물론 사회 정의도 이루어질 수가 없습니다. 그 이외의 것들은 눈가림에 불과합니다. 토지가 없는 소위 '인간의 권리'도 노예의 권리에 지나지 않습니다. 유엔에서 채택된 30조항의 세계인권선언도 헛것입니다. 토지에 대한 권리조항이 없기 때문에 이것은 성서의 취지에 모순된 비현실적이고도 무의미한 것입니다.

나와 형제는 성경을 믿습니다. 우리는 성경을 가르치기도 합니다. 성경이 실제적이며 현실적이라는 사실을 분명히 알아야 합니다. 이것은 도시생활에도 적용됩니다. 토지는 공간의 또 다른 말입니다. 모든 종류의 경제활동은 공간을 요구합니다. 토지의 정당한 권리를 크게 외칩시다. 토지에 대한 근본적인 대책이 없는 모든 일들은 무용지물이며 상처의 근본 치료 없이 진통제만 투여하는 격입니다.

사람이 굶어 죽을 상황에 처하면 토지권 획득을 위해 투쟁할 힘도 없습니다. 우선 먹어야겠지요. 말하자면 토지권을 획득하기 위한 투쟁에 필요한 시급하고도 기본적인 문제들이 있다는 뜻입니다. 우리는 토지문제를 해결할 구체적인 방안이 마련될 때까지 필요하고도 가능한 모든 일을 다 해야 합니다. 그러나 그렇게 해야겠다는 생각에만 안주하는 것으로 그치면 안됩니다.

콘스탄틴 시대까지 교회는 토지권 획득에 필요한 자체 내의 기본방침을 갖고 있었습니다. 이러한 방침을 실천하려면 우리는 미국 헌법과 유엔의 인권선언이 비성서적이라는 것을 알려야 합니다. 토지에 대한 정당한 권리를 인정하기 전에는 모두 바알주의자입니다. 경작윤리와 희년제도에 맞는 법적인 균등이 이루어지기 전에는 기독교적인 체계를 확립할 수도 없고 마르크스주의 혹은 다른 신조나 사상에 대하여 할 말이 없게 됩니다.

"미국 내 흑인들이 경제 기반을 구축할 때까지 인종차별은 존속할 것이다." 다시 한번 말하지만 옳은 말입니다. 그러나 경제 기반이라고 할 수 있는 사업 저축 투자 등도 토지에 대한 투자 없이 효과를 볼 수 없습니다. 피츠버그에 사는 우리 친구들도 성경원리에 따라 토지에 투자하는 일을 하고 있습니다. 비록 소규모지만 성경을 적용한 것이 피츠버그를 '미국에서 가장 살 만한 도시'로 만들었습니다.

한국과 일본 등 그 밖의 많은 나라에서 2차대전 이후 토지개혁을 단행했는데 어느 정도는 성경의 원리에 부합되었습니다. 그후 이들 나라는 놀라운 진보를 하였으나 현재에 와서 후대사람들이 개혁의 원리를 손상시키고 있습니다. 이 세대는 토지개혁이 있었다는 것은 물론 그것이 성서적인 원리에 입각해서 이루어졌다는 사실을 전혀 모릅니다.

토지개혁은 남한의 경제적 자립의 기반이 되었습니다. 그러나 토지개혁의 주역이 선교사가 아니라는 점이 좀 부끄러운 일이군요. 당시 토지개혁을 시행한 사람은 맥아더 장군이었습니다. 선교사들은 성경의 토지법을 가르치지도 않았고 한국 교회로 하여금 형제가 현재 미국에서 겪고 있는 것보다는 조금 덜 하지만 기독교 정신에 어긋나는 차별행위를 하도록 내버려 두었습니다. 그들은 토지를 소유하고 교육의 혜택을 받는 계급이었습니다. 선교사들은 교육의 중요성을 강조하면서 많은 가난한 한국인들에게 교육받을 기회를 제공하기는 했으나 성경적인 경제에 관한 실제적 교육을 간과하여 그들이 토지를 얻을 수 있는 실질적인 도움은 주지 못했습니다. 맥아더 장군이 그 일을 한 것입니다. 선교사의 한 사람으로 부끄럽게 생각합니다.

오늘날 우리 눈에 비치는 한국 교회는 어떻습니까? 양반이라는 용어가 지금은 사용되지 않지만 고등교육을 받은 사람들이 예전 양반과 똑같은 역할을 하는 것은 틀림없습니다. 그들은 국가의 행정을 맡으며 가난한 사람들을 무시합니다. 한국 교회는 노동자 계급을 복음화하는 데 관심이 없으며 그들이 교회에 오면 오히려 그들로 하여금 불편함을 느끼게 할 뿐입니다.

이제 신학과 심리적인 측면을 봅시다. 브라운 형제, 피부색은 문제가 되지 않습니다. 문제는 인간 본성, 변화받지 못한 인간 본성입니다. 많은 사람들이 단지 천국에 가는 방편으로만 예수님을 믿는다고 말합니다. 그들은 예수님처럼 살고자 하는 생각도 없고 그분의 말씀을 진지하게 받아들일 생각도 없습니다.

그런 사람들은 겉으로는 성령의 '기름부음'을 인정하는 것 같으나 실제 마음속 깊이 성령을 받아들이지도 못했으며 거듭나지도 못했습니다. 만일 그들이 거듭난 사람들이라면 성령의 열매를 삶에 적용하여 흑인이나 노동자 계급 사람들을 자기 자신처럼 사랑했을 것입니다.

예수님은 가난한 자, 교육받지 못한 자, 토지를 소유하지 못한 자,

억눌린 자 들에게 복음을 전하기 위해 오셨습니다(눅 4:18). 나는 미국 교회나 한국 교회가 이러한 사람들에 대한 선교에 무관심한 것을 슬프고도 부끄럽게 생각합니다. 그러나 예수님의 말씀에 확신을 갖고 초대 교회의 사도들이 성령을 받은 후 행했던 일들을 본받아 열심히 일하는 사람들이 비록 소수지만 있습니다. 즉, 다른 사람들을 그들의 사회적 지위에 관계 없이 형제로 받아들이고 그들의 물건을 공동으로 나누며 다른 사람들에게 도움을 베푸는 일을 실천하는 것입니다(행 2:44~47). 어느 누구도 땅 없이 살 수 없으며 아무도 땅을 자신의 소유로 영원히 축적할 수 없다는 모세 율법의 기본적인 요점을 나는 확신합니다. 토지의 불법 양도를 막고 정말 필요한 사람들에게 분배되어 토지 이용의 효과를 높일 수 있도록 교회가 토지를 축적하는 경우는 예외입니다. 자, 우리는 어떻게 하면 이 일을 할 수 있을까요? 인간 본성이 변화될 수 있나요?

여기 복음이 있습니다. 인간 본성은 변화받을 수 있습니다. 우리에게 성령이 임재하시면 우리는 하나님의 능력을 덧입게 됩니다. 우리 마음속에 성령이 계실 때 우리는 이웃을 내 몸같이 사랑할 수 있습니다. 성령께로부터 오는 지혜(자신의 마음을 하나님의 의지에 전폭적으로 내어 맡긴 사람들에게 약속된)를 얻을 때 우리는 해야 할 일과 그 일의 절차를 분명히 알고 행할 수 있습니다(약 1:5~8).

브라운 형제, 이전에는 물론 지금까지도 계속되는 우리 백인들의 잘못을 용서해 주십시오. 또한 우리가 하나님의 뜻이 이루어지도록 그분의 뜻을 알고 그 뜻대로 행하고자 하는 소망과 능력을 가질 수 있도록 기도해 주시기 바랍니다. 하나님께서는 우리에게 자비를 베푸시기 원합니다. 주 안에서의 형제로서 아무런 도움도 드리지 못해 미안합니다.

국기에 대한 경례는 우상숭배 아닌가

존경하는 대천덕 신부님.

신부님께서 쓰신 글은 읽은 적이 있습니다. 비록 다 실행하지는 못하고 있지만 재미있게 읽었습니다. 또 집회에서 신부님의 설교를 한 번 들은 적도 있습니다. 다름 아니라 신부님께 두 가지를 여쭙기 위해서 이 편지를 하게 되었습니다.

하나는, 국기(태극기)에 대한 경례 문제입니다. 이 형식에는 가슴에 손 얹기, 거수경례, 받들어 총 하는 경우가 있습니다. 이것이 성경적인지 묻고 싶습니다. 십계명 제2계명에는 "아무 형상이든지 만들지 말며, 그것에게 절하지 말라."라고 했습니다. 국기에 대한 경례가 이러한 계명에 위배되는 것은 아닌지요? 다니엘의 세 친구는 신상에 절하지 않았는데 제사 지내는 것을 우상숭배로 규정한 상태에서 국가의 상징인 태극기에 경례하는 것은 우상숭배가 아닌지요. 저는 지금 방위병으로 근무하고 있으며 이 문제에 대하여 어떻게 해야 할지 모르겠습니다. 여기에 대한 신부님의 답변을 부탁드립니다.

두 번째로 말씀드리고자 하는 것은 군대의 필요성에 대해서입니다. 군대는 정말 필요한 것입니까? 예수님은 "네 검을 도로 집에 꽂으라. 검을 가지는 자는 검으로 망하느니라."라고 하셨습니다. 이런 예수님의 말씀을 생각해 볼 때 군대의 필요성은 있는 것입니까? 만약 북한이 남침하면 우리는 무력으로 막을 수밖에 없습니까?

– 주 안에서 임채호 올림

사랑하는 채호 형제에게.

먼저 형제의 좋은 질문에 감사를 드립니다. 많은 사람들이 이와 같은 문제에 그다지 관심을 갖지 않는 것 같아 유감으로 생각합니다.

성경 전체를 보면 하나님은 정의에 관심이 많으며 특히 어렵고 불의에 이용당한 사람들에게 깊은 관심이 있습니다. 이스라엘 지도자들이 가난한 사람을 이용하거나 백성을 올바르게 다스리지 않았을 때 하나님께서 크게 책망하셨습니다.

신약시대에는 하나님의 나라와 일반 나라의 차이가 분명히 나타나고 교회가 하나님의 나라가 되어야 한다는 가르침이 있었습니다. 초대교회에서부터 약 3백 년 동안 하나님의 나라가 한 가지인 줄 알고 교회 내에서 자체적으로 경제문제를 해결하면서 충성으로 몸된 교회를 위하여 목숨을 바쳤습니다(행 2:44~47, 4:32~35). 그리스도 교인 중에는 군인도 있습니다.

하나님은 질서를 원하시며, 안정된 사회 안에 복음을 더 널리 전파하기 위해 정부나 군대를 사용하시기도 합니다.

하나님께서 대자연을 창조하심과 똑같이 인간의 정치제도는 어느 정도 인정하실 줄 알고 있습니다. 문제는 흔히 정치인들이 자기만 옳다고 주장하는 가운데 끝없이 세력을 원하는 중독자가 되어 불의를 행하는 데 있는 것입니다. 다시 말하면 정부는 필요하되 정치인 중 선한 양심을 갖지 못한 사람이 상당수 있으므로 국가형태나 정부의 조직이 문제가 되기도 하지만, 그보다 더 큰 문제는 그것을 운용하는 사람에게 있는 것이지요. 욕심이 곧 우상숭배입니다(골 3:5). 무조건 우리가 하나님을 대신하여 정부와 대적하는 것은 옳지 않습니다.

그러나 하나님의 법에 어긋나는 일을 국가나 군대에서 명령할 경우 우리 크리스천은 이를 단호히 거부해야 합니다. 다니엘 시대는 왕의 세력이 절대적이어서 느브갓네살 왕이 모든 백성에게 자신이 만든 신상에 절할 것을 명했을 때 이를 거역한다는 것은 곧 죽음을 의미하는 것이었습니다. 그렇지만 다니엘은 이것이 하나님의 뜻이 아닌 줄 알고 명령을 거역했습니다.

형제가 현재 군복무 중이면 불의한 일을 하지 않도록 기도 제목을 삼아야 할 것이며, 만약 하나님의 법에 어긋나는 일을 군대의 명령에 따라 할 수밖에 없는 상황이라면 차라리 감옥에 가십시오. 다시 부탁하지만 그러한 일이 없도록 기도하십시오.

국기에 경례를 하는 것은 상관에게 경례하는 것과 다를 바 없습니다. 치안 및 질서 유지를 위해 경찰이 필요한 것처럼, 자국민의 생명과 재산을 보호하기 위해 군대가 필요한 것입니다. 또한 불신자를 위해서도 필요합니다(딤전 1:9~11). 하지만 자신의 권력 유지와 남을 억압 이용하기 위한 수단으로 군대를 사용하는 일도 얼마든지 있을 수 있습니다.

국가의 지도자들이 그러한 시험에 들지 않도록 기도해야 할 것입니다. 알아야 할 것은 눈앞에 나타난 문제보다 나타나지 않은 감추인 더 크고 심각한 문제가 있습니다. 본래 하나님께서 토지를 인간에게 주시면서 모든 사람이 충분히 즐겁게 살 수 있도록 계획을 하셨습니다. 그러나 불신자들이 욕심을 부려 더 큰 부자가 되고, 더 큰 세력을 잡기 위해 남을 이용하고 남의 땅을 빼앗는 경우가 허다합니다.

하나님의 토지법에 입각하면 대지주가 있을 수 없지만, 대부분의 현대국가들에서는 그런 법이 없으므로 대지주 제도하에 몇 사람만 땅을 차지하여 드러나지 않은 상태에서 정부를 움직이고 있습니다.

민주국가에서 하나님의 법대로 나라를 통치하려고 할 때 그릇된 군대를 사용(私用)하거나 사병화(私兵化)하는 일이 종종 있기도 합니다.

이것은 이론적인 얘기가 아니라 세계 여러 나라에서 실제로 있었던 일입니다. 과테말라 정부가 성경법대로 토지를 국민에게 나눠 주려고 하자 미국이 무력으로 개입하여 자신들의 이익을 얻는 데 용이한 정부를 세웠습니다.

세계적으로 이와 같은 일이 많지만 한국에서는 아직까지 문제의 심각성을 판단할 수 없습니다. 한국 역시 이와 같은 일에 빠질 가능성도 있습니다. 이를 위해 매일 기도하기 바랍니다.

한국의 대지주 중 필리핀의 토지를 사서 필리핀 정치에 간접적으로 간섭하는 사람이 있을지 모르겠습니다. 필리핀의 가난한 사람 문제는 대지주들이 토지개혁을 허락하지 않기 때문이며, 하나님께서 필리핀에 충분한 땅을 주었지만 대지주로 인하여 대부분의 가난한 자들이 혁명을 일으킬 가능성도 있습니다. 그때 한국의 지주들이 필리핀을 돕기 위해 한국 군대가 가서 필리핀의 혁명세력과 싸우자는 소리를 할 수도 있습니다.

하나님께선 군인이 싸우기를 허락하실 때도 있고 허락하지 않을 때도 있습니다. 예를 들면 6.25전쟁 때 두 달 전 한국이 토지개혁을 선포하여 하나님께서 남한을 위해 싸우셨음을 볼 수 있습니다. 유엔군을 한국을 위해 사용하셨습니다.

반면에 월남 정부가 끝까지 토지개혁을 하지 않은 상태에서 미군과 한국군이 파병되어 싸운 것은 명목상 공산주의를 물리치기 위한 전쟁이었지만 결과적으로 지주를 위한 전쟁이 되어 버렸습니다. 결국 하나님께서 여러 나라의 참전과 군사적 우위에도 불구하고 월남에 승리를 안겨다 주지 않았습니다. 이것은 하나님께서 공산주의를 좋아해서가 아니라, 민주주의를 외치며 크리스천이라는 이름 뒤에 숨어서 남을 이용하는 사람을 공산주의보다 더 싫어하시는 것을 보여 주는 것입니다.

교회가 이 문제에 올바른 지도를 주지 못하는 이유는 콘스탄틴 시대부터 생긴 일입니다. 콘스탄틴 시대까지 교회는 가난한 사람끼리 서로 경제 문제를 해결했습니다. 로마의 가난한 사람, 이용당하며 눌린 사람들이 거의 크리스천이 되었기에 콘스탄틴 황제는 민중혁명이 야기될 수 있는 조짐으로 판단해 상당한 경계를 나타냈고 정치적 위협을 느꼈습니다.

물론 때때로 부자들이 교회에 들어가 자기 소유를 나눠 주며 경제적인 코이노니아를 하여 가난한 사람 편에 서기도 했습니다. 정치인의 격언 중 "이기지 못하면 가입하라."는 말이 있습니다.

콘스탄틴 황제가 교회에 가입하여 대지주와 합세하여 교회의 세력을 잡자 교회가 토지에 대한 언급을 회피함으로 자연적으로 경제의 기본적 문제를 해결할 방도가 없게 되었습니다. 당시 교회에 가입한 부자들(대지주)은 성서의 가르침에 따른 근본적인 토지문제의 해결을 외면한 채 가난한 사람끼리 서로 돕는 것을 싫어하며 부자인 자신들이 가난한 사람을 도와 주고자 했습니다. 결국 가난한 사람들을 비굴하게 하였고, 자신들에게 아부하도록 교묘히 만들었습니다.

마침내 교회는 가난한 사람을 위해 좋은 소식을 전한(눅 4:18~19, 7:22) 예수님의 메시지를 변질시켜 가난한 자를 위한 올바른 경제법 대신에 죽음 후의 천국만을 강조하기 시작했습니다. 그때부터 소위 기독교 문화권인 나라에서는 신학자와 교회 지도자들이 이와 같은 문제를 취급하지 않았으며, 대지주들은 뒤에서 이 문제를 더욱 복잡하게 만들었습니다.

간혹 성경 말씀을 그대로 믿고 성경적 제도로 돌아가자는 외침이 있었지만 대부분 이단이라는 미명 아래 이 모양 저 모양으로 죽임을 당했습니다. 때로 가난한 사람들끼리 교회를 만들었지만 대부분 지주들이 개입하여 근본적인 문제를 말하지 못하게 했습니다.

모든 교회가 한목소리로 이와 같은 중요한 과제를 취급하여야 올바른 가르침을 줄 수 있을 텐데 안타깝게도 많은 교회가 이 문제에 대해 이해가 부족할 뿐 아니라 관심 밖의 일로 접어 두려는 경향이 많습니다. 나 역시 이 문제에 관해 다 알고 있다고 생각지 않으며 다만 계속 연구 중이기에 형제가 제대 후 이 문제를 깊이 연구하면 좋겠다고 생각합니다.

예수원은 주로 평신도 모임으로 성직자가 몇 사람 없고 또 성직자를 훈련하기 위한 곳도 아닙니다. 피차 세워 주고 섬기는 가운데 그리스도의 몸을 이루어가는 곳이기는 하지만 특별히 평신도를 위한 프로그램이 따로 마련되어 있지는 않습니다. 때가 되어 하나님께서 허락하실지는 모르지만 아직도 일손이 부족하여 통신프로그램도 없는 형편입니다.

우리를 위해 기도해 주시기 바랍니다. 제대 후 우리와 함께 공동생활을 경험하면 좋겠습니다. 요한복음 7장 17절 말씀을 상고하여 제 말을 그대로 다 믿지 말고 성령께서 판단력을 주실 줄 믿고 기도하십시오. 다만 두 마음을 품지 말고 무조건 주의 뜻을 행하려는 마음으로 성령께 시혜를 구하십시오(약 1:7~8).

가난하고 겸손한 마음으로 다시 오실 예수님을 소망합시다. 마라나타!

자신을 낮출 수 있는 방법은 무엇입니까

존경하는 대천덕 신부님.

저는 많은 사람들이 신부님께 사회문제, 교회문제, 가정문제에 대해 질문하고 있다는 사실을 알고 있습니다. 이 모든 질문들은 참 중요한 문제입니다. 우리 인간은 사회 가정 교회업무 등과 동떨어진 삶을 살아갈 수 없습니다. 그러나 한편으로 우리 인간은 독립적인 존재라고 생각합니다. 인간은 하나님 앞에 개별적으로 나와야 한다고 믿습니다.

저는 사도 바울이 빌립보서 2장 5절 이하의 말씀에서 언급한 내용을 깊이 생각해 왔습니다. "너희 안에 이 마음을 품으라 곧 그리스도 예수의 마음이니…자기를 낮추시고(비우시고)…."

신부님, 정녕 제 자신을 낮출 수는 없습니까? 제가 그런 존재가 될 수 있는 방법은 없습니까? 그런 방법이 있다면 가르쳐 주십시오. 저는 이 문제를 해결하지 않고는 사회적인 활동과 교회활동을 비롯한 다른 모든 활동들이 올바르게 정립되지 않을 것이라는 생각이 듭니다. 저는 크리스천으로서 결혼을 원하지만 이 문제를 해결받지 못하고서는 결혼도 해서는 안될 것 같다는 느낌을 받습니다. 이 문제에 대한 신부님의 견해를 듣고 싶습니다.

― 주 안에서 송종상 올림

사랑하는 종상 형제.

형제의 귀한 질문 감사합니다. 대부분의 크리스천들은 이런 질문들을 회피하려고 합니다. 사회정의나 선교 또는 교회 일에 심취해 있는 사람들조차 매우 번번이 자신들의 존재에 대해 알려고 노력하고 있습니다. 사탄의 지배하에 있는 이 세상은 사람들로 하여금 자신의 실체를 알려는 이 같은 노력을 못하도록 합니다.

많은 사람들은 '내가 도대체 누구인가'라는 의문을 갖고 살아갑니다. 그들은 업무에 파묻혀 있으면서 실존에 대해 끊임없이 의문을 갖고 있습니다. 지식이 많은 사람들일수록 더 복잡하게 생각합니다.

교육제도라는 것은 이 세상, 달리 말하자면 사탄에 속해 있는 체제입니다. 세상은 사람들이 사회 속에서 일을 수행하는 데 아주 필요하고도 중요한 정보를 제공해 주지만 결국 사람들로 하여금 '나는 누구인가', '나는 무엇을 해야 하며 왜 해야 하는가'라는 실존적인 물음에 대해 더 혼란스럽게 만듭니다.

형제도 알다시피 오직 하나님만이 우리 각 사람이 무슨 일을 해야 하며 또한 그 일의 의미가 무엇인가를 깨닫게 해 주는 분입니다. 문제는 많은 크리스천들이 하나님으로부터 메시지를 얻지 못하고 있으며 그들의 정신상태는 비기독교인들과 다름없이 혼란스럽다는 점입니다. 어쩌면 크리스천들이 더 혼란스러울 수도 있습니다. 너무나 많이 알고 있어서 그것을 종합하지 못하기 때문입니다.

우리는 지금 인생의 모순을 다루고 있습니다. 형제가 형제 자신을 온전히 비우기 전까지는 채움을 받을 수 없습니다. 곧 비움(emptiness)이 채워짐(fullness)을 의미한다는 사실입니다. 또한 형제가 형제의 실존을 찾으려고 노력하는 한 영원히 찾지 못하고 미아의 신세가 될 것입니다. 찾으려는 것을 포기할 때만이 비로소 찾을 수가 있습니다. 그러면 형제가 인용했던 빌립보서 2장 1절 이하의 말씀을 살펴보도록 하겠습니다.

1절에서 바울은 아주 훌륭한 것(개념)들을 나열하고 있습니다. 그는 '그러므로…'라는 말로 시작하면서 이것들을 나열합니다. '그러므로'란 의미는 다음 구절에 나오는 '그리스도 안에 권면, 사랑, 위로, 성령의 교제, 긍휼, 자비' 등의 개념이 실제로 존재한다는 사실을 강하게 암시해 주는 단어입니다.

위에 나열된 개념들은 참으로 좋은 것입니다. 우리가 이것들을 소유할 수 있다면 삶은 행복해질 것이며 어떠한 시련이라도 견뎌낼 수 있을 것입니다. 비록 하고 있는 일의 의미를 제대로 이해하지 못한다 하더라도 동료 크리스천들에게서 그리스도의 권면과 긍휼과 위로와 교제를 발견할 수 있다면 우리의 삶은 평화와 위로와 기쁨으로 가득 찰 것입니다.

그러나 이러한 삶을 얻기 위해선 몇 가지 전제조건이 있습니다. 우선 마음을 같이 하는 것입니다(2절). 이는 자신의 주체성(identity)을 망각하고 다른 크리스천들과 같은 마음을 가지라는 의미입니다. 그리고 같은 사랑을 갖고 성령 안에서 하나가 되어야 한다고 바울은 계속해서 권면하고 있습니다.

"무슨 일에든지 다툼이나 허영으로 하지 말고." 즉 이기심으로 일을 처리하지 말라는 뜻입니다. 이것이 자신을 지우는 것입니다. 형제 자신의 이익을 위해서는 어떠한 일이라도 하지 마십시오. 하나님은 우리 자신의 이익을 찾지 말며 남의 이익을 위해 힘쓰라고 하십니다. 예수님이 그랬던 것처럼 말입니다.

예수님이 누구십니까. 하나님이십니다. 하나님과 동등한 위치에 계신 분입니다. 그러나 그는 엄연한 자신의 위치에 집착하지 않았습니다. 그는 자신을 비웠습니다. 낮췄습니다. 형제도 이와 같은 마음을 갖도록 힘써야 합니다. 예수께서 그 자신을 어떻게 비웠습니까. 인간이 됨으로써, 자신이 인간의 모든 한계에 굴복함으로써, 가난한 사람 노동자가 됨으로써 그렇게 하셨습니다.

추측하건대 예수님은 글을 읽고 쓰는 능력 외에 다른 어떤 교육도 받지 않은 것 같습니다. 아마도 12세가 되던 해부터 하나님의 일을 하기 원했는지도 모르겠습니다. 그러나 그는 성전에서 나와 집으로 갔습니다. 육신의 아버지인 요셉에게 순종했습니다. 또한 성인이 되어서 (20~21세 정도) 하나님의 일을 본격적으로 해야겠다는 생각을 했을지도 모르겠습니다. 그러나 그는 먼저 자신의 가정을 돌보는 일을 했습니다. 목수일을 계속했으며 동생들이 성장해 가정을 이뤄 자립하도록 뒷바라지를 해 주었습니다. 30세가 되어서야 비로소 집을 떠나 전적으로 하나님의 일에 전념하기 시작했던 것입니다.

예수님은 신분과 명예뿐만 아니라 자신의 삶 자체를 비우셨습니다. 우리는 하나님의 일이 안락한 것인지 아니면 위험한 것인지를 따져서는 안됩니다. 일단 예수님을 나의 주인으로 받아들였으면 나의 삶을 내려 놓아야 합니다. 우리는 이전의 삶으로 되돌아가지 않도록, 또한 나의 삶을 포기함으로써 올 수 있는 삶의 긴장 이완을 방지하도록 하나님께 은혜를 구해야 합니다. 순교자처럼 영광스럽게 죽는 것과 나의 일을 자랑스럽게 여기지 않은 채로 날마다 죽는 삶은 다릅니다. 바울은 날마다 자신을 비우는 삶을 살았습니다(고전 15:31). 하나님의 일을 날마다 짊어지며 살아야 하는 삶은 날마다 죽는 것을 의미하며 그것은 곧 십자가의 죽음을 뜻합니다(고후 11:28).

그러나 이것으로 끝나는 것은 아닙니다. 빌립보서 2장 9절부터 11절까지의 말씀이 우리 앞에 놓여 있습니다. 예수님이 그 자신을 온전히 비우자 하나님이 그를 높이셨습니다. 하나님은 그에게 모든 이름 위에 뛰어난 이름을 주셨습니다. 예수의 이름 앞에 모든 무릎은 꿇어야 하고 모든 혀는 그를 주인으로 받들어야 합니다.

이러한 사실이 우리에게는 어떻게 적용되겠습니까. 이 사실은 우리가 자신을 비웠을 때 하나님이 성령으로 가득 채워 주신다는 사실을 가르쳐 줍니다. 또한 우리는 비밀스러운 이름을 얻게 됩니다. 이 이름은 하나님 외에 아무도 모르는 이름입니다(계 2:17).

우리는 하나님의 비밀스러운 대리인이 되고 삶은 드라마틱하게 진행됩니다. 다른 삶들에게는 무가치하게 보이는 것들이 하나님과 우리에게는 가치 있는 일로 비춰집니다. 성령의 도우심으로 순간순간마다 안내인을 얻을 수 있으며 또한 깨닫게 됩니다(우리는 종종 우리의 일이 결과적으로 아주 멋있게 이루어지는 것을 뒤늦게 발견할 때가 있습니다). 우리는 그리스도 안에 있게 되고 그의 지체로서 그의 영광과 주권에 동참하는 은혜를 얻게 됩니다. 삶은 새로운 의미를 띠며 즐거움과 아름다움과 모험으로 변해갈 것입니다.

종상 형제, 그러면 형제께서 질문한 내용의 핵심을 진단해 보도록 합시다.

우리가 자신을 비워야만 할 당위성이 있는 것입니까? 형제님, 우리가 원하지 않으면 안 하면 그만입니다. 강요가 아닙니다. 그렇지만 예수님의 풍성하심 속에 동참할 기회를 놓치는 것보다 더 어리석은 일이 어디 있겠습니다. 그러면 어떻게 해야 자신을 진정 비울 수 있을까요. 우리 자신의 힘으로는 안됩니다. 하나님의 도우심이 있어야 합니다. 하나님의 도우심을 바라야 합니다. 하나님의 성령께 우리 자신을 비울 수 있게 해 달라고 간구해야 합니다. 우리가 성령을 받은 이유가 바로 여기에 있습니다. 성령과의 교제를 통해 초자연적 힘을 공급받으면 다른 크리스천들과 하나가 될 수 있고, 그들을 위로할 수도 있으며, 도울 수 있고, 그들의 일을 내 일처럼 여길 수 있습니다.

잠시 코이노니아(koinonia)에 대해 언급하고자 합니다. 이 단어에 가장 적합한 한국어 단어는 '교통' '상통'이라고 생각합니다. 그리스어에서 이 단어는 두 사람 간의 아주 가까운 관계를 가리키고 있습니다. 예를 들면 형제와 자매의 관계, 부부 사이, 또는 서로 간에 전적으로 책임지기로 서약까지 한 동업자 간의 관계를 뜻합니다. 초기의 크리스천들은 이 단어의 뜻을 정확히 깨달았습니다. 신약성서에서 보듯 그들은 성령의 능력을 힘입어 감정적으로, 재정적으로 서로 묶여 있는 사이였습니다. 그들이 '형제' '자매'로 호칭할 때에는 그들의 관계가 친형제나 자매보다 더 가까운 관계를 의미했습니다. 서로 간에 모든 것을 책임질 수 있는 관계였습니다.

초기의 기독교인들은 코이노니아의 중요성을 너무나 잘 알고 있었기에 이 진리를 사도신경에 기록해 놓았습니다. "거룩한 교제와 성도가 서로 교통하는 것과…믿사오니…." 성령의 사역에 있어서 가장 중요한 기능은 고린도후서 13장 13절에 언급되었듯이 코이노니아입니다. 사실 성령을 떠나서는 하나님의 사랑과 그리스도의 은혜는 힘을 발휘할 수 없습니다. 성령에 의해서만 우리는 하나가 될 수 있으며 지속적인 교제를 나눌 수 있습니다.

초대 교회는 이 사실을 잘 알고 있습니다. 사도시대 이후 콘스탄틴 대제 통치 당시 관용의 칙령이 포교되기까지 근 3백 년간 교회는 성령의 교제를 행해 왔습니다. 그러나 칙령이 공포된 이후 더욱 정확하게는 니케아 종교회의 이후 모든 정치가와 지주들은 왕의 환심을 사기 위해 교회에 들어오기 시작했습니다. 그들은 성령의 교제를 믿지도 않고 그 의미 또한 몰랐습니다. 이때부터 '믿는다'는 의미는 변색되기 시작했습니다. 본래의 의미인 순종과 헌신에서 신학적인 개념으로 변했습니다.

당시의 정치가 지주들은 이기적이었고 권력과 돈에 굶주린 사람들이었습니다. 그들은 성령을 받을 만한 조건을 갖추지 못했습니다. 세월이 흐르면서 그들은 '중생'이란 의미를 단지 신학적 개념으로 형식화했으며 성령의 코이노니아는 '감동'이라는 단어로 대치시켰습니다(감동은 어느 시대건 정치인들이 즐겨 쓰는 단어입니다). 또한 그들은 '비운다'는 개념을 신학적 토론거리로 전락시켜 놓았습니다.

그러나 하나님께 감사하십시오. 성령은 우리에게 굴복하지 않습니다. 성령은 우리로 하여금 자신을 비우라고 계속 종용합니다. 우리 가족에게 힘을 주사 나보다 남을 더 귀하게 여기며 살도록 인도하십니다. 하나님께 감사합시다. 그는 우리가 한마음을 갖도록 만드실 것입니다. 그는 두 사람씩 성령 안에서 교제하도록 인도하실 것이며("두세 사람이 내 이름으로 모인 곳에 나도 너희 안에 있겠다.") 온 인류가 예수를 만나 성령을 받도록 인도하실 것입니다.

종상 형제, 제가 형제에게 주의해야 할 사항 한 가지를 알려 드리겠습니다. 사탄은 크리스천들이 그들의 삶을 비우는 것을 반기지 않습니다. 사탄은 가능한 한 모든 수단을 다 동원해 삶을 비우는 행위를 하지 못하도록 방해합니다. 형제가 매일 비우는 삶을 살려고 노력한다면 사탄은 몇 달, 또는 1~2년 간 잠복할 것입니다. 그런 후 형제가 사탄의 유혹에 대해 망각해 있을 때 살며시 형제에게 침투해 들어가 다음과 같이 말할 것입니다. "너는 미쳤다. 삶을 비우는 것이 무슨 좋은 일이라고 그렇게 애를 쓰느냐."

그는 형제로 하여금 형제 자신에게만 신경 쓰도록 하고 예수님에게서 눈을 떼라고 유혹할 것입니다. 또한 매일 죽는 삶보다는 영광스런 삶을 사는 것이 더 재미있는 삶이라고 부추길 것입니다. 사탄의 계략이 성공한다면 우리는 성령께서 이루어 놓으신 모든 일을 원점으로 되돌리는 비극의 주인공이 될 것입니다. 그러므로 성령께서 역사하시도록 날마다 간구해야 합니다. 성령께서 힘을 주어 우리의 삶을 비울 수 있도록 인도해 달라고 기도를 쉬지 말아야 합니다. 그러면 매일매일 승리의 삶을 살아 갈 수 있습니다.

기독교 단체 운영은 어떻게 해야 합니까

존경하는 대천덕 신부님께.

저는 조그만 도시에 살고 있는 크리스천입니다. 최근 뜻이 맞는 사람들과 함께 농촌선교를 위해 사단법인을 조직했습니다. 그런데 연말에 세무보고를 할 때 우리는 장부정리의 미숙함이 문제로 드러났다는 사실을 발견했습니다. 정부관리들은 지출내역에 우리가 알고 있는 것 이상으로 더 복잡한 회계장부를 원했습니다.

우리는 교회재단측과 아무 힘이 없는 사역자들 사이에 큰 갈등이 있다는 사실을 발견했습니다. 많은 사역자들은 너무나 적은 임금을 받으며 사역했습니다. 그들은 주님의 일을 한다는 자부심 때문에 저임금도 마다하지 않는 것 같습니다. 그러나 그들은 교회 행정에 발언권이 없고 날품팔이처럼 취급받고 있어 그것을 불만족스러워 했습니다.

신부님, 어떻게 교회가 이럴 수 있습니까. 그리고 이것을 바로 잡는 방법은 무엇입니까. 이러한 일들이 신문에 보도되고 있어 믿지 않는 자들에게 나쁜 이미지를 심어 주고 있습니다. 만약 예수의 제자들이 그들 사이에서 믿지 못하고 하나가 되지 못한다면 어떻게 세상 사람들이 예수가 하나님이요, 죽음에서 부활했다고 믿겠습니까.

  — 주 안에서 소문석 올림

사랑하는 문석 형제에게.

형제가 기독교선교와 재단에 대해 지적해 주신 편지 감사합니다. 그러나 그것이 저를 슬프게 하는군요. 저는 형제가 앞서 설명한 교회재단에 대한 형제의 비판으로 형제가 무릎 꿇고 더 많은 기도를 드리기 바랍니다. 사탄은 형제의 귀에 다음과 같이 속삭일 것입니다. "너는 절대로 그와 같은 함정에 빠지지 않을 것이다. 너는 너무 정직하다. 너와 너의 친구들은 함께 성공적으로 일하는 방법을 알고 있다. 너는 너 자신에 대해 자신을 가져도 좋다."

형제님, 형제와 형제 친구들이 함께 일을 잘하고 있고 철저하게 정직한 생활을 하고 있다면 하나님의 은혜에 감사하십시오. 형제는 많은 그룹들이 잘못된 것을 보아 왔을 것입니다. 그렇다면 형제는 형제의 그룹이 그와 같이 되지 않도록 매일 기도하시길 바랍니다. 저는 형제가 직접 본 비리로 인해 가슴 아파하고 그래서 그런 교회와 재단을 위해 중보기도하기를 바랍니다. 특별히 하나님께서 크게 쓰셨던 선배 지도자들이 그들의 지도력을 나눌 수 있는 법을 깨닫게 해 달라고 기도하십시오. 이것은 쉬운 일이 아닙니다.

우선적으로 나는 우리 선교사들이(초창기 때) 이와 같은 상황을 일으킨 책임을 져야 한다고 생각합니다. 우리들은 전도와 성경 가르치는 일에 너무 몰두한 나머지 교회행정 및 관리에 대해 신경을 쓰지 않았습니다. 우리들의 선배들은 우리의 사역을 통해 주님을 알려고 하고, 우리를 사랑하고, 우리를 존경하고, 우리의 방법에 대해 질문하지 않고 전혀 우리에게 도전을 주지 않는 사람들과 같이 일을 했습니다.

슬프게도 우리들은 제국주의적인 성향을 갖고 있었습니다. 결과적으로 우리들은 완벽하게 정직했다고 생각했으나 우리들의 재정적인 문제를 다루는 데 있어 우리들 자신들을 다른 사람들에게 맞추지 못하는 나쁜 선례를 남겼습니다. 우리들 대부분은 그것에 대해 많은 생각을 못했습니다.

우리들은 어느 누구도 우리에 대해 도전을 주지 않는 외국인들이요, 선교사들이었기 때문이었습니다. 문제는 우리들의 제자들이 우리들로부터 일을 인계받아 우리들의 관례를 쫓아 새로운 일을 시작할 때 표면화됐습니다.

우선은 프로젝트(일)가 너무 소규모라 모든 사람들이 일의 모든 진행을 알고 있어서 행정이란 문제에 대해선 생각을 안 했던 것입니다. 문제는 성령께서 우리들의 제자들을 효과적으로 사용하기 시작했을 때 나타났습니다. 갑자기 이 작은 프로젝트들은 커지기 시작해 공룡같이 거대해졌습니다. 따라서 위에 있는 사람들은 어떠한 변화가 생겼는지 깨닫지 못하고 오직 하나님께서 그 옛날 축복해 주셨던 것만 생각했습니다. 그러나 하나님께서는 축복을 주시는 과정에 있어서 변화를 가져왔습니다.

이제 기관 또는 단체 내에 있는 사람들 서로의 얼굴을 모를 정도가 되었습니다. 더 이상 아버지와 아들의 관계가 아니었습니다. 복합적인 동기들을 갖고 기관 내로 들어와 돈벌이가 되는 일에 종사할 수 있는 사람들의 여지가 생기기 시작했습니다. 이렇게 해서 우리들은 과거 누리지 못했던 큰돈을 만질 수 있었습니다.

그러나 거기에 시험이 있었습니다. 우리들의 관리방법은 과거 한 명의 리더와 몇 명의 제자로 이루어졌던 초기시대와는 동떨어졌습니다. 이 방법들은 적합하지 않고 효과적이지도 않았습니다. 갈등이 생겨나기 시작했고 어느 누구도 해결책을 몰랐습니다.

비극은 우리 선교사들이 우리들의 모든 가르침에도 불구하고 행정관리에 대해서는 가르쳐 주지 않았다는 점입니다. 우리들은 과거에도 그랬듯이 지금도 여전히 매우 이기적인 사람들이며 소위 원맨쇼에 능한 사람들입니다. 우리들 자신들이 가르쳤던 신학적 가르침에는 두 가지 중요한 개념이 빠졌습니다. 이것은 우리들과 한국 교회가 반드시 배워야 할 사항입니다. 그것은 두 개의 성경단어인 디케와 코이노니아입니다.

'디케'란 단어는 사람과의 올바른 관계, 정의, 공평, 정직을 가리킵니다. 우리 선교사들은 수녀들의 미덕이며 잊혀진 정의인 긍휼을 강조해 왔습니다. 우리가 한국에 왔을 때 한국은 일제하에 있어서 우리가 정의에 대해서 할 수 있는 일이라곤 아무것도 없었습니다. 그러나 긍휼을 베풀 수 있는 기회는 많이 있었습니다. 그래서 오늘날까지 한국 교회는 고아와 궁핍한 자, 병든 자 등 긍휼을 필요로 하는 일에 능숙합니다.

우리가 잊고 있었던 사실은 긍휼이란 조직에서 낙오된 사람들을 위한 것이었다는 점입니다. 대부분의 사람들은 하나님으로부터 바른 시스템에 따라 살도록 명령받았는데 그것은 사업이나 공적인 일에 정직하며 모든 관계에서 공평하고 책임지는 것을 의미합니다. 우리 크리스천들은 대부분 그러지 못했었기 때문에 일제가 물러간 후에 탐욕스럽고 권력에 굶주리고 잔인하고 정직하지 못한 사람들에 의해 관리돼 왔던 것입니다. 그것들은 곧 세상이요, 우주요, 조직이라고 말할 수 있습니다.

교회들이 교회사업이나 정책을 운영할 성서적인 대안을 마련하지 못했었기 때문에 우리들은 무의식중에 세상의 방법을 도입해 조금 수정을 가한 후 거의 세상의 기관과 똑같이 운영해 왔습니다.

우리들은 정의에 관한 성경적인 아이디어를 고안하지 못했으며 논의조차 안 했습니다. 우리가 성경에서 그 단어를 발견했을 때 우리들은 "우리가 그리스도의 보혈로 정직하게 되었으면 그것이 전부가 아닌가. 더 이상 무슨 할 말이 있는가."라고 말했습니다.

그러나 그것은 잘못된 신앙자세입니다. 우리가 그리스도의 보혈로 정직하게 되었다면 그 정직은 우리들 생활의 모든 관계에서 구현되어야 합니다. 우리에게 성령이 주어진 것도 바로 그런 이유에서입니다. 우리들은 우리들의 삶 속에서 정직해질 수 있으며 그리스도의 보혈로 얻어진 정직함을 갖고 살 수 있습니다.

다른 하나의 단어는 '코이노니아'입니다. 이것은 정의보다 더 아름다운 것입니다. 이 단어의 중요한 요점은 서로에 대해 책임을 지는 것입니다.

누가복음 5장 10절을 보면 어업하는 동업자란 단어에 이 뜻이 담겨 있습니다. 그러나 성령이 오순절날 임하셨을 때 우리는 이 단어가 성령이 충만한 크리스천 모두의 관계를 가리키는 단어로 쓰여졌다는 사실을 알 수 있습니다. 성령이 오신 후 모든 크리스천들은 동업자들입니다.

사도행전 2장 42절에는 "사도의 가르침을 받아 서로 교제하며."라는 말씀이 나옵니다. 형제는 이 교제의 의미가 무엇인지 알 것입니다. 44절의 "저들이 모든 물건을 서로 통용하고."라는 말씀을 보십시오. 그들은 교제 안에서 모든 것을 통용했으며 이에 사도들은 강력한 영적 힘을 갖게 됐습니다. 리더들의 영적 파워와 평신도들의 교제는 이처럼 직접적인 연관성이 있습니다.

우리가 신약성경을 읽어 내려가다 보면 이 교제의 개념이 빈번히 나타나고 있는 것과 이것은 항상 성령에 의해 이루어진다는 사실을 발견할 수 있습니다. 자연적인 수준에서 이것은 남편과 아내, 형제와 자매 또는 아주 긴밀한 관계에 있는 사람들 사이에서만 존재합니다. 그러나 성령의 충만을 입은 사람들에 의해서 이루어지는 초자연적인 상태에서 모든 크리스천들은 서로를 동업자로 대할 수 있습니다. 성경은 예수의 가장 큰 업적은 그의 은혜이고 아버지인 하나님은 그의 사랑이고 성령은 교제라고 말하고 있습니다.

그러면 이것이 크리스천 기관과 무슨 관련이 있을까요. 우리 선교사들이 이 사실을 깨달았다면 우리는 어떤 크리스천 기관이라도 동업관계가 되어야지 상하관계가 되어서는 안 된다는 사실을 알았을 것입니다. 동업자는 같이 활동하고 같이 책임을 집니다. 그들은 서로에게 연대책임을 지며 성령으로 말미암아 그리스도에 대한 책임도 집니다.

형제님, 이것은 결코 불가능한 아이디어가 아닙니다. 성령께서는 오셨습니다. 우리가 간구하면 그는 우리에게 코이노니아에 대한 올바른 가르침을 보여 줄 뿐만 아니라 우리에게 그것을 실행에 옮길 수 있는 힘도 줄 것입니다.

형제와 형제의 동업자에게 더 많은 힘이 임하기를 바랍니다.

농촌 교회, 왜 쇠약해 가나

존경하는 대천덕 신부님께.

예수원에서 재배되는 식물들이 궁금하군요. 겨울을 대비해 충분한 김치도 마련되었는지 궁금합니다. 아마 이맘때쯤이면 예수원의 날씨는 더할 나위 없이 좋을 것이라고 생각합니다. 저는 제 일이 바쁘지 않게 되어 이렇게 좋은 날씨에 신부님을 방문했으면 합니다만 겨울에 찾아 뵐 것 같습니다.

올해는 일이 작년에 비해 더 힘들었습니다. 그것은 많은 젊은이들이 도시로 떠났기 때문입니다. 그 자체가 슬픈 일입니다. 그러나 더욱 가슴 아픈 일은 도시로 간 그들이 그들의 믿음을 포기했다는 사실입니다.

신부님, 우리가 무엇을 잘못했습니까. 농촌을 지배하시는 하나님이 아니십니까. 대도시들은 진정으로 소돔과 고모라처럼 되어 젊은이들을 타락시키고 있는 것입니까. 농촌 교회에 있는 우리들을 위해 조언을 부탁드립니다.

— 주 안에서 한종식 장로 올림

사랑하는 한 장로님께.

　주신 편지 잘 받았습니다. 겨울이 오기 전에 장로님께서 저희 예수원에 방문할 수 있기를 바랍니다. 우리 예수원이 이곳에서 열다섯 명의 식구들과 함께 농지를 개간했을 당시 식구를 먹여 살릴 만한 충분한 경작지가 없었습니다. 현재 우리는 60명이며 한 달에 외부 손님 5백 명을 받고 있습니다. 그래서 시장에서 음식을 사올 수밖에 없습니다. 우리는 피제 평원에 배추를 기를 수가 없습니다. 그 이유는 당국이 우리에게 이 땅을 차용해 줄 때 우리가 이곳을 녹지로 개발해야 한다는 조건을 붙였기 때문입니다. 우리는 현재 2백 마리의 양을 갖고 있으며 소도 양육할 계획을 갖고 있으나 한 장로님께서 갖고 계신 똑같은 문제점을 안고 있습니다. 그것은 어느 누구도 농사짓기를 원하지 않는다는 것입니다. 하나님께서 저희에게 농사짓는 것을 자랑스럽게 여길 수 있는 자원자를 보내 주시도록 기도해 주시기 바랍니다.

　장로님께서 말씀하신 부분에 대해서는 두 가지 문제점이 있다고 생각합니다. 하나는 한국의 농촌생활에 대한 문제이고, 다른 하나는 젊은이들의 신념에 대해서 오랫동안 우리들은 농촌생활을 찬미할 수 있는 목소리를 높이지 못했으며 오히려 도시의 소음에 주눅들어 살아왔다는 것입니다.

　저는 최근에 가나안 농군학교에 대한 김용기 장로의 자서전을 읽은 적이 있습니다. 저는 모든 농촌의 목회자들이 이 책을 읽었으면 합니다. 이 책은 훌륭한 교과서적인 책입니다. 모든 농촌 교회가 가나안 농군학교 중의 한 곳에 사람을 보내 그곳에서 교육을 받도록 해야 한다고 생각합니다.

　김용기 장로는 농업과 노동의 숭고성을 강조했으며 그것을 성경에서 찾았습니다. 그의 태도는 확실히 옳은 것입니다. 성경에는 "당신이 좋은 교육을 받으면 복이 있을 것."이라는 언급이 전혀 없습니다. 그러나 한국사회는 그것을 진리라고 생각합니다. 그리고 교회 역시 이러한 통속적인 사고를 수용하고 있습니다.

한국에 온 외국 선교사들 대부분은 농촌생활에 관심이 없는 도시에서 자란 사람들이었습니다. 그래서 우리들은(외국 선교사) 한국 교회로 하여금 하나님이 복이 있다고 한 것을 무시하고 심지어 경멸하도록 했습니다. 우리는 이 점에 대해 회개해야만 합니다.

좋은 농부가 된다는 것은 다른 어떤 일보다 더 많은 두뇌와 기술이 필요합니다. 물론 농부를 양성하는 농업대학이 있습니다만 그것은 믿기 어렵습니다. 왜냐하면 그런 학교들은 돈을 벌기 위해서 세워졌으며 그것은 농업의 진정한 뜻과는 무관한 것이기 때문입니다. 당신이 돈을 벌 목적으로 농업을 한다면 당신은 사람들을 중독시키고 영양가도 없고 건강에 필요한 비타민이 결핍된 식물을 재배하기 시작할 것입니다.

두 번째 문제는 좀 다릅니다. 오늘날의 도시가 소돔과 고모라처럼 젊은이들의 믿음을 죽이고 있는 것일까요. 40세기 전의 조악한 도시와 20세기의 대도시를 비교할 수는 없다고 생각합니다. 사람은 이기적이며 정욕적이며 무자비합니다. 사람들이 대도시로 몰려들기 시작했을 때 그들은 약하고 힘 없는 자들을 무자비하게 약탈함으로써 소위 엄청난 문명화를 이루었고 소작인들을 강압적으로 그들의 권세하에 두었습니다. 대지주들과 그들의 하수인들의 생활이 호화로우면 호화로울수록 그들은 도덕적인 삶에서 더욱 벗어났으며 하나님을 더욱 반역했습니다. 세월은 변해도 인간의 마음은 변하지 않는 것입니다. 인간의 본성은 40세기가 지났지만 여전히 변화하지 않았습니다.

그러나 우리 크리스천들에게는 차이점이 있습니다. 교회는 로마와 콘스탄티노플과 같은 대도시로 침투해 들어갔습니다. 교회는 건강하지 않고 하나님을 반역하는 문화 속에서 가장 건강한 요체였습니다. 제가 언급한 교회라는 말에 대해 당신은 교회 안에 또 교회가 있다는 사실을 즉각적으로 발견할 것입니다. 대도시 어느 곳에서든지 기독교가 합법적으로 공인되는 한 기독교인이라고 불려지는 사람들이 많이 있기 마련인데 이들은 양쪽 세계의 가장 좋은 것을 원합니다.

그들은 이 세상에서는 세련되고 돈이 많이 벌리며 상류급의 일과 정치제도를 원하는 동시에 사후에서는 하나님의 세계를 원합니다. 그러나 어느 누구도 두 세계의 시민이 될 수 없다는 사실을 생각하지 않습니다. 그래서 그들의 삶을 두 개로 나눠 하나는 이 세상에 또 하나는 저 세상에 비치합니다. 그런 사람들은 헌금을 많이 내고 목회자들을 위해 기부금도 많이 내기 때문에 그들에게 예수를 믿으면 죽어서 천국 간다고 말하는 목회자들이 많이 있습니다.

오늘날 대학사회에서는 교실에 들어갈 때 그들이 종교를 홀에다 두고 들어간다고 공공연히 말하는 크리스천 교수들이 있습니다. 홀에 내버려진 종교는 소위 크리스천적이라고 말할 수 있는데 사실 그러한 종교란 예수, 창조자 하나님, 진리의 영과 아무런 관계가 없는 것입니다.

믿음이란 단순한 신학적 지식의 집합체가 아닙니다. 그것은 철저히 하나님께 의지하는 태도입니다. 우리의 젊은이들이 그러한 믿음을 소유한다면 그들이 어디를 가든 그 믿음을 잃지 않을 것입니다. 그들은 타락한 문화의 기만이 무엇인지 금방 알아차릴 것입니다. 하나님의 능력으로 그들의 삶이 새로워져 다시 태어났다는 사실을 안 사람은 절대 속지 않습니다. 그들은 교육적인 성취와 언론매체의 정체를 꿰뚫어 봅니다.

그러나 그들이 간과하기 쉬운 부분이 있습니다. 그들은 어렸을 적부터 크리스천으로 성장한 그들의 자녀에게 어떻게 믿음을 전수해야 할지를 모릅니다.

　죄악이 물든 삶을 살다 그리스도를 발견한 사람들은 다시 태어난다는 뜻을 압니다. 그러나 주일학교에서 착실히 성장한, 죄악된 삶에 빠진 적이 없는 사람들은 다시 태어난다는 뜻을 모르고 있고 그들의 마음은 여전히 이교도적입니다. 그들은 "나는 예수 그리스도를 나의 구세주로 영접했고 그 이후로 지금까지 그를 따라왔습니다."라고 말할지 모릅니다. 그러나 그들은 왜 그들이 구세주를 필요로 했으며 왜 그를 따라야만 했는지를 모르고 있습니다. 그들은 그리스도를 구세주로 영접하지 않는다면 하늘나라에 들어갈 수 없다는 이야기를 자주 들어왔습니다. 그러나 그것이 하나님을 개인적으로 알고 성격이 변화돼야 되는 것과 관계가 있다는 사실을 모르고 있습니다.

　우리는 우리 자신이 개별적으로 다시 태어나야 한다는 점을 알아야 합니다. 오직 성령만이 우리를 이기적이지 않은 사람으로 바꿀 수 있습니다. 이 같은 변화를 바울은 로마서 8장에서 육체에 속한 것에서부터 성령에 속한 것이라고 표현하고 있습니다. 현대적으로 표현한다면 자연적에서부터 초자연적인 것으로의 변화를 뜻합니다.

　우리의 젊은이들이 초자연적으로 변해 이기적인 삶 즉 자연적인 삶의 허구를 깨닫게 된다면 그들이 농촌을 떠나 도시로 가더라도 우리는 마음을 놓을 수가 있습니다. 그들은 변할 뿐만 아니라 초자연적인 상태에서 지속적으로 살아가야 합니다. 그러면서 예수가 그들의 친구로서 그들의 삶 속에 성령의 열매를 맺게 해 준다는 사실을 알아야 합니다. 그들은 또한 성령의 능력을 시험할 필요가 있습니다. 그래야 도시 생활에서 일어나는 여러 가지 형태의 자연적인 힘에 위축되지 않게 됩니다. 이런 경험을 통해 그들은 사탄의 일을 분별할 수 있는 힘을 얻게 돼 이것을 대적하며 싸울 수 있습니다. 물론 꼭 적용을 도시로 가는 것에 국한시킬 필요는 없습니다. 그러나 당신이 당신의 고향 교회를 떠날 때에야 비로소 도전을 받게 됩니다. 우리는 젊은이들이 그들의 고향을 떠나기 전에 그들에게 도전을 줄 수 있는 방법을 찾아내야 합니다. 천국에 가고 못 가는 것이 중요한 게 아니라 하나님의 뜻을 발견하고 그것을 행하는 것이 중요하다는 사실을 알려 줘야 합니다.

도시에 살건 농촌에 살건 간에 근본적인 문제는 같습니다. 누구를 위해 사느냐는 점입니다. 당신 자신입니까, 아니면 하나님입니까. 그리고 당신이 하나님을 위해 살기로 결심했다면 그의 능력을 갖고 있습니까? 우리의 젊은이들에게 하나님이 있느냐 없느냐 묻는 것을 두려워하지 맙시다. 그들이 학교에서 배운 대부분의 지식은 하나님이 없다는 가정에 기초를 두고 있습니다. 그들은 대부분의 시간을 학교에서 보내고 또는 숙제를 하는 동안에 이러한 생각이 그들의 잠재의식 속에 파고들어 갔습니다.

우리 부모들은 계속해서 이러한 사실에 도전을 줘야 합니다. 우리는 우리의 자녀들로 하여금 하나님께서 그들에게 나타나시도록 그들을 인도해야 합니다. 그들이 하나님은 계시고 성경은 진리라고 그냥 믿도록 해서는 안됩니다. 그들 스스로 그것들을 실험해야 합니다.

우리는 이미 알려진 농업방법이나 의학원칙을 반복해서 테스트할 필요는 없습니다. 그것들은 이미 우리의 눈과 손으로 실험했기 때문입니다. 그러나 영적인 것은 눈에 보이지 않습니다. 그것은 개인 스스로가 실험을 해야 하며 처음부터 출발해야 합니다.

영적인 문제에 있어서 다른 사람의 말을 액면 그대로 믿는다는 것은 그 사람의 믿음을 받아들이는 것일 뿐입니다. 우리 젊은이들에게 다음과 같이 말해야 할 것입니다. "나의 말을 액면 그대로 받아들이지 말아라. 목사님의 말씀을 액면 그대로 받아들이지 말아라. 너 스스로 그것을 실험해 봐라. 우리가 말한 것이 진리인지 또는 미신인지를 분별하도록 해라."

만약 어떤 이가 자신에게 하나님의 존재가 나타나기를 간구하고, 진리가 어느 곳으로 인도하더라도 따라갈 것을 결심한다면(세상은 진리를 무시하고 비웃으며 또한 그것을 행하는 자를 십자가에 못 박으려고 한다는 사실을 유념하십시오) 예수를 따르기로 한 그의 결심은 확고한 의미를 갖게 될 것입니다.

우리의 청년들이 하나님과의 직접적인 실험을 기초 삼아 행동하고 그와 꾸준한 관계를 지속하며 성경의 말씀을 그의 실생활 속에서 이해할 수 있다면 그들은 도시로 나가더라도 속지 않을 것입니다. 그들은 영적으로 탄탄한 교회를 찾게 될 것이고 성도들과의 진정한 교제를 하게 될 것입니다. 더욱이 교회를 도와 사탄과 대적해 싸워 나갈 것이며 하나님 나라가 이 땅에 임하도록 도와 줄 것입니다.

그러한 영적인 전쟁을 치른 후 그들은 농촌으로 다시 돌아와 "자, 보십시오. 이것이 하나님과 가까워지는 길입니다."라고 담대히 말할 수 있을 것입니다. 그렇게 되면 우리 농촌에 영적으로 무장된 청년들이 많이 나와 농촌 교회를 훌륭히 이끌어 나갈 수 있을 것입니다.

한 장로님, 실망하지 마시고 믿음 안에서 이러한 젊은이들이 많이 나오도록 기도하시기 바랍니다. 주 안에서 승리하시길 원합니다.

산골짜기에서 온 편지

믿지 않는 자는 지옥에 갈 수밖에 없는가

존경하는 대천덕 신부님께.

저는 크리스천은 아닙니다만 아주 친한 크리스천 친구의 권유를 받아 몇 가지 의문점들을 신부님께 서면으로 질문드리고자 합니다.

저의 아버지는 유교를 숭상하고 저의 어머니는 독실한 불교신자로서 저는 우리 부모와 집안에 대해 자부심을 갖고 있습니다. 아버지는 세상 사람들과 다를 것 없이 행동하는 크리스천들보다 훌륭하신 분입니다.

신부님, 저는 솔직한 제 의견을 말씀드립니다. 신부님은 한국에 기독교를 들여온 선교사들 중의 한 사람입니다. 한국의 전통이 버려지고 전혀 나을 것이 없는 것들이 자리를 대신하는 것에 대해 옳다고 생각하십니까? 가정과 사회 사업 정계에서 벌어지는 도덕적 타락을 야기시켰다는 생각을 해 보셨습니까?

"예수 그리스도를 믿으라. 그러면 지상에서의 어떠한 사악한 행위도 용서받고 천국에 갈 수 있다."라는 값싼 구원론은 사람들로 하여금 도덕과 윤리에 등을 돌리게 했습니다. 크리스천 선교사들과 기독교에 대해 달리 하실 말씀이 있는지 듣고 싶습니다.

― 이효공 올림

사랑하는 이 형제에게.

솔직한 내용의 편지를 보내 준 것에 감사드립니다. 진리를 믿는 사람으로서 이 형제의 진정한 의견에 감사드리며 느낀 바가 매우 큽니다. 초기 선교사들이 한국에 처음 왔을 때 이 형제와 같은 생각을 말해주는 사람들이 많이 있었더라면 우리는 동양의 옛 전통문화에 관해 좀 더 신중하게 생각했을 텐데 말입니다.

우선 사과를 드립니다. 우리의 책임이며 죄임을 고백합니다. 전통문화에 대한 이해를 조금이라도 가졌다면 사람들의 가장 소중한 전통을 무시하는 것이 그들의 자존심을 상하게 하는 일이라는 것을 알았어야 했습니다. 우리는 한국인에게 있어서 유교와 불교가 어떤 것인지 연구하고 서구적인 시점만을 고집하는 것이 아니라 최소한 사람들과의 의사소통이 이루어질 수 있도록 언어를 배우는 노력을 했어야 했습니다.

한국의 크리스천들은 물론 대학 강단에서도 불교와 유교는 하찮은 것으로 간주하여 소홀히 함으로 한국 문화에 공백을 가져왔습니다. 크리스천들이 유교와 불교가 수천 년 역사에 걸쳐 한국의 문화에 영향을 끼쳐온 것에 대해 기독교와 동등한 가치를 부여했더라면 보다 긍정적인 것으로 공백을 채울 수가 있었는지도 모릅니다.

그러나 우리는 천국과 지옥에 관한 이야기만 하느라 너무 바빠 지구상에서 일어나는 일들을 교회에서 다룰 시간적 여유가 없었습니다. 또한 대학에서는 '서구사상'(이것은 인본주의적, 이기적 사상으로 기독교와는 무관합니다)을 주입시킴으로써 타락한 현대 서구조직체계가 침투하게 내버려 두었습니다. 서양에는 실제로 문명이란 없습니다. 우리는 문명인이라기보다는 기계를 사랑하는 야만인으로, 문화보다는 기계화를 더 추구해 왔습니다. 용서하시기 바랍니다.

이 형제의 크리스천 친구가 이 편지를 읽는다면 내 말의 의미를 잘 모를 수도 있습니다. 선교사 바울이 한 말들을 생각해 보겠습니다. 바울은 자신들의 문화를 파괴시킬까봐 두려워하는 사람들에게 직접적으로 다가간 사람입니다.

성경 사도행전 14장 16절에서 17절까지 보면 그가 군중들을 향해 "하나님이 지나간 세대에는 모든 족속으로 자기의 길들을 다니게 묵인하셨으나 그러나 자기를 증거하지 아니하신 것이 아니니 곧 너희에게 하늘로서 비를 내리시며 결실기를 주시는 선한 일을 하사 음식과 기쁨으로 너희 마음에 만족케 하셨느니라."라고 말했습니다.

그후 바울은 고대 그리스 전통을 지키는 철학자들과 만났습니다. 그는 다음과 같이 말했습니다. "알지 못하던 시대에는 하나님이 허물치 아니하셨거니와 이제는 어디든지 사람을 다 명하사 회개하라 하셨으니"(행 17:30).

바울은 우리 눈에 보이는 이 세상의 창조주는 바로 하나님임을 확증했습니다. 바울의 이러한 말들이 "당신들의 모든 철학은 잘못된 것이며 당신들의 조상들은 모두 지옥에 있다."라는 뜻으로 들립니까?

전혀 그렇지 않습니다. 그는 하나님이 사람들의 죄와 무지를 묵인하시고 눈감아 주셨다고 말했습니다. 몇 년 후 그는 자신의 설교를 직접 들어 본 적이 없었던 로마의 크리스천들에게 매우 상세한 편지를 썼습니다. 이 편지에서 그는 다음과 같이 말했습니다. "하나님께서 길이 참으시는 중에 전에 지은 죄를 간과하심으로"(롬 3:25).

베드로전서 4장 6절 "죽은 자들에게도 복음이 전파되었으니 이는 육체로는 사람처럼 심판을 받으나 영으로는 하나님처럼 살게 하려 함이니라."라는 말씀은 예수를 알지 못하고 죽은 사람들에 관한 매우 중요한 구절입니다.

이것이 사실이라면 이 형제의 조상들은 예수께서 십자가에서 죽임을 당하고 부활하시기까지 3일 동안 음부의 죽은 자들 가운데 계실 때에(음부에서의 시간 개념이 어떤 것인지 잘 모르겠지만 지상에서 말하는 시간의 개념과는 다르다고 봅니다) 그분을 만날 수 있었다는 뜻이 됩니다. 예수님은 그들에게 "너희를 위해 복음을 전하러 왔다."라고 말씀하셨을 것입니다. 그것은 하나님께서 그들을 정죄하여 지옥불에 떨어뜨릴 생각이 없으셨다는 분명한 의미입니다.

신약 전체를 살펴보면 복음이란 예수 그리스도의 대속의 죽음으로 인해 누구든지 회개하면 용서를 받을 수 있다는 기쁜 소식인 것입니다. 성경에서 말하는 진정한 회개의 의미가 무엇일까요? 유교를 숭상했던 선조들은 "처음부터 끝까지 우리는 잘못된 삶을 살았다."라고 말을 할지 모릅니다. 이 말의 의미는 다음과 같습니다.

"우리는 최선을 다했습니다. 열심히 노력했지만 결코 충분하지는 않았습니다. 하나님께 용서받지 못하면 우리는 거룩하신 그분 앞에 설 자격이 없습니다. 하나님은 인간의 몸을 입고 이 땅에 오셔서 하나님의 정의가 드러나도록 흠 없는 완전한 삶을 살다가 우리를 대신하여 고난과 모욕을 당하시고 우리에게 생명을 주시기 위해 대속의 죽임을 당하시고 피를 흘려 주셨습니다. 하나님 감사합니다. 이제껏 들어 본 것 중에 가상 훌륭하고 기쁜 소식입니다. 우리는 온전하신 하나님을 직접 만날 수 있으며 화목하게 될 수 있습니다. 정말 감사합니다."

이것이 진정한 회개입니다. 이 형제의 부모님처럼 훌륭한 전통을 지키면서 최선의 삶을 사는 겸허한 사람들이 많지는 않습니다. 이기적이고 방탕하며 자신의 이득을 위해서라면 동료들조차 무자비하게 착취하는 사람들이 많았습니다. 그들은 불교도 혹은 유교도임을 자처하면서도 드러내 놓고 사악한 삶을 살며 권력을 면책수단으로 삼는 악한 사람들입니다. 이런 사람들은 근본적으로 교만하여 죽은 후에 예수 그리스도를 만난다 하더라고 결코 변화될 수 없는 사람들입니다. 성경은 완전한 평화와 질서의 천년 왕국 이후에도 많은 사람들이 극도로 이기적이며 하나님을 외면하고 대적할 것이라고 말합니다.

우리는 인간의 동기에 대해 정죄할 권한이 없습니다. 하나님만이 유일하신 심판주입니다. 그러나 선한 동기를 가진 사람은 자신이 선한 삶을 살기 원하고 또한 마땅히 그런 삶을 살아야 한다고 여기더라도 결코 성공할 수 없다는 것을 깨닫게 됩니다. 그것을 깨달을 때 '회개'하는 태도를 갖게 되며 예수 그리스도를 만날 때 용서를 구하게 되는 것입니다.

유교에서도 인간이 완벽해질 수 있다고 가르치지는 않습니다. 오히려 실패에 대한 겸허한 마음을 가지라고 가르칩니다. 우리는 기독교를 가르치지 않습니다. 예수님은 우리에게 세 가지를 명하셨습니다.

첫째 증인이 되라고 하셨습니다. 즉 교리가 아닌 우리의 체험을 말하라는 뜻입니다. 둘째 모든 족속으로 우리들의 제자가 아니라 예수님의 제자를 삼으라고 하셨습니다. 셋째 그분의 제자가 되고자 하는 사람들에게 예수님의 모든 가르침(이것은 구약을 포함한 4복음서에 나옵니다)을 전하라고 하셨습니다. 예수님은 "내가 율법이나 선지자를 폐하러 온 것이 아니요 완전케 하려 함이로다."라고 말씀하셨습니다.

우리의 선교사역은 대규모로 이루어져 왔으나 예수 그리스도를 제대로 소개하지 못하고 참된 증인의 역할도 하지 못한 채 소위 '기독교'라는 신학적 교리만을 가르치고 특정 교파의 제자들만 양성해 온 것이 아닌가 염려됩니다. 이것 또한 사과드립니다.

유교와 불교에 대해 우리의 생각은 어떤지 말씀드리겠습니다. 바울은 "자기를 증거하지 아니하신 것이 아니니."라고 말했습니다. 하나님의 존재에 대한 가장 분명한 증거는 자연입니다. 고대 동양의 전통에도 하나님(또는 하늘)이 이 모든 것을 만드셨다는 개념이 있었습니다. 이것은 하나님이 이스라엘 백성에게 십계명을 주신 것과도 같습니다. 유교나 불교도 이것을 인정한다고 봅니다. 한국의 일주일도 7일입니다. 불교나 유교 모두 도둑질하지 말라, 거짓 증거하지 말라, 음행하지 말라, 남의 것을 탐내지 말라, 살인하지 말라, 네 부모를 공경하라고 가르치지 않습니까?

최근에 중국인이 메소포타미아 지역으로부터 동방으로 이주하면서 성경의 앞부분 10장까지의 내용을 기록한 기념물을 갖고 온 것에 관한 책자가 발간되었습니다. 한국도 수세기 동안 한자 문화권이었습니다. 단군의 시작은 바벨탑 사건 이후 동편 산으로 갔던 '욕단'과 그 시기를 같이합니다.

확신하건대 이 모든 것은 하나님이 자기를 증거하셨다는 의미입니다. 유교의 근본원리는 성경과 일치합니다. 사회생활에서의 질서 존중, 가정의 중심 역할, 명예와 충성, 예절과 윤리관습에 대한 개념 등 이 모든 것들이 크리스천에 의해 보존되고 가르쳐졌어야 했습니다. 성경도 같은 것을 가르치기 때문입니다.

불교는 자비, 동정, 겸허한 헌신, 마음을 비우는 것 등을 가르칩니다. 성경에도 이와 같은 것들이 나와 있습니다. 불교는 마음을 비우는 것을 특히 강조합니다.

예수 그리스도를 믿기만 하면 천국행 티켓을 얻게 된다고 가르치는 크리스천이 있다면 그들은 매우 이기적인 종교를 가르치는 것입니다. 스스로 마음을 비워야 한다는 사실은 언급하지 않기 때문입니다. 이것을 누군가 지적하면 그들은 이렇게 말합니다. "우리는 인간입니다. 우리 스스로 마음을 비울 방법이 없습니다."

불교에 대해서도 이와 마찬가지의 대답을 할 것입니다. 그러나 많은 사람들이 그러한 가르침은 행해질 수 있으며 행해야 하고 끊임없이 최선을 다해야 한다는 생각을 합니다. 그러기에 크리스천보다 훨씬 더 열심히 노력합니다. 우리의 교만과 무분별 혹은 고의적인 무시를 용서하시기 바랍니다. 하나님께서는 고의적인 무시를 심판날에 간과하지 않았습니다.

우리는 성경대로 그 가르침을 신중하게 받아들이지 않았습니다. "성경은 너무 어렵다."라고만 합니다. 심지어 "그러나 우리는 용서받았지만 당신은 그렇지 않다."라는 뻔뻔스러운 말도 합니다. 정말 어이없는 일입니다.

성경이 말하는 진리가 무엇인지 말씀드리겠습니다. 성경적 윤리는 한국의 전통윤리와 매우 비슷합니다. 성경에서도 우리에게 마음을 비우고 타인을 위한 삶을 살며 이웃을 내 몸같이 사랑하고 원수를 용서하라고 가르칩니다.

또한 성경은 모든 사람들은 서로 다른 문화권에 속하더라도 똑같은 문제를 갖고 있다고 말합니다. 사람은 교훈의 의미를 알고 믿는다 하더라도 스스로 실천할 수 없는 근본적으로 이기적인 존재입니다. 성경은 우리의 한계를 직시하여 우리가 실패를 인정할 때 복음을 받아들여 변화되고 이 모든 교훈들을 성공적으로 실천하게 된다고 가르칩니다. 우리는 단지 '인간'으로만 남아 있을 필요가 없습니다. 성경은 자신의 노력만으로 변화되고 마음을 비울 수 있는 사람은 없다고 분명히 말합니다.

성경에는 하나님이 천지와 인간을 창조하시고 선지자들과 목자들을 보내 사람들이 어떻게 살아가야 하는지 가르치셨지만 아무도 실천하지 못하자 마침내 하나님 그분이 인간의 몸을 입고 성령으로 충만한 하나님의 본체이신 예수 그리스도로서 이 땅에 오셨고 4천 년의 장구한 역사의 파노라마가 펼쳐졌다고 기록되어 있습니다.

그분은 자신의 죽음과 부활을 통해 어떻게 살아야 하는지 몸소 실천을 통해 가르쳐 주셨으며 구하는 자마다 그분 안에 있는 하나님의 영을 주셨습니다. 하나님의 성령을 우리 마음의 중심에 받아들여 우리의 몸을 성전 삼아 계시도록 하면 우리는 주님 안에서 초자연적인 존재로서 영적으로 성장하고 '성령의 열매'를 맺어 행하는 믿음을 보이게 됩니다.

나의 크리스천 친구가 이런 질문을 했습니다. "한국의 옛 전통을 무조건 인정해야 하는가?" 나는 성령이 우리에게 진리와 거짓을 분별하고 확인할 수 있는 능력을 주신다고 대답했습니다. 사람들은(예수님이 목수였고 교육을 받지 못한 사람이라고 주장하면서) 예수님의 가르침에 반발했습니다. 예수님은 이렇게 말씀하셨습니다. "사람이 하나님의 뜻을 행하려 하면 이 교훈이 하나님께로서 왔는지 내가 스스로 말함인지 알리라"(요 7:17).

내가 처음 하나님과 인격적인 만남의 관계가 이루어졌을 때 나는 그분의 의지에 모든 것을 맡길 수 있도록 간구했습니다. 내 스스로는 이기적이며 하나님의 뜻을 따르려는 마음이 없고 내 뜻만을 고집한다는 것을 알았기 때문입니다. 예수님은 나의 간구를 들으셨습니다. 그분은 나를 변화시키셨습니다. 이것은 나의 체험에 대한 증거입니다. 이 형제 역시 이런 체험을 말할 수 있기 바라며 부모님께도 체험한 바를 증거할 수 있기 바랍니다.

우리의 자녀, 일본 교육에서 보호할 수 있나

존경하는 신부님께.

저는 얼마 전 예수원을 방문해서 유익한 시간을 보낸 일이 있습니다. 하지만 그곳에서 자녀교육문제에 관해 긴 이야기를 나눌 수 없었던 것이 아쉽습니다. 예수원에서 많은 아이들을 보았지만 그들 부모와 대화를 해 보지 못했습니다. 그들은 몹시 바쁘고 산란해 보였습니다. 신부님께서는 아이들이 초등학교에 입학하기 전까지 어떤 형태의 기독교적 교육을 실시하고 있는지, 또 진화론이나 세계적으로 보편화되어 있는 그릇된 교육관으로부터 어떻게 아이들을 보호해야 할지에 대해 알고 싶습니다. 또한 교사들에게 건네지는 촌지관행에 대해서는 어떻게 생각하십니까?

농촌에 살든 도시에 살든 모든 크리스천 부모들은 자신의 아이들이 세계적으로 만연한 적그리스도적 사고방식에 젖어 성장할까 봐 우려하고 있습니다. 우리 크리스천들은 어떤 대책을 마련해야 합니까? 실제적인 답변을 부탁드립니다.

— 주 안에서 이숙정 올림

사랑하는 이 자매에게.

아이들 교육문제에 관해 구체적인 대화를 나눌 수 없었을 만큼 바쁘고 정신없었던 것을 사과드립니다. 사실 우리도 그 문제에 관해 깊이 우려하여 매일 기도하고 있습니다. 우리 예수원은 20명만이 정회원으로 그들 중 4명이 좀처럼 조화되기 힘든 가정생활과 공동체생활을 이끌어나가는 어머니들입니다. 아버지들 역시 미혼남성들도 지기 힘든 책임을 지고 있습니다. 우리는 공동체생활을 함께 하고 있는 미혼남성들에게 감사하고 있으며 더 많은 가정과 미혼남녀들이 함께 생활할 수 있도록 기도하고 있습니다. 지금 당장은 주거시설이 부족하지만 함께 생활하고 싶어하는 새로운 가정이 들어오면 하나님께서 더 많은 주거시설을 마련해 주시리라 믿습니다.

하나님께서는 하사미 마을에 두 채의 집을 기적적으로 마련해 주셨습니다. 이것은 아이들이 먼 거리를 걸어서 통학해야 하는 불편함을 해소해 주었지만 반면에 예수원 언덕까지 한참 걸어야 하기 때문에 부모나 아이들이 공동체 생활을 하는 데 있어서 상당 부분이 어렵다는 단점도 있습니다. 우리 예수원에는 감당하기 힘든 여러 가지 계획이 있습니다. 게다가 마을전도 계획을 추가해야 하는데 이에 관해 지혜를 달라고 하나님께 구하고 있습니다. 목장에 있는 가정들도 아이들이 하사미나 황지 등 먼 거리를 통학하는 문제를 제외하고는 예수원과 같은 문제를 안고 있습니다.

우리의 급박한 관심사는 초등학교를 졸업한 아이들에게 가정에서 공부하듯 돌보아 줄 수 있는 크리스천 교사를 구하는 일입니다. 내 아이들이 고등학교와 중학교에 재학 중일 때 주께서 훌륭한 교사를(농업기술자인 남편과 함께) 보내 주셔서 몇 년 동안 함께 생활한 적이 있습니다. 아이들에게 동기유발을 주는 것은 아주 가치 있는 일로서 하나님이 다시 한번 아이들에게 이런 기회를 제공해 주실 것을 기도하고 있습니다.

우리는 크리스천 교사들이 하사미 분교에 자원해서 우리의 아이들은 물론 마을 전체의 아이들을 교육해 주기를 기도하고 있습니다. 마을 아이들이 예수원 아이들의 영향을 받아서 예수원에서 매주 실시하고 있는 성경반에 참여하기 시작했습니다. 2명의 예수원 자매들이 성경반을 지도하고 있습니다.

우리의 아이들이 크리스천 교사가 없는 일반학교에 진학할 경우 그들이 인본주의 교육에 의해 세뇌되지 않도록 보호할 수 있을까 하는 문제가 대두되었습니다. 그러나 성경은 보호할 수 있다고 말합니다. 우선 아이들에게 초등학교에 입학하기 훨씬 전부터 기본적인 성경의 가르침을 심어 주어야 합니다.

아이들은 하나님의 진리를 가능한 한 많이 알 필요가 있습니다. 아이들이 초등학교에 입학한 후에도 가정에서의 성경학습은 계속되어져야 합니다. 그들에게 교리를 가르칠 필요는 없습니다. 아담과 하와, 가인과 아벨, 홍수, 바벨탑 사건 등을 비롯해 예수님의 생애에 이르기까지 성경의 흥미로운 이야기를 들려 주면 됩니다. 성경만큼 신나는 모험으로 가득 찬 책은 없습니다.

아이들은 이것이 허구가 아닌 실제 사실임을 앎으로써 자부심을 갖게 되고 성경에 나오는 하나님의 사람들을 본받고자 하는 마음이 생기게 됩니다. 그들도 또한 모든 성서 이야기의 주체가 되시는 하나님의 자녀들이기 때문입니다. 그들은 자신들의 영적 조상에 관해 배우게 됩니다.

성경지식 이외에도 더 중요한 것이 있습니다. 지식도 가치가 있지만 지혜가 근본입니다. 하나님의 지혜를 소유한다는 것은 예방접종을 받는 것이나 마찬가지입니다. 우리의 아이들이 인본주의에 물들지 않도록 예방할 수 있을까요? 할 수 있습니다. 요한복음 7장 17절을 보십시오.

"사람이 하나님의 뜻을 행하려 하면 이 교훈이 하나님께로서 왔는지 내가 스스로 말함인지 알리라."

우리는 아이들을 주님께 인도하여 그들과 함께 기도하고 하나님과의 대화 속에서 안식을 누릴 수 있도록 합니다.

나는 성령의 역사를 강조하고 싶습니다. 성령이 우리로 하여금 하나님의 뜻을 행하게 하며 하나님의 뜻대로 행하고자 하는 자녀는 거듭난 것입니다. 하나님을 기쁘시게 하고자 하는 욕구가 그 증거입니다. 거듭나지 못한 사람은 나이에 상관없이 '자신의 뜻'만을 고집합니다. 아담과 하와 이후로부터 사탄은 어린아이들을 포함한 모든 사람들이 독단적이고 고집스러우며 이기적으로 자신의 뜻만을 행하도록 미혹해 왔습니다.

아이들에게 성경을 읽어 주거나 성경이야기를 들려 줄 때 그들은 하나님께 순종하기를 거부하거나 하나님을 이용하는 사람들에게 가해지는 재앙에 관해 듣게 됩니다. 그들은 말씀의 의미를 일찍 깨닫게 됩니다. 아이들과 함께 기도할 때는 그들이 하나님의 뜻에 기꺼이 순종하려는 마음을 주시기를 간구하고 또 아이들 스스로가 하나님께 구하도록 인도해야 합니다. 아이가 하나님께 자신의 마음을 통제해 주실 것과 자신의 방법이나 인간의 방법 혹은 세상적인 방법이 아닌 하나님의 방법대로 행할 마음을 주실 것을 스스로 구하게 될 때 우리는 거듭난 모습을 보고 기쁨으로 가득 찰 것입니다.

아이들이 입학하기 전에 '세상'에 대해 설명해 주어야 합니다. 성경에는 '조직'과 '현세'라는 두 가지 의미가 있습니다. 그러나 두 단어(코스모스와 아이온) 모두 '세상'으로 번역됩니다. 성경이 말하고자 하는 바는 우리의 가정 울타리 바깥에서 세상을 움직이는 조직에 관한 것입니다.

이것은 불신자들에 의해 움직여집니다. 세상조직의 모든 가치는 이기심과 하나님은 존재하지 않는다는 가정에 근거합니다. 그들은 '현세'나 '최신' '동시대'에 관한 이야기를 많이 하는데 이것은 성경의 '이 세대'에 해당합니다. 크리스천은 순간이나 과거의 낡은 가치에 집착하지 않습니다. 우리가 추구하는 가치는 '영원'입니다. 그것은 세대를 거듭해도 변하지 않는 하나님으로부터 온 가치입니다. 중력의 법칙과 열역학 제2법칙과 같은 자연법칙처럼 이 원리는 태초부터 존재해 왔습니다. 이것의 가치는 이 세대가 과거 세대의 것을 시대에 뒤떨어진 것으로 간주했던 것처럼 이 세대의 것도 다음 세대에 이르러 구시대의 낡은 가치로 전락하고마는 반복에도 불구하고 여전히 유효하고 타당합니다.

새롭게 발명되는 '가치'는 하나님의 영원한 법칙을 부인합니다. 그것이 오늘날 세상에 가난과 전쟁 질병 등이 만연하게 된 이유입니다. 인간이 성경에 상술된 하나님의 법칙에 순종할 때 세상은 가난과 전쟁 기아와 질병으로부터 해방될 수 있습니다. 우리는 아이들에게 한국이 세계 여러 나라들보다 잘사는 이유는 한국의 기본법이 하나님의 법칙에 기초를 두고 있기 때문이라고 설명해 줄 수 있습니다. 그러나 우리는 이 나라가 더욱 경건을 추구하고 '세상'의 올무에 걸려 멸망하지 않도록 끊임없이 기도해야 합니다. 아이들과 함께 국가와 지역사회를 위해 기도하게 되면 학교가 하나님을 거부하는 거대한 조직의 일부라는 것을 깨달을 때에도 별로 당황하지 않고 어리석음에 빠지지 않도록 스스로를 방어할 능력이 생길 것입니다.

아이들이 학교에서 진화론을 배우고 시험지에 정답을 써야 할 경우 어떻게 해야 할지 알고 싶어 하면 다음과 같이 하도록 가르쳐 줍니다. "많은 사람들이 믿기로는…"으로 시작해서 뒤이어 교사가 가르쳐 준 내용을 쓰는 것입니다. 맨 끝에는 이렇게 덧붙여도 좋습니다. "나의 사랑하는 예수님께서는 이런 현상에 대해 다른 시각으로 가르쳐 주셨습니다. 선생님께서도 관심이 있으시면 우리 목사님(혹은 성경반 선생님)을 소개해 드릴 수도 있습니다. 저의 부모님도 그것에 대해 기꺼이 설명해 주실 수 있을 겁니다."

일단 중심이 바로 선 아이는 교사와 갈등을 일으킬 필요가 없게 됩니다. 단지 인본주의 교육을 신뢰한다는 인상을 주지 않도록 조심하기만 하면 됩니다. 예수원에 있는 5학년 학생 하나가 선생님에게 고물창고가 폭발하면 최첨단 보잉 747이 나올 수 있다는 이론에 대해 어떻게 생각하는지 질문을 한 일이 있습니다. 그의 질문은 선생님이 만물은 진화과정에 따른 우연의 산물이라고 말한 것에 대한 응수로 나온 것입니다. 아이들의 이러한 태도는 많은 교사로 하여금 예수 그리스도를 찾게 할 수도 있겠지만 반면에 아이들을 억압하게 할 수도 있을 것입니다. 그럴 경우 아이들은 예수님의 다음과 같은 말씀을 알고 있어야 할 것입니다.

"나를 인하여 너희를 욕하고 핍박하고 거짓으로 너희를 거스려 모든 악한 말을 할 때에는 너희에게 복이 있나니…하늘에서 너희의 상이 큼이라"(마 5:11~12).

이번에는 촌지문제를 생각해 봅니다. 나는 최근에 성경에서 '선물'에 관한 구절을 찾아 보고 성경에서는 거의 모든 경우의 선물을 악한 것으로 보고 있다는 것을 알았습니다. 사람들은 판사나 교사 법 집행자들 그리고 모든 권위 있는 사람들의 눈을 멀게 하기 위해 선물을 주는 경우가 대부분이기 때문입니다. 선물을 받는 쪽은 가난한 자가 아닌 부자입니다. 우리는 베드로와 요한의 태도를 가지고 이렇게 말해야 합니다(행 3:1~8).

"은과 금은 내게 없거니와 내게 있는 것으로 네게 주노니."

크리스천이 은과 금을 얼마나 소지하고 있느냐는 중요한 게 아닙니다. 소유이기 때문에 뇌물로 사용할 수 없습니다. 나누어 가질 것이 있다면 정부관리보다는 가난한 사람들과 나누어야 할 것입니다.

옳지 못한 교사가 있다면 보호만을 구할 것이 아니라 뭔가 다른 일을 해야 합니다. 얼마 전 호주의 한 학교의 무신론자 교장에 관한 이야기를 읽은 적이 있습니다. 학부모들은 그 점이 우려되어 학교를 위해 정기적인 기도회를 갖기 시작했습니다. 석 달 후 교장은 크리스천이 되었습니다. 학부모들의 합심기도는 이렇듯 좋은 결과를 나타냈습니다. 학부모들끼리 만났을 때 가정에서의 성경교육과 성경반에 대한 정보를 교환하고 나아가 다른 아이들을 전도할 수도 있습니다.

크리스천들은 자녀들을 학교에 보내야 하느냐 하는 문제를 놓고 심각하게 생각할 수밖에 없는 상황에 놓여 있습니다. 아이들의 인생에 있어 가장 감수성이 강한 시기를 불신자의 손에 맡긴다는 것이 쉬운 일은 아닙니다.

아이들에게 충분한 교육을 제공하지 못한 교회의 책임도 큽니다. 몇몇 교회만이라도 교사들에게 아이들을 교육할 수 있도록 사저나 교회에 방을 내주었더라면 하나님께 전 생애를 바쳐 헌신하고자 하는 크리스천 교사들이 많이 나왔을 텐데 말입니다(마 6:31~34). 그런 교사들이 있다면 하나님은 기적적인 방법으로 자금을 제공해 주실 것입니다.

교회가 세속적인 방법에 의지하여 기독교 학교를 건립하게 되면 건물을 짓고 교사를 모집하고 봉급을 주기 위해 자금을 마련하는 동안 아이들은 전부 성인이 되어 버릴 것입니다. 기독교 학교 건립에 대해서는 찬성하는 바이지만 자금을 조달하기 위해 세속적인 방법을 사용하게 되면 부유층 어린이들만을 위한 특수학교가 되어 말씀의 의도 즉, "가난한 자를 위한 복음"(눅 4:18)에 어긋나게 됩니다.

아이들 그리고 다른 학부모들과 함께 기도모임을 가져 보십시오. 주님께 단계적인 인도를 부탁드리십시오. 우리가 그분의 뜻을 행하고자 하는 믿음이 있을 때 한번에 하나씩 해야 할 일을 알 수 있도록 지혜를 주실 것입니다(약 1:5~8). 자매가 이런 일에 의문을 품었을 때가 바로 시작할 때입니다. 하나님께 계속해서 구하면 놀라운 체험을 하게 될 것입니다.

"너희가 얻지 못함은 구하지 아니함이요"(약 4:2).

계속 구하십시오. 크리스쳔 부모들과 함께 기도하십시오. 하나님의 역사에 놀라움을 금치 못하실 것입니다.

환난날을 어떻게 대비해야 할까요

산골짜기에서 온 편지

용서받음같이 남을 용서해 주라

존경하는 대천덕 신부님께.

과거에 제가 예수원을 어떻게 생각했는지 확실히 알 수는 없지만 분명한 것은 여러분이 공동체 속에서 살아가고자 노력하는 약 80명의 사람들로 한국과 세계를 위해 기도하는 일에 헌신하고 있다는 사실, 그리고 공동체가 필요로 하는 시간과 공간을 외부에서 온 방문객들이 몽땅 소비하고 있다는 사실을 그전에는 미처 깨닫지 못했다는 것입니다.

무엇보다도 인도(印度)를 위해 여러분이 구체적인 내용으로 중보기도할 때 제가 참여할 수 있었던 것은 하나의 축복이었답니다. 우리들이 드리는 기도들 대부분은 너무 이기적인 것 같습니다. 여러분들은 참으로 용서하는 자세를 지니고 있으니 제가 그토록 많은 시간과 공간을 차지하였던 점을 용납해 주시기 바랍니다.

참으로 용서한다는 것, 바로 그것이 제가 말씀드리고 싶은 것입니다. 주기도문을 외울 때 우리는 "우리가 우리에게 죄 지은 자를 사하여 준 것같이 우리 죄를 사하여 주옵시고."라고 말하지만 우리는 그것이 참으로 매우 중요하다는 점을 생각하고 있는 것 같진 않습니다. 어떤 사람들은 주기도문을 노래로 부를 때 곡조에 맞추기 위해 심지어 그 말을 빼버리기조차 합니다. 요즈음에 와서 그 말은 제 마음에 점점 더 강하게 부딪혀 오고 있답니다. 그것은 어떤 중요성을 지니고 있는지요.

— 박영애 올림

사랑하는 영애 자매에게.

자매께서 예수원을 방문하셨던 것을 기억하지 못함을 용서해 주시기 바랍니다. 하지만 저는 자매님의 친절한 편지에 감사하고 또한 자매님을 이곳에서 만나게 해 주신 하나님께 감사드립니다.

예수께서는 두세 사람이 그의 이름으로 모이는 곳에 함께 하시겠다고 약속하셨고 우리는 그의 약속을 믿기 때문에 그가 여기에 계심을 알고 있답니다. 또한 그가 약속하셨던 대로 그가 여기 계셨다는 단순한 이유 때문에 자매님 자신의 경우처럼, 우리와 함께 있으면서 그분을 만났던 많은 분들을 우리는 알고 있습니다.

이제 용서의 문제에 대해 생각해 보겠습니다. 신학자들은 그리스도의 은총을 통해서 하나님께서 우리를 용서하신다는 것을 강조하기에만 몰두해 왔기 때문에 우리가 실제로 용서를 실천하지 않는다면 하나님의 용서의 은총을 잃어 버릴 수 있다는 사실을 망각해 왔던 것 같습니다.

예수께서 그의 제자들에게 가르쳐 주셨던 기도 속에 이것을 확실하게 삽입하셨다는 점을 명심하는 것은 매우 중요합니다. 우리는 서로 만날 때마다 이 기도를 반복하고 있으면서도 이 부분을 깊이 생각해 보는 이는 참으로 드뭅니다.

실제로 자매님이 지적하셨듯이 주기도문이 곡조로 바뀔 경우 한국어로 부르는 사람들은 그 누구나 그 구절을 그냥 생략해 버렸습니다. 조금만 노력했더라면 그 구절은 빠지지 않았을 것입니다. 그러나 아무도 그러한 노력이 별 가치가 있다고 여기지 않았던 것이며 그 가사를 사용하는 목사님들 중에서 어느 누구도 그 문제에 대해 생각하는 것이 필요하다고 고려해 보지 않았던 것입니다.

제 개인적으로 말씀드리자면, 제가 만약 목사라면 주기도문의 모든 내용을 가사로 만들지 않는 한 나의 교회에서 그 곡조가 감히 사용되는 일이 없도록 할 것입니다. 요한계시록은 하나님 말씀의 어느 부분을 제외하는 사람에게는 저주를 내리고 있으며 많은 사람들은 이 경고의 말씀이 성경 전체에 대해 적용된다고 알고 있습니다. 도대체 어찌해서 보수적인 목사가 그가 맡고 있는 교회 안에서 가장 중요한 구절이 빠져 버린 채 주기도문이 노래되어지는 것을 허용할 수 있는지 저로서는 이해가 가지 않습니다.

저는 '가장 중요한 구절'이라는 표현을 가볍게 말하는 것이 아닙니다. 저는 진정으로 그렇게 생각합니다. 주기도문에 나오는 모든 말씀이 중요하지만 우리에게 죄 지은 자들을 우리가 용서함에 대한 부분은 예수님께서 강조해야 할 필요가 있다고 느끼셨던 유일한 구절인 것입니다. 마태복음 6장 14절부터 15절을 보시기 바랍니다. 예수님은 한 가지 사항을 강조하고 계십니다.

"너희가 사람의 과실을 용서하지 아니하면 너희 아버지께서도 너희 과실을 용서하지 아니하시리라"(마 6:15). 이보다 더 명확한 표현은 없습니다.

우리는 노력의 대가로 용서받는 것이 아닙니다. 그것은 그리스도의 보혈의 공로로써 거저 우리에게 주어집니다. 그러나 우리가 이미 용서를 받았기 때문에 우리도 용서하여야만 합니다. 만약 우리가 용서치 않는다면 우리가 받은 용서를 잃어 버리게 됩니다. 예수님은 마태복음 18장 23절에서 35절에 나오는 바 엄청난 빚을 진 사람에 관한 그의 비유 속에서 이 점을 구체적으로 강조해마지 않으셨는데 실상 용서에 관한 언급은 15절에서부터 시작되고 있다고 볼 수 있답니다.

우선 그는 용서에 관한 가르침을 주시고 있으며 그 다음에 베드로가 그에게 묻기를 몇 번이나 용서해야 하느냐고 합니다. 일곱 번을 용서해야 합니까? 이에 대해 예수님은 "아니다. 일곱 번씩 일흔 번이라도 용서하라."라고 답변하고 계십니다. 그러고 나서 그는 막대한 빚을 갚을 길이 없었던 한 사람이 임금으로부터 탕감을 받았는데도 불구하고 자신에게 아주 적은 빚을 지고 있을 뿐인 한 동료의 빚 탕감을 거절했다는 내용의 이야기를 계속해서 들려 주고 계십니다. 이 이야기 속의 임금은 그에 대한 탕감의 태도를 철회시켜 버렸다고 말씀하시면서 예수께서는 우리가 우리의 형제들을 '중심으로' 용서하지 아니하면 하나님께서 우리에게도 그와 똑같이 하실 것이라고 강조하셨습니다.

때때로 저는 이 문제야말로 오늘날 우리에게 있어서 가장 큰 문제가 아니겠는가 하고 여깁니다. 용서란 그저 어떤 신학적인 문제에 그치는 것이 아닙니다. 자매께서는 예수님이 '중심으로'라는 표현을 하신 점을 주목하시기 바랍니다. 그것은 하나의 심리학적인 문제입니다(덧붙여 말씀드리건대, 이 가르침은 마태복음에만 있는 것이 아닙니다. 마가복음 11장 25절, 누가복음 11장 4절, 17장 3~4절, 에베소서 4장 32절, 골로새서 3장 13절 등을 찾아 보시기 바랍니다).

도움을 얻고자 이곳 예수원을 찾아 오는 많은 이들이 바로 이 용서의 문제 때문에 고통을 받고 있음이 드러나고 있습니다. 우리는 귀신 들린 상태로 이곳에 오는 사람들을 보아 왔는데 바로 이 용서의 문제에 사로잡혀 있는 사람들이었습니다. 용서하기를 거부함으로써 그들은 자신들을 귀신 들린 상태로 내어 주게 되었으며 우리로서는 그들을 돕기 위해 아무 일도 할 수 없었던 것입니다.

그중 한 가지 경우는 저로서는 결코 잊을 수가 없습니다. 한 귀신들린 청년이 예수원에 와서 기도를 받게 되었습니다. 우리는 예수의 이름으로 그 귀신에게 명하기를 잠잠하라고 하였습니다. 언제 그 청년이 말을 하고 또 언제 귀신이 말하고 있었는지를 알아내기가 힘들었습니다. 우리가 귀신에게 명령하고 난 뒤에 귀신은 잠잠해졌고 청년은 완전히 제정신을 되찾게 되었습니다. 그러나 그는 날마다 우리에게 말하기를 그 귀신이 여전히 떠나지 않았을 뿐만 아니라 매일 밤마다 자신을 비참하게 몰고 간다고 하였습니다. 어느 날 밤에는 그 귀신이 그를 산꼭대기로 몰고 가서는 낭떠러지에서 그가 뛰어내리도록 했지만 그는 그것을 거부하고 날이 밝은 후에 되돌아왔습니다.

마침내 우리는 그가 자신을 배신한(그는 그렇게 여기고 있었습니다) 여자를 용서할 마음이 없다는 것을 알게 되었는데 그 점이 그로 하여금 계속적으로 귀신에게 사로잡혀 있게 만들었다는 것입니다. 하지만 그 어떤 설득으로도 그로 하여금 자신이 용서해야만 한다는 것을 확신시켜 줄 수 없었습니다. 우리는 그에게 예수께서는 그가 용서받고 자유롭게 될 수 있도록 그를 위해 죽으셨고 그 피를 흘리셨다는 사실과 함께 예수께서는 그에게 그 여자를 용서하라고 명하신다는 것을 말해 주었습니다. 그러나 그는 거절했습니다. 결국 우리는 그를 포기하여야만 하였고 그 귀신은 다시금 완전히 그를 사로잡게 되어서 그는 다른 이에게 난폭한 행동을 하지 못하도록 두 손이 꽁꽁 묶인 채 집으로 돌려보내질 수밖에 없었습니다.

용서란 심리학적인 동시에 영적인 것입니다. 성령의 영적 도우심이 없이 우리는 용서를 행할 수가 없습니다. 심리학적인 견지에서 말한다면 그것은 종종 불가능한 것입니다. 그러나 바로 이 점 때문에 우리는 성령의 초자연적 도우심을 필요로 하는 것입니다. 성령께서 질병을 치료하실 수 있고 심지어 죽은 자도 살리실 수가 있기에 틀림없이 심리적인 문제들도 해결하실 수가 있습니다. 내가 나의 문제를 인지하고 그 문제를 예수님께로 가져가서 그 문제를 풀 수 있는 성령의 힘을 그분께 구한다면, 또는 내 마음에 아무리 심한 증오심이 자리잡고 있더라도 문제될 것이 없습니다.

　그렇다면 무엇이 그 해결책입니까? 사랑입니다. 고린도전서 12, 13, 14장에 있는 바 성령에 대한 바울의 위대한 가르침 속에서 그는 사랑의 역사를 그 중심에 두고 있는 것입니다. 성령께서 주시는 여타 모든 능력들을 당신이 지니고 있느냐는 것은 중요한 것이 아니며 만약 당신이 사랑을 지니고 있지 않다면 당신은 아무것도 지니고 있지 않은 것입니다. 당신의 병 고침이나 귀신 쫓음의 사역에 의해 다른 이들은 참으로 은총을 체험하게 될지 모르나 당신은 아무것도 얻을 수가 없는 것입니다.

　예수께서 가르치셨듯이 '중심으로' 용서하는 것이 사랑하는 것입니다. 오직 성령의 초자연적 능력만이 우리로 하여금 예수님의 가르침을 진지하게 받아들이고 위선 없이 주기도문을 할 수 있게끔 해 줍니다. 하지만 용서함에 있어서 가슴 설레이게 하는 것은 그것이 우리로 하여금 자유케 한다는 점입니다.

　부당한 대우를 받고 용서할 수가 없게 된 사람처럼 심리적으로 묶인 상태에 있는 사람은 없습니다. 그는 자신이 당한 억울한 처지를 곱씹어 생각하며 더욱더 참담한 심정이 됨으로써 마침내 어느 누구도 그와 함께 할 수 없게끔 만듭니다. 혹은 그가 기독교 가정에서 성장했음으로 용서에 대해 가르침을 받아왔고 따라서 자신이 용서해야만 함을 알 수도 있겠지만 성령에 대해 아는 바가 없기 때문에 도무지 용서할 능력이 없는 경우도 있습니다.

　이 문제에 대한 한 가지 해결책은 껄껄 웃으면서 "용서해 줄 만한 일이라곤 아무것도 없다. 모든 것이 만족스럽다."라고 말하는 것입니다. 하지만 이것은 해결책이 되지 못합니다. 거짓은 결코 해결책이 될 수 없습니다. 하나님은 진리의 하나님으로서 인간이 아무리 '그럴듯한' 것처럼 행동할지라도 거짓 것들을 인정하실 수 없습니다.

이런 경우는 그 사람이 스스로 아무 문제될 것이 없다고 심리적으로 자신에게 확신시키는 것에 불과한 것으로 실상 문제가 그의 무의식으로 파고 들어가는 것입니다. 사실 그는 그 문제에 관한 모든 것을 망각한 것입니다. 그의 정신은 그 문제를 기억하기를 거부합니다. 그러나 그 비통함과 분노는 여전히 그 속에 남아 있고 증오도 여전히 그 속에 남아 있는 것이며 그리하여 그것은 병이 되고 암이 되기조차 하는 것입니다.

아무도 피해를 보지 않았지만 용서할 줄 모르는 사람은 죽게 됩니다. 그는 벌써 영적으로 죽었습니다. 예수께서 말씀하셨듯이 그는 자신이 입은 용서의 은총을 상실해 버린 것입니다. 그러나 이뿐만 아니라 추하고 고통스러운 육신의 죽음마저 덧붙여지는 것입니다.

우리 크리스천들은 우리의 자녀들로 하여금 아주 어릴 적부터 용서하기를 배우게끔 합시다. 그러나 또한 용서란 자연적으로 이루어지는 것이 아니라는 점을 분명히 알려 줘야 하겠습니다. 그것은 성령의 사역입니다. 아주 어릴 적부터 어린아이들은 많은 좌절감과 분노에 빠져들기 쉬운 법입니다. 부모들은 그들의 자녀들이 자신을 좌절시키는 이들을 이해하도록 돕는 방법을 알아야만 합니다. 필요한 경우 그들은 자신들의 자녀들에게 기꺼이 용서를 구해야만 합니다.

하나님 앞에서 우리는 어느 누구고 할 것 없이 때때로 용서를 필요로 하는 것입니다. 그렇지 않다면 우리는 날마다 "우리가 우리에게 죄 지은 자를 사하여 준 것같이 우리의 죄를 사하여 주옵시고."라고 기도하지는 않을 것입니다. 우리는 어떤 이가 진심으로 사죄하지 않는 것처럼 보일 때조차도 그를 용서해 주어야만 합니다. 심판하는 것은 우리의 일이 아닙니다. 그것은 하나님의 일입니다. 우리가 할 일은 사죄의 말을 받아들이고 용서하는 일입니다.

하지만 거듭 말씀드리거니와 우리는 십자가에 못 박히시고 다시 살아나시고 하늘에 오르신 우리 주님께로부터 우리에게 보내신 바된 성령의 도우심을 받아야만 합니다. 오직 그분만이 우리의 어두컴컴하고 복수심에 가득 찬 마음들을 변화시키사 한때 보복하겠다는 욕망이 있던 곳에 아가페의 사랑을 심으실 수 있는 것입니다.

이것은 아가페적 사랑으로 필리오적 사랑이 아님을 저는 강조하고 싶습니다. 이것은 오직 성령께서 허락하시는 특별한 사랑입니다. 그것은 냉담한 사랑, 객관적 사랑, 자연 속에서는 전혀 존재할 수 없는 것으로 불릴 수도 있겠습니다. 그것은 하나님 자신의 진정한 속성입니다.

인간이 하나님께 불순종함으로써 그는 아가페적 사랑의 능력을 상실하였습니다. 그것을 되찾기 위해서 예수님의 보혈로 씻음을 받고 그의 심령에 성령을 영접해야 하는 것입니다. 이것은 어떤 능력을 베푼다는 면에서의, 성령 안에서의 세례가 아닙니다. 그것은 우리 바깥에 있는 것이지 결코 우리의 감정에 영향을 끼치는 것이 아닙니다.

이것은 신약성서가 '플레로마', 즉 성령의 충만이라고 부르는 것입니다. 이것은 우리 위에 임한 성령이 아닙니다. 그것은 우리 안에 임한 성령입니다. 우리가 성령께서 우리 심령 속에 오시도록 한다면 그때 우리는 이 아가페적 사랑을 체험할 수 있는 것입니다.

아가페적 사랑은 어느 누군가에게 호감을 갖는 것과 같은 것이 아닙니다. 제가 어느 누군가를 싫어할 수도 있겠지만 그럼에도 불구하고 그를 이해할 수는 있습니다. 제가 그를 이해조차 못할 수도 있겠지만, 그러나 저는 하나님께서 그의 삶을 위해 어떤 목적을 지니고 계신다는 것, 그리고 그를 이해하고자 노력하고 그로 하여금 하나님에 대한 올바른 관계에 들어가도록 노력하는 것이 제 의무라는 것을 알 수 있습니다.

그런 일이 일어날 수 있게 하기 위해서 저는 그를 기꺼이 용서해 주어야 합니다. 만약 그가 불의를 행하였고 연약한 자를 착취하였다면 저는 그의 악한 행위들을 용서해서는 안 됩니다. 저는 그를 미워해야만 하고 하나님께서 제게 허락해 주신 모든 수단을 동원해서 그가 그러한 행위들로써 다른 이들을 침해하는 일을 막아야만 합니다. 그러나 우리는 한 인격체로서의 그를 미워해서는 안 되고 또한 그가 아마도 회개하게 될 것이라는 희망을 결코 포기해서는 안 되는 것입니다. 만약 그가 회개하고 예수님의 용서와 깨끗케 하심을 구한다면 그는 저의 형제가 될 뿐만 아니라 그와 더불어 교제하게 되는 것입니다.

이에 대한 가장 좋은 예로서 신자들이 다소의 바울에 대해 행한 태도를 들 수 있겠습니다. 스데반 집사는 죽임을 당하는 순간조차 바울과 다른 살인자들을 위해 기도하고 있었던 것입니다. 그 후에 바울이 마침내 회개하고 다메섹에서 아나니아 앞에서 회심하게 되었을 때 그는 즉시 용납되었고 물과 성령으로 세례를 받았으며 다메섹의 크리스천들에 의해 받아들여졌던 것입니다. 그가 예루살렘으로 돌아왔을 때 바나바는 즉시 그를 신뢰하고 그를 용서하였으며 베드로와 야고보에게 그를 소개해 주었습니다. 누가 압니까? 당신이 용서해 주는 이가 또 다른 바울이 될 수도 있다는 것을 말입니다.

산골짜기에서 온 편지

환난날을 어떻게 대비해야 할까요

존경하는 대천덕 신부님께.

　최근에 서울에서 하신 신부님의 설교는 저에게 큰 도움이 되었습니다. 예수원이 너무 멀지 않았으면 좋겠군요. 저는 마을에서 예수원까지 도로가 포장되었으면 하고 생각하다가 신부님이 그 일을 하실 수 있도록 주님께 기도하는 중입니다. 하지만 주님이 곧 오신다면 그런 일은 필요가 없겠지요?

　사실, 제가 말씀드리려는 것이 예수님의 재림에 관한 것입니다. 저희 교회 목사님은 휴거 전에 환난이 있을 것이라고 말씀하시는데, 어떤 교회에서는 환난이 시작되기 전에 성도들은 모두 휴거될 것이므로 환난에 대한 준비는 필요 없다고 가르칩니다. 신부님께서는 이 문제를 성경에서 어떻게 이해하고 계시는지 말씀해 주셨으면 합니다.

　　　　　　　　　　　　　－ 주님의 사랑 안에서 허송내 드림

사랑하는 송내 자매에게.

보내 주신 편지와 함께 예수원에 대한 호의에 감사를 드립니다. 이곳까지 이르는 길을 포장한다는 생각에 대해서는 분명한 소원이 일어나지 않는군요. 우리는 벌써 방문객들을 돌보는 데 너무 지쳐서 다른 일은 할 여유가 없을 정도입니다. 우리 예수원에서 하는 출판도 한 가지 일 때문에 그만 두어야 했습니다.

현재 우리는 2년3개월의 훈련과정을 마치고 일생 동안 혹은 적어도 5년 내지 10년 동안 이곳에서 봉사할 수 있도록 하나님의 부르심을 받은 공동체 회원들을 더 많이 보내 달라고 주님께 기도하고 있습니다. 이것이 우리의 기도 제목입니다. 하지만 우리가 해야 할 일과 그 시기는 하나님께서 결정하실 문제입니다. 사탄이 우리에게 너무 바빠서 최선을 다하지 못할 정도로 많은 일거리를 보내지 못하도록 기도해 주시기 바랍니다. 이것은 오늘날 교회들이 당면한 큰 문제점들 가운데 하나인 것 같습니다. 좋은 일이라도 그것을 하느라 지나치게 바쁘면 최선을 다할 수 없게 마련입니다.

자, 이제 휴거에 대한 이야기를 해 봅시다. 나는 환난 전 휴거를 믿으며 성장했습니다. 나의 할아버지께서는 그것을 믿으셨는지 말씀하신 적이 없습니다. 단지 그분이 그 문제에 대해 분명한 입장을 보이지 않았다는 것을 요 몇 년 전에 알았을 뿐입니다. 그리스어 학자이며 휘튼대학에서 성경을 가르쳤던 나의 고모, 에디트 토레이는 환난 전 휴거를 믿지 않았습니다. 코리 텐 붐 씨도 전 세계의 수만의 기독인들이 현재 심각한 수난을 겪고 있다고 지적한 바 있습니다. 그렇다면 우리가 환난을 면할 것이라는 생각이 옳을까요?

2년 전 나는 존경하는 분이 쓴 요한계시록에 관한 훌륭한 책을 한 권 읽은 일이 있습니다. 그분은 자신의 책에서 환난 전 휴거를 주장했지만 그것을 뒷받침할 만한 성경 구절은 찾아 볼 수가 없었습니다. 나는 그것을 찾기 위해 두 번이나 읽었으나 역시 마찬가지여서 결국은 저자에게 편지를 썼습니다. 그분은 나에게 정중한 답장을 보내 왔지만 "나는 그 점에 대해 충분히 밝혔다고 생각합니다."라는 말로 끝을 맺고는 더 이상의 설명이 없었습니다.

나는 이 점에 대해 계속 골몰했지만 환난을 통과할 필요가 없다거나 혹은 그 비슷한 성경 구절도 여태껏 찾지 못했습니다. 요한계시록의 맨 처음에 보면 일곱 교회에 보내는 일곱 편지에서 단 하나의 교회만이 "장차 온 세상에 임하여 땅에 거하는 자들을 시험할 때"(계 3:10)를 면하게 된다고 나와 있습니다.

나는 현재 전 세계 교회들이 극심한 수난을 겪고 있으며 앞으로 그러한 때가 우리에게 닥쳐 오지 않는다는 보장은 없다고 말한 코리 텐 붐 씨의 견해가 성경에 가장 잘 접근한 것이라고 생각합니다. 그것이 '마지막 환난'인지 아닌지는 중요하지 않습니다. 중요한 것은 환난의 때는 알 수 없다는 것과 그것에 대비해야 한다는 사실입니다. 내가 아는 중국의 어떤 교회는 환난 전에 휴거가 있을 거라는 말만 믿고 그에 관한 어떠한 대비도 하지 않았습니다. 결국 그들은 지쳐 버렸고 신학자들이 자신들의 가르침이 완전하지 못했다는 것을 깨달았을 때는 이미 모든 것이 너무 늦어 버리고 말았습니다.

성경의 신구약 모두 고난과 핍박에 대비하라는 가르침이 대부분을 차지합니다. 극심한 박해를 받지 않았거나 박해를 받은 후 너무 부패하여 망해 버린 교회는 세상 어느 곳에도 없습니다. 핍박은 교회의 타락을 방지해 주는 유일한 수단이기 때문입니다. 핍박 없는 기간이 길면 길수록 교회는 덥지도 차지도 않아 예수님이 입에서 토하여 내리라고 꾸중하신 라오디게아 교회처럼 됩니다.

그럼, 질문을 하나 하겠습니다. 자매님은 어떻게 환난에 대비하고 있습니까? 영적인 준비로서 각각의 기독교인은 성경이 불에 타 없어져도 강하고 담대할 수 있도록 성경 말씀을 잘 알고 있어야 합니다. 말씀을 정확하게 기억할 수 있어야 하며 다른 사람들과도 말씀을 함께 나눌 수 있어야 합니다. 또한 성경을 연구하면서 영적인 해석뿐 아니라 문자 그대로의 구체적인 해석도 알고 있어야 합니다. 어떤 사람들은 성경의 모든 교훈에서 비유를 찾느라 바쁜데, 이런 삶들은 성경에서 가르치는 실제적인 교훈은 전혀 이해하지 못합니다.

성경은 사회윤리와 사회정의를 분명히 가르치고 있지만 많은 사람들은 이 말을 '영적인 것이지, 실질적인 것은 아니다'라고 해석하기 때문에 아무런 의식 없이 불합리하고 비윤리적인 삶을 계속하고 있습니다. 물론 성령이 그들의 양심을 일깨워 주려고 하지만 그들이 성경의 이런 의미를 부인한다면 성령의 인도에 따르지 못할 것입니다.

성경이 여러 가지 면에서 가르치고 있는 교훈들 중의 하나가 예수님의 말씀에는 아주 간명하게 축약되어 있습니다. "불의의 재물로 친구를 사귀라 그리하면 없어질 때에 저희가 영원한 처소로 너희를 영접하리라"(눅 16:9).

예수님의 가르침에 의하면 천국은 가난한 자에게 속해 있습니다. 우리의 전 재산을 가난한 자들을 돌보는 데 쓴다면 누군가 영원한 처소로 우리를 영접할 것입니다.

기독교인은 물질을 자신만을 위해 사용할 경우 하나님의 분명하고 특별한 지시가 없는 한 매우 신중히 하는 게 좋습니다. 갑작스럽게 재난이 닥치거나 자기를 영원한 처소로 영접할 사람이 없을지도 모르니까 말입니다. 우리는 모두 청지기일 뿐입니다. 그러므로 우리가 사용하는 모든 것(성령의 인도를 받고 사용했든지 아니든지)에 대해 해명

할 준비가 되어 있어야 합니다.

이것은 또 다른 측면에서 볼 때 환난을 준비하라는 뜻도 됩니다. 우리는 앞으로 어떻게 될지 알 수가 없기 때문에 인도함 받는 방법을 배우기 위해 끝까지 기다리기만 할 수 없습니다. 기독교인은 순간마다 성령의 인도를 받아야 합니다. 나의 개인적인 경험이나 많은 다른 사람들의 경험에 비추어 볼 때 매일 아침 명상의 시간을 통해 하나님께서 그날 나에게 무엇을 지시하시는지 듣는 것이 최선의 방법입니다. 아침마다 주님의 인도를 구하는 일에 우선 순위를 두는 사람은 예기치 못한 일 때문에 그 일을 변경시키는 경우는 좀처럼 없습니다.

우리는 항상('항상'이라는 말을 했지만 사실 우리는 주님의 음성을 항상 정확히 듣는 것은 아닙니다) 주님이 예기치 못한 사건들에 대비하여 계획에 여유를 두신다는 것을 알게 됩니다. 때때로 흔치 않은 일이 발생될지도 모른다는 암시를 주시며 대책을 세울 시간을 벌게 하시기도 합니다. 매일 매순간 순종과 경청의 습관을 들이면 생각지 못했던 핍박이 생기더라도 두려워할 필요가 없습니다. 무엇을 해야 할지 미리 알기 때문에 방심하지 않을 것이기 때문입니다. 그러나 너무 오랫동안 매사를 자기 뜻대로만 해 왔다면 막상 하나님의 인도를 받을 필요가 있을 때 평상시 습관이 되어 있지 않아 그분의 음성과 광명의 천사로 가장한 사탄(고후 11:14)의 음성을 분별할 수 없게 됩니다.

환난을 대비하는 또 하나의 방법은 가능한 한 시내에서 멀리 떨어진 토지를 사서 식량을 자급할 준비를 하는 것입니다. 요한계시록은 현금으로 매매할 수 없는 때가 온다고 경고합니다. 식량을 사려면 손이나 이마에 적그리스도의 표를 받아야 합니다. 미국에서는 비기독교인들이 토지를 매입하면서 동시에 주변을 철조망으로 두르고 총과 탄약을 들여 놓는다고 합니다. 자신의 소유물이니 타인과 공유할 수 없다는 뜻이지요. 기독교인들만이 장차 올 환난을 대비하는 것은 아닙니다. 독일에 나치정권이 들어섰을 때 기독교인뿐 아니라 유대인과 나치의 혐오대상이었던 다른 사람들도 모두 시련을 겪었습니다.

우리는 할 수 있는 모든 가능성을 생각해 본 후에 대책을 세우는 문제에 대해서는 주님께 응답을 구해야 합니다. 주님은 우리를 순교자로 택하셨다고 말씀하실지도 모릅니다. 혹은 "너는 평생을 힘 없고 가난한 자들을 위해 봉사하라. 핍박이 다가오면 내가 이적을 행하리라." 아니면, "될 수 있는 대로 많은 사람들과 함께 네 스스로를 준비하라. 너는 사람들의 보호자가 될 것이며 네가 있을 은신처를 보이리라."라고 말씀하실지도 모릅니다.

하나님은 그러한 문제를 다루는 법을 많이 알고 계십니다. 매일 순간마다 그분의 인도를 받는 데 익숙해지면 우리는 주님께서 알맞은 때에 자세한 것을 알려 주시리라는 믿음을 가질 수 있습니다. 우리는 항상 주님의 음성에 귀를 기울이며 그분을 앞질러 가려고 하거나 너무 뒤떨어지지 않도록 기도해야 합니다.

이번에는 휴거에 대해 말씀드리겠습니다. 내가 성경을 정확히 읽었다면 죽은 자들의 부활과 살아 있는 자들의 휴거가 일어난 직후에 성도들에 대한 심판이 있을 것입니다. 이것은 고린도전서 3장 10절부터 15절 말씀에 언급되어 있습니다.

이 말씀을 다른 부분과 비교해 볼 때 바울이 말한 '그날'은 휴거가 일어나는 날이라고 생각됩니다. 그때 성도들은 각 사람의 공력에 따라 심판을 받게 됩니다. 짚이나 나무와 같은 공력은 해를 받아 기업을 얻지 못한 채, 말하자면 벌거벗은 상태에서 구원만 얻으나 돌이나 금속 혹은 금이나 보석으로 쌓은 공력은 그에 따른 상을 받게 됩니다.

그럼 여기서 재미있는 문제가 생깁니다. 만일 어린 양의 혼인잔치를 하는 날이 대단히 기쁜 날이라면, 그리고 성도들은 천 년 동안 왕 노릇을 한다면, 구원을 얻되 불 가운데서 얻은 것 같은, 완전히 벌거벗은 이 사람들의 입장은 도대체 뭐가 되겠습니까?

내 생각에는 실오라기 하나 걸치지 않고도 전혀 부끄러움 없이 아무 곳이나 돌아다닐 수 있는 사람은 어린아이밖에는 없다고 봅니다. 자신들의 신앙생활에서 이렇다 할 만한 공력이 없는 사람들은 휴거되면서 어린아이로 변모할 것입니다. 우리는 "순식간에 홀연히 다 변화한다"(고전 15:51)라고 분명히 들었습니다. 우리는 영원한 몸을 입을 것이며 이 몸은 우리의 육적인 나이가 아닌 영적인 나이에 따라 장유(長幼)의 차이가 나게 됩니다. 짧은 기간이라도 제자로서의 삶을 살아 왔다면 그 사람은 영적으로 매우 성숙한 사람입니다. 그러나 그저 '기독교인'으로서만 만족한 사람들과 제자의 삶을 살려고 노력하지 않은 사람들은 하나님이 보시기에 마치 저능아와 같아서 주님은 그들 때문에 매우 슬퍼하실 것입니다.

부활의 날에 하나님께서는 그들이 당황하지 않도록 그들을 어린아이로 만들어 주십니다. 그러면 그들은 벗었지만 부끄러워하지 않고 장난감을 갖고 재미나게 놀 것입니다. 그들이 천년 왕국, 혹은 영원한 왕국에서 성장할 기회가 있을지는 확실하지 않습니다. 우리 모두 막연한 운명에만 맡기지 말고 환난과 휴거, 성도들의 심판을 대비하여 내 일이 아닌 주님의 일을 위해 부지런히 뜁시다.

송내 자매님, 질문해 주신 데 대해 감사를 드립니다. 주님의 은총이 함께 하시기를!

산골짜기에서 온 편지

기도로 잘못된 목회자를 바로잡아 줍시다

존경하는 대천덕 신부님.

저는 저의 교회 목사님에 대해 걱정스러운 마음을 갖게 되었습니다. 목사님은 일 년에 두 번씩 미국을 방문하는데 한번 갈 때마다 두 달을 머물다 오십니다. 그런데 그분은 미국에만 갔다 오면 한인 교회 교인들을 비판하고 질책하며 한국 교회를 미국의 교회보다 열등하게 평가합니다.

목사님의 성격 탓이라고 생각하지만 보다 더 심각한 것은 주일 예배시간에 하나님의 말씀을 전하기보다는 인간적인 감정에서 나오는 설교를 하며 성도들이 신실하지 못하다고 늘 비판하기만 합니다. 그리고 항상 돈 문제를 제기합니다. 자신의 가족들이 특별한 목적에 쓸 돈이 필요하면 강단에서 회중을 향해 노골적으로 요구합니다.

성도들과 사소한 문제로 마찰이 생기면 그분은 참고 그냥 넘어가지 않고 몹시 화를 내면서 상대방을 나무라기만 합니다. 이때문에 많은 성도들이 상처를 입고 어떤 이들은 교회를 떠나기도 했습니다.

우리 교회 목사님은 하나님의 종이라고 자처하지만 믿지 않은 사람들도 생각지 못하는 일을 합니다.

신부님, 그래도 성도들의 믿음만으로 족하다고 자위하며 그 목사님을 계속해서 섬기고 순종해야 합니까?

— 탁봉숙 올림

사랑하는 봉숙 자매에게.

보내 주신 편지는 잘 받았습니다. 솔직히 말해서 이런 문제를 이야기한다는 것이 별로 마음에 내키지 않는군요. 나는 초청강사로서 여러 교회를 방문한 지 반 년이 지나가지만 부흥회를 한 일이 없어 그런 문제에 관해 생각해 보지 못했습니다. 한국의 목사님들이 미국을 자주 방문하면서 자신의 교회에 대해 비판적인 시각을 갖는 줄은 몰랐습니다.

나는 이것이 유혹과 관련이 있다고 생각합니다. 미국에 있는 한국인 성도들은 인색함이 없이 사례금을 많이 냅니다. 교파에 관계 없이 한국인들이 미국인들보다 사례금을 많이 내는 것도 보아 왔습니다. 그러나 교회에서 설교 요청이 들어 왔을 경우 사례금을 따져서는 안 됩니다. '절제'(갈 5:23)와 '돈을 사랑치 아니하는'(딤전 3:3) 마음을 가져야 합니다.

물질에 대해 지나치게 관심을 두는 목회자들이 걱정스러운 것은 사실입니다. 바울 사도는 가난도 부유도 다 겪어 보았지만 그런 것은 자신과 아무런 상관이 없으며 하나님께서 주신 일에 몰두할 뿐이라고 말했습니다. 모든 목회자들은 이러한 정신을 가져야 하며 이것을 위해 성도들이 늘 기도하고 있다는 것을 알기 바랍니다. 크리스천들이 인색해서도 안 되겠지만 그들의 헌금이나 사례금을 받는 쪽도 유혹에 빠지지 말아야겠습니다

물질문제는 정말 심각합니다. 이에 관한 언급이 성경에 분명히 나와 있습니다. 디모데전서 3장 3절과 8절을 보면 교회 지도자들과 집사들은 "더러운 이를 탐하지 말라."라고 했습니다. 또 디도서 1장 7절과 11절에서도 같은 말이 나옵니다. 즉 회중의 감독을 맡은 자들은 더러운 이를 받거나 탐해서는 안 됩니다. 베드로도 같은 권면을 했습니다.

"너희 중에 있는 하나님의 양 무리를 치되…더러운 이를 위하여 하지 말고 오직 즐거운 뜻으로 하며"(벧전 5:2).

오늘날의 교회는 가난한 성도도 많지만 부유한 성도도 많이 있으며 외관도 훌륭합니다. 그래서 그런지 탐욕에 대한 유혹이 성도들이 가난하고 핍박받던 신약시대보다 더 강한 것 같습니다. 교회가 어려움을 겪을 때는 자신을 돌보지 않고 하나님께 헌신하는 사람들이 많이 나옵니다.

대표적인 예로 중국의 교회 성장을 들 수 있습니다. 중국에서는 교회에 대한 핍박이 시작되고 선교사들이 떠난 40년 동안 오히려 교회가 2백만에서 7천만 개로 늘어났습니다. 반면에 웅장한 교회를 갖춘 나라는 신앙이 쇠퇴해가고 있습니다. 이러한 쇠퇴 현상은 교회가 공인되고 정치인들이 부와 권세를 목적으로 교회에 개입하기 시작하면서 가속화되어 왔습니다.

미국에서 어떤 장로가 "주여, 목사님을 겸손하게 하소서. 우리는 그를 가난하게 하겠나이다."라고 기도했다는 우스갯소리가 있습니다. 성도들이 공정한 판단을 하는 것도 중요하지만 무엇보다도 목사가 유혹에 빠지지 않도록 끊임없이 기도해야 합니다. 이것은 생명과 관계 있는 절박한 문제입니다.

나는 내 누이와 이 문제에 대해 이야기를 나누었는데 그녀는 큰 교회일수록 사례금을 많이 내기 때문에 그런 교회에서 설교 요청을 해오면 받아들이기는 하지만 두 번 이상은 가지 않는다고 합니다. 유혹에 빠질 염려가 있기 때문입니다. 옳은 판단입니다. 그러나 사탄은 여전히 우리를 유혹할 기회를 엿보고 있습니다.

성경은 자주 분노하는 목회자들에게 다음과 같이 경고하고 있습니다.

"저희가 하나님을 시인하나 행위로는 부인하니 가증한 자요 복종치 아니하는 자요"(딛 1:16).

디모데후서 3장 1절에서 5절까지의 내용을 보면 말세에는 자긍하고 교만하고 탐욕스럽고 사납고 제멋대로이며 자고하고 경건의 모양은 있으나 경건의 능력을 부인하는 사람들이 점점 많아질 것이라고 경고하고 있습니다. 물론 "이 같은 자들에게서 네가 돌아서라"(딤후 3:5)라고 말씀합니다.

예수님께서도 제자들에게 당시 종교 지도자들에 대하여 다음과 같이 말씀하셨습니다. "이 백성이 입술로는 나를 존경하되 마음은 내게서 멀도다 사람의 계명으로 교훈을 삼아 가르치니 나를 헛되이 경배하는도다"(마 15:8~9). 그분은 또한 이렇게 결론을 내리셨습니다. "그냥 두어라 저희는 소경이 되어 소경을 인도하는 자로다 만일 소경이 소경을 인도하면 둘이 다 구덩이에 빠지리라"(마 15:14).

가장 간단한 해결책은 이것입니다. 그런 사람들에게서 돌아서십시오. 그냥 내버려 두고 다른 교회로 옮기십시오. 그러나 장로들을 통해 권면하는 것도 좋습니다. 만일 장로들도 그렇게 하기를 꺼린다면 그 교회가 속한 교단에서 다루어야 할 문제입니다. 교파마다 나름대로의 방법을 갖고 있습니다.

한국의 교회에는 성경에 근거하지 않은 관습의 문제가 걸림돌이 되는 경우가 많습니다. 초기 선교사들은 교회의 질을 높이고 훌륭한 자질을 갖춘 교회 지도자를 양성하는 데 목표를 두고 서구문화에 부합되는 매우 훌륭한 신학교육제도를 도입했습니다. 의도는 좋았으나 그들이 깨닫지 못한 것이 있었습니다. 당시 한국의 관습상 훌륭한 교육을 받은 사람은 귀족으로서, 교육을 받지 못한 사람들이 무조건 복종해야 하는 대단한 권위를 가지며 다소 거만하게 행동하는 것이 당연시 되었습니다.

선교사들도 이것을 어느 정도 알고 있었을지도 모릅니다. 그러나 그들은 목회 후보자들이 거듭나게 되면 겸손하고 온유하며 이해심 많은, 다시 말해서 그들의 삶 가운데 성령의 열매를 맺는 사람들이 되리라고 생각했습니다. 그러나 체면상 겉으로 모범을 보이는 것이 또한 한국의 관습이었습니다. 예전부터 한국사람들은 체면상 지켜야 할 법도나 규례들이 많았으며 또 잘 소화해 내는 편이었습니다. 마음의 근본적인 변화 없이도 외적으로 훌륭한 태도를 갖는 일에 서구인들보다 훨씬 익숙합니다.

결론적으로 말해서 신학 졸업생들은 말씀에 대해서도 잘 알았을 뿐 아니라 선교사들이 보기에 겸허하고 온유한 모습을 지닐 줄도 알았습니다. 그러나 주위에서 자신의 행동을 주시하고 선교사들 앞에서만 그런 모습을 보일 뿐 가난하고 힘 없는 성도들 앞에서 양반 행세를 하면서 군림하려 했던 것입니다. 그들은 목회를 하게 되면서 부와 권세에 아첨하고 그렇지 못한 계층을 멸시하는 것을 예사로 여기게 되었던 것입니다.

예전의 신학교육 방법이 나쁘다는 것은 아닙니다. '훌륭한 자질'을 기르는 훈련은 아주 좋은 의도입니다. 다만 말씀을 가르치는 방법에 문제가 있습니다. 말씀을 외우고 시험답안 작성을 잘하기만 하면 졸업은 자연히 하게 됩니다. 그러나 말씀을 공부하는 데 있어 과학적인 방법을 적용해야 하는 것을 생각하는 사람은 아무도 없습니다.

20세기에 들어오면서 과학은 눈부신 발전을 했지만 '신학은 과학의 여왕'이라는 15세기의 아주 중요한 생각은 잊혀졌습니다. 성경은 문장을 음미하고 분석하는 문학의 일종이 아닙니다. 과학실험처럼 실제로 행하는 실험교재입니다. 성경의 진리를 이해했으면 실행하는 과정이 있어야 합니다.

'기독교적인 생활의 실험'은 크리스천과 하나님과의 관계, 동료 크리스천과의 관계, 그가 속한 사회와의 관계 측면에서 행해져야 합니다. 이런 방식으로 신학교육을 하기 위해서 교사는 강사이면서 동시에 실험감독관이 되어 먼저 성경을 바탕으로 신학을 설명하고, 그 다음에 학생이 배운 말씀을 생활의 여러 분야에서 잘 적용할 수 있도록 도와주면서 함께 행해야 합니다.

과학적인 신학교육방법은 현재 몇몇 권위 있는 교회지도자들에 의해 공식적으로 인정받고 있습니다. 몇 년 전에 이런 교육방법에 관한 연구논문이 국제적으로도 잘 알려진 신학대학에서 상을 탄 일도 있습니다. 그러나 이런 방식이 좋다고 하여 무조건 채택하여 시행하는 데는 무리가 따릅니다. 왜냐하면 기존의 문학적인 교육방법과 마찰을 일으킬 수도 있기 때문입니다.

결국 문제해결의 방법은 교회를 변화시키거나 신학교육제도를 수정하거나 혹은 성경에 역행하는 악한 삶을 사는 사람들을 형식적으로 훈련시키는 데 있는 것이 아닙니다. 위의 어떤 방법도 문제의 핵심에 접근조차 하지 못합니다. 제도와 조직의 변화 혹은 부와 권세가 병든 교회를 회복시킬 수는 없습니다. 이것은 순전히 영적인 문제이며 따라서 영적인 방법에 의해서만 해결될 수 있는 것입니다.

문제의 영적인 해결을 위해 맨 먼저 문제에 관심을 두고 기도할 사람들을 모아야 합니다. 기도하는 사람들은 우선 자신들의 오만과 탐욕 그리고 부족한 믿음을 하나님께 고백하고 행함이 없는 믿음을 회개해야 합니다.

그 다음에는 성령께서 기도의 능력을 더해 주시기를 간구하고 기도하는 법을 알기 위해 지혜(약 1:5~8)를 구해야 합니다. 다니엘은 이스라엘을 위해 이와 같은 방법으로 기도했습니다. 그는 절대 '저들'이라 하지 않고 '우리'라고 말했습니다. "우리가 범죄했나이다." 다니엘 9장을 보십시오. 이것이 크리스천 공동체인 교회를 위한 기도입니다. 교회의 병이 나의 병이요, 교회의 죄가 나의 죄입니다.

기도할 때 방언으로 하는 것이 능력이 있습니다. 방언기도는 성령의 능력이 나타나게 하며 인간적인 생각에서 나온 말로 인한 올무에 빠지지 않게 해 줍니다. 방언기도에 의해 하나님의 손에 문제가 온전히 맡겨져야 합니다. 만일 내 생각으로 기도하면 비판적인 생각과 분노, 독선적인 교만으로 가득 차게 될 우려가 있습니다. 성령 안에서 기도할 때 성령께서 나에게 긍휼히 여기는 마음을 주시고, 긍정적인 소망을 갖고 사람을 바라보게 하시며, 분노가 사랑으로 해방되기를 간절히 바라는 마음을 주십니다. 우리 모두가 다니엘의 기도를 배워야 되겠습니다.

"오, 주여 용서하소서! 우리는 이미 범죄하여 패역하며 행악하며 반역하여 주의 법도와 규례를 떠났사오며(이 기도는 개인과 교회 모두에게 해당됩니다)…지체치 마옵소서. 나의 하나님이여, 주 자신을 위하여 하시옵소서!"

자매님, 목사님을 위해 기도하십시오. 목회자들을 유혹으로부터 보호해 주시길 기도하십시오, 모든 교회가 성경적으로 회복되기를 기도하십시오. 그리고 저를 위해 기도해 주시기 바랍니다.

산골짜기에서 온 편지

남편의 폭행을 어떻게 치유해야 할까요

존경하는 대천덕 신부님.

저는 45세의 주부이며 크리스천입니다. 제 남편 역시 45세로 건설업에 종사하고 있습니다. 지난 11년 동안은 저에게 있어 극도로 고통스러운 삶이었습니다. 남편과 저는 겉으로 보기에만 부부일 뿐 남남이나 다름없이 지내왔습니다. 물론 이런 생활에 대한 책임은 저에게도 있습니다만 남편은 술 취하기만 하면 포악해져서 저를 몹시 학대합니다.

몇 년 전부터 교인들과 토요일마다 성경공부를 하기 시작했고 남편도 함께 참석하게 되었습니다. 어느 정도 피상적인 변화가 있기는 했습니다. 우리들 사이에 대화도 생기고 꽤 정상적인 면도 보였습니다. 그러나 남편은 여전히 강포와 혐오감으로 가득 찬 사람이었습니다. 그가 변화되려고 노력하는 모습을 보면서 그를 믿어 주고도 싶었습니다. 하지만 그의 폭력은 계속 되었고 심지어 흉기로 위협하며 가구를 마구 부수기도 합니다.

저는 그가 술 취하지 않은 맨 정신일 때에 조용히 그 문제에 관해 이야기해 보기도 했습니다. 그러나 대화의 끝에 가서는 어김없이 언쟁이 벌어집니다.

신부님, 저는 어떻게 해야 할지 모르겠습니다. 저에게 용기와 교훈이 되는 말씀을 해 주실 것을 부탁드립니다.

— 현지숙 올림

사랑하는 지숙 자매님에게.

편지 잘 받았습니다. 자매님이 지고 있는 고통의 짐이 얼마나 무거운지 이해가 갑니다. 그럼에도 불구하고 희망을 잃지 않고 주님께 해결책을 구하는 자매님을 보면서 하나님께 감사를 드립니다. '구원'의 근본의미가 '해결'이며 가장 힘든 문제일지라도 예수님은 해결하실 수 있음을 믿으시기 바랍니다.

먼저 자매님 자신을 위해 기도하십시오. 자매님이 그 동안 받은 고통을 인내할 수 있게 해 주신 하나님께 감사하십시오. 문제가 해결될 때까지 더 큰 인내를 주실 것과 어떻게 해야 할지, 또 어떻게 더 깊이 기도해야 할지 알 수 있도록 지혜를 달라고 간구하십시오. 야고보서 1장 5절에서 8절까지의 말씀을 읽어 보십시오. 우리가 진정으로 하나님의 해결책을 원하며 그분께 순종하면 지혜를 얻어 문제 해결의 순서와 방법을 알게 될 것입니다.

문제의 핵심을 생각해 봅시다. 자매님의 남편은 상처받은 사람임에 틀림없습니다. 그의 냉혹하고 폭력적인 태도는 깊은 상처에서 나오는 것으로 어머니의 태중에서부터 비롯된 것입니다. 만일 그의 부모가 서로 언쟁하며 분노했다면 그때 퍼부은 험한 말들이 그가 태중에 있을 때 잠재 의식 속에 입력되어 이에 따른 무의식적인 반응을 나타내게 되는데 이것은 피곤하거나 불안한 경우 혹은 자제력을 잃을 때 더 강하게 나타납니다. 남편이 스스로를 잘 절제하며 지극히 정상적으로 행동하더라도 그는 여전히 내부에 옛 상처를 지니고 있다는 것을 잊지 말아야 합니다.

그는 태중에 있을 때 부모에게서 받은 상처뿐만 아니라(출애굽기 20장 5절에 보면 아비에게서 아들에게로 3, 4대까지 이르는 죄의 값에 대해 나와 있습니다. 그러나 하나님께 충성된 자는 그 복을 천 대까지 이르게 하신다는 약속도 있다는 것을 기억하시기 바랍니다) 어린 시절, 6.25와 같은 사회 불안을 겪으며 성장하던 시기에 받은 상처도 있을 것입니다. 아무것도 기억하지 못한다 하더라도 수많은 사람들에게 상흔을 남기는 아픈 세월은 잠재의식 속에 기록되기 마련입니다.

평소에 우리는 내적인 상처들을 잊고 지냅니다. 그러나 그것들은 우리의 잠재의식 속에 감수성을 형성하여 우리가 성장하면서 여러 가지 어려움들이 닥칠 때 또 다른 상처를 입히게 됩니다.

많은 가정에서 부모들은 자녀들 앞에서 함부로 말하는 경향이 있습니다. 종종 자녀들을 서로 비교해 가며 비난하기도 합니다. 혹은 자녀에게 지나친 기대를 가져 많은 부담을 주며 그들을 인격체로 생각하지 않는 경우도 있습니다.

건강한 아이들이라도 이런 환경을 제대로 극복해 나가기는 어렵습니다. 더구나 이미 태중에 있을 때부터 상처 입은 아이라면 과민반응과 분노를 더욱 쉽게 드러낼 것입니다.

자매님의 남편은 태아 때와 가정에서뿐만 아니라 학창시절과 사회 생활을 하는 가운데 많은 상처를 입었을 것입니다. 사회의 상층부나 고등교육을 받은 계층으로부터 느끼는 모멸감은 모든 사람들에게 있어 고통스럽고 수치스러운 일입니다. 기독교사회에서는 그런 계급간의 차별이 결코 없어야 합니다. 성경에 보면 복음은 가난한 자들을 위한 것입니다. 사실 복음은 권세 있는 자나 높은 자가 아닌 소외되고 가난하며 고통 가운데 있는 자들에게 기쁜 소식이 됩니다.

자매님이 출석하는 교회는 어떻습니까? 남편에게 복음을 전해 주는지 아니면 오히려 열등감만 더 고조시키는지 알 수 있을 것입니다. 자연스럽고 순수하게 어울릴 수 있는 사람들과 성경공부를 하십시오. 남편의 상처를 더 악화시키지 않도록 노력하십시오.

자매님이 우선적으로 해야 할 일은 기도입니다. 남편의 변화보다는 그가 입은 상처의 치유를 위해 기도하십시오. 남편은 자신의 단점을 잘 알고 있으며 스스로 변화하려는 노력이 성과가 없을 때 더욱 좌절하며 당혹감을 느끼게 됩니다

문제의 근본 원인은 잠재되어 있기 때문에 어찌할 바를 모르고 패배감과 열등감 속을 헤매게 될 뿐입니다. 자매님이 남편의 상처를 치유해 달라고 기도하면 하나님은 그의 상처를 하나하나 제거하여 정신적인 압박감에서 자유를 얻게 하실 것입니다. 남편이 화가 난 상태에서 하는 말을 유심히 들어 보면 그를 미움과 분노로 가득 차게 하는 이유가 무엇인지 알 수 있을 것입니다.

남편이 가정에서 성경공부를 하도록 허용하고 자신이 참석한다는 것 자체가 복음을 받아들였다는 뜻입니다. 남편과 함께 기도할 수 있는 기회도 가질 수가 있습니다. 마치 남편을 교훈하듯이 일방적으로 기도하지 않도록 조심하십시오. 그와 함께 기도하면서 남편에 대한 관심을 표현하고 주님께 그를 위해 기도하도록 노력하십시오. 기도할 때 '우리'라는 단어를 사용하면서 그의 문제를 자매님의 문제라고 생각하시기 바랍니다.

기도하다가 다음처럼 말할 수도 있을 것입니다. "여보, OO 때문에 우리가 마음에 상처 입었던 일 기억나요? 우리 그 사람을 용서하게 해 달라고 주님께 기도해요." 비교적 가벼운 상처와 최근의 일들로부터 시작하면 성령의 인도하심에 따라 더욱더 거슬러 올라가 어린 시절 두 사람이 겪었던 아픈 일들을 기억해 내고 기도할 수 있게 됩니다. 마침내 성령의 도우심으로 태중에서 입었던 상처들도 치유받을 수 있도록 기도하게 됩니다.

남편이 속에 있는 생각을 털어 놓으면 언제든지 귀기울여 들어 주고

이해할 마음의 준비를 갖고 계십시오. 남편이 자신의 심중을 토로할 수 있는 유일한 사람은 바로 자신의 아내이며 공감을 얻기 위해 술을 의지할 필요가 없다는 것을 깨닫도록 도와 주십시오.

이야기를 듣는 동안 내내 긍정적인 입장에서 공감을 나타내며 질문할 때는 가급적이면 간접적으로 하되 더 깊이 이해하려는 뜻에서 질문한다는 것을 보이십시오. "당신의 기분은…했겠군요."라는 식으로 말하면서 상대방을 충분히 이해하려는 노력을 나타내십시오.

"…을 어떻게 생각하세요?"라는 질문은 상대방으로 하여금 위압감을 덜 느끼게 합니다. 남편이 자매님에게 상처를 주었던 일들에 관해 이야기하더라도 방어적으로 움츠리지 않고 자연스럽게 들어 줄 수 있는 마음을 달라고 성령께 의지하여 기도하십시오. 충고는 피하는 것이 좋습니다.

나는 지금 자매님이 받은 상처에 대해서는 전혀 관심 없다는 듯이 충고하는 듯 내용으로 일관하고 있습니다. 하지만 오해하지 않기 바랍니다. 나는 자매님의 남편을 이해하는 만큼 자매님도 이해하고 있습니다. 또한 자매님을 위로하고 치료하실 수 있는 예수님을 나 역시 믿고 있다는 것을 알아 주시기 바랍니다. 한국사회에서 여성들은 우회적인 입장을 취하도록 가르쳐져 왔습니다. 그것은 훌륭한 기술임에는 틀림없으나 때로는 남자를 조종한다는 느낌을 주기도 합니다. 만일 남자가 조종당하고 있다는 것을 느끼면 몹시 화를 내게 됩니다. 남성은 자기 아내에게 의지할 필요를 느끼더라도(수년간 그의 어머니에게 했던 것처럼) 겉으로는 절대 그런 마음을 내보이고 싶어 하지 않습니다. 남편으로 하여금 어머니 이상으로 자매님을 기둥처럼 의지하고픈 마음이 들도록 해 주십시오. 아내가 자신을 무안하게 하거나 또는 속이지 않는다는 것을 확신시켜 주십시오.

그런 근사한 아내가 된다는 것은 하늘에서 별을 따는 것처럼 어려운 일이라고 생각하실지 모릅니다. 인간적으로 말하자면 사실 불가능합니다. 그러나 자매님 안에 내주하시며 성결케 하시는 성령은 가능한 일입니다. 성령께 의지하면 남편이 원수처럼 느껴지더라도 사랑할 수가 있습니다. 예수님께서는 원수를 사랑하며 우리를 악하게 대하는 사람들에게 선대하라고 하셨습니다.

더 나아가 그분은 우리가 아무리 애를 써도 결코 사랑할 수 없는 존재들을 사랑할 수 있도록 성령을 보내 주셨습니다. 유교나 불교는 우리가 노력해야 한다고 가르칩니다. 그러나 기독교는 실제적인 종교로서 "애를 써 봐도 소용 없다, 실패할 수밖에 없다, 네 의지대로 하지 말고 하나님의 아들, 십자가에서 죽으심으로 너를 값 주고 사신 예수님의 성령을 받아들여 그분께서 하시도록 맡기라."라고 가르칩니다.

성령의 사역에는 세 가지가 있습니다. 첫째로 성령은 인간적으로는 할 수 없는 일을 가능케 하십니다. 자매님을 새롭게 변화시키며 하나님의 방법에 의지할 때 그분의 말씀으로 충만케 하십니다. 두 번째로 성령이 자매님에게 지혜를 주시어 각 상황마다 어떻게 대처해야 할지 알 수 있게 해 주십니다. 성령의 세 번째 사역은 기적적이 치료와 문제해결입니다. 즉 지식이나 노력, 인간의 사랑으로도 해결할 수 없는 문제를 기적적으로 해결하십니다. 기적을 구하되 이해심과 포용력을 지닌 사랑스러운 아내로서의 의무도 잊지 마시기 바랍니다. 자매님의 신앙 실천 위에 하나님의 초자연적인 역사가 임하도록 기도하십시오.

자매님의 남편은 하나님의 내적 치유를 경험하게 되고 아내가 자신을 크게 사랑하고 있다는 것을 깨닫게 될 것입니다. 자매님도 알고 있겠지만 기독교적인 사랑을 '아가페'라고 합니다. 그것은 단순한 감정이 아닙니다. 기독교적인 사랑은 행위로 나타나는 의지이며 타인을 무조건 선대하고자 하는 결단입니다. 이것은 종종 감정적이며 포근한 만족감을 주는 '필리오'로 나타나기도 하지만 이 두 가지 사랑의 개념은 다릅니다. 시간이 지남에 따라 두 분 모두가 아가페와 필리오 안에서 더욱 성숙하게 될 것입니다.

  자매님 남편이 예수님의 치유하심을 믿고 예수님을 구주로 영접하여 성령을 선물로 받게 되면 그때 자매님은 자신과 타인들을 위한 기도에 힘쓰게 되어 더 크고 많은 치유 경험을 하게 될 것입니다.

산골짜기에서 온 편지

크리스천이 가져야 할 노동관

존경하는 대천덕 신부님께.

저는 지방 대학교에 다니는 학생입니다. 성경을 읽고 어느 정도 조금씩 알기 시작하면서 교회의 비성경적, 비신앙적인 모습에 대해 눈뜨게 되었고 거기에는 신앙서적을 읽은 것이 도움이 되었습니다.

그런데 교회의 문제는 잘 발견해도 이 사회의 정치 경제 사회에 관한 문제들을 제대로 분석하지는 못합니다. 그만큼 제가 그에 관한 지식이 결여되었기 때문인 줄 깨닫고 공부를 많이 해야겠다는 필요성을 느끼고 있습니다.

그렇지만 여기에 브레이크가 걸려 저는 지금 성경연구, 공부, 독서 등 학습적 활동에 관한 갈등이 생겼습니다. 왜냐하면 신부님께서 신부님의 글에 항상 '노동하는 마음' '노동의 귀중성' '노동자, 농민에게 복음을 열심히 전해야 하는 필요성', 그러기 위해서는 그들을 가르치는 태도를 지양하고 그들과 같이 수평적으로 하나가 돼야 하는 것 등을 성경 말씀과 인물을 통해서 늘 주장하셨기 때문입니다.

아울러 공부한 사람, 공부하는 것도 부정하지 않으셨습니다. 저의 갈등은 바로 여기에 있습니다. 공부냐, 노동이냐. 사실 저는 신부님의 글을 읽으면서 노동은 중요하며 공부한 자는 교만하기 쉬우며, 공부는 그다지 중요치 않다는 느낌을 솔직히 받았습니다. 신부님, 크리스천은 학문에 관해 어떤 생각을 가져야 하는지를 말씀해 주십시오.

— 양승찬 올림

사랑하는 승찬 형제.

이와 같은 문제를 형제가 깊이 생각하고 질문한 데 대해 고맙게 생각합니다. 요즘의 노동자 세계를 충분히 이해하지는 못하지만 지금도 젊은 시절 내가 노동할 때와 비슷한 점이 많은 것 같습니다.

제 생각은 현대의 노동자들이 8시간 일하고 나면 너무 피곤하여 기도와 성경공부하기가 힘들다는 것입니다.

나의 경험을 비추어 보면 건축 공사장에서 일할 때 비 오는 날과 철강재료가 떨어지는 날은 꼭 쉬었습니다. 쉬는 날은 집에서 책을 많이 볼 수 있는 기회가 되었습니다.

당시 내가 노동을 하면서 공부할 수 있었던 제일 좋은 방법은 바다로 나가는 것이었습니다. 그것은 노동을 통해 몸이 건강해질 수 있었고, 흥미로운 일과 동료 중에 여러 나라를 방문해 본 사람이 많아서 사회 지리 등에 관한 재미있는 얘기를 많이 나눌 수 있었기 때문입니다. 그뿐 아니라 항해할 때마다 책을 읽을 시간이 충분하여 여러 가지 책을 보았습니다.

새벽까지 불침번을 서면 낮에는 일하지만 밤에는 쉴 수 있는 시간이 있어 그 시간을 이용하여 공부하기도 하고, 두 사람이 교대로 키를 잡으면 쉬는 틈을 활용하여 공부를 했습니다. 선원생활을 통하여 대학생활보다 더 많은 것을 배웠으며 하선할 때 그 동안의 봉급을 받아서 학비를 충당했습니다. 선원생활을 하다가 학교에 다니고 다시 선원생활을 하는 등 둘 다 번갈아가며 했습니다.

다른 노동생활은 일하면서 대화할 시간이 별로 없고 일이 끝나면 모두 헤어져 각자 처소로 가 버리지만 선원생활의 또 한 가지 좋은 점은 노동자들이 모여 함께 생활하므로 서로에 관한 이야기를 주고받으며 자연스럽게 예수님 이야기를 하게 돼 전도할 기회가 많았다는 점입니다.

 선원 중 교사 목사 등 다양한 사람들이 서로 가르치고 배울 수 있어 많은 부분이 정리가 되고 도움이 되었습니다. 배를 탈 때는 책을 미리 준비해야 하지만 건축공사장에서 일할 때는 도서관에서 책을 빌릴 수 있어서 돈을 절약할 수 있었습니다.

 승찬 형제, 대학생활 중에 이러한 문제가 부각됨은 혹시 하나님께서 형제에게 노동을 원하시는 것은 아닌지 시험해 보십시오. 형제가 이 사회에 관한 문제를 생각할 때 크리스천은 성경에서부터 출발하여야 함을 인식하고 성경을 대할 때 정치 경제 사회에 관계 있는 구절마다 특별한 색으로 표시하고 기록하여 이 문제에 관한 성경적 입장이 무엇인지 조금씩 알아보면 매우 유익한 연구가 될 것입니다.

 형제가 기본적으로 가져야 할 두 가지 문제는 첫째, 정부와 사회를 향한 하나님의 뜻은 무엇인가, 둘째, 그 뜻을 실행하지 않았을 때 이에 따른 신자 각 개인의 책임은 무엇인가 하는 것입니다.

 간단히 말하면 성경에 기록된 하나님의 사회를 위한 가장 기본적인 법은 희년법입니다. 헤롯이나 가이사 같은 사람이 희년을 선포하지 않을 줄 알고 예수님이 이 땅에 오셨을 때 자원의 희년을 선포했습니다 (눅 4:18).

 오순절 성령세례 이후 교인들끼리 자원의 희년으로 구성된 공동체가 점점 확산되어가자 로마정부가 이를 두려워하여 핍박하는 방법을 취하기보다는 교회에 가입함으로 자원적 희년의 정신을 흐리게 했습니다. 그 후로 교회는 희년 선포를 하지 않았으며 자원적 희년도 거의 없는 지금의 상태에 이르렀습니다. 교회 도처에서 일어나고 있는 성령쇄신운동이 하나님의 뜻대로 실행되기 위해선 다시 한번 곳곳에서 지상천국과 같은 자원의 희년(공동체 또는 다른 방법 등)이 일어나야 하지 않겠나 생각합니다.

　하나님은 노동자에게 관심이 많고 노동은 우리 삶의 기본으로 모든 지식인들의 사무적인 일이 없어진다 해도 인간은 기본적인 육체노동의 삶을 통해 충분히 살아갈 수 있습니다. 산업혁명 이후 기계화가 사람의 노동력에 많은 도움을 주고 있지만 노동 없는 사회가 있을 수 없고 아직까지 사무직 등 인텔리들이 하는 일은 소수이며 과반수 이상의 사람들이 육체노동에 참여하고 있습니다.

　하나님께서 사람을 창조하실 때 일을 하도록 지으셨으므로 육체노동은 건강 유지와도 관계가 있습니다. 육체노동을 하지 않으면 운동으로 건강을 유지해야 하는데 이는 남을 이용하여 잘살게 된 사람들이 노동을 대신하여 하는 것으로 하나님께서 사람을 빚으실 때의 뜻하신 바는 아닙니다. 재미있는 사실은 노동은 합력하는 가운데 선한 결과의 목적을 이루게 되지만 운동은 대부분 이기적 욕심으로 이어지게 된다는 것입니다.

　하나님의 형상으로 만들어진 사람은 창조적이며 건설적이고 생산적인 일을 하지 않으면 건강한 정신을 유지할 수 없습니다. 하지만 부패한 현대사회에서는 할 수만 있으면 스스로 일하지 않고 남을 이용하여 살려는 그릇된 마음이 아주 강합니다. 로마제국도 초기에는 그러한 잘못된 정신과 풍조가 만연, 마침내 부패하여 멸망하게 되었습니다.

　현대에는 이와 같은 정신을 가진 나라들이 많이 있습니다. 사회의 기초는 노동입니다. 대부분의 노동자는 남을 이용하려는 태도가 별로 없고 자신의 노력으로 성취한 것에 대하여 만족과 기쁨을 누리는 건강한 정신과 자긍심을 갖고 있습니다. 물론 많은 사람들이 대학에서 좋은 기술을 배워 사회에 건설적이고 창조적인 일을 하므로 다 남을 이용하는 것은 아닙니다.

경제공황이 생길 땐 고액의 사무직 봉급자들은 갑자기 실직할 우려가 많으나 목수 선원 등의 기술자는 그래도 나름대로 살 수 있는 가능성이 있습니다. 실제로 지금 미국에서는 심각한 경제공황의 위기를 맞기 시작했고 하루에 2천6백 명의 사무직 근로자가 실직당하고 있는 형편입니다.

물론 대공황이 생길 때 누가 실업자가 될지 알 수 없는 일이지만 그럴 경우를 대비해서라도 가능하다면 각자가 생활에 기본적으로 필요한 기술은 배워두는 것이 좋다고 생각합니다.

크리스천이 학문을 함에 있어서도 우선적으로 분별해야 할 두 가지 입장이 있다고 봅니다. 학원에 몸을 담고 학문의 지속적인 연구와 정진을 통해 하나님의 맡기신 일을 이루어야 할 것인지 아니면 노동의 삶을 기본적으로 하는 가운데 성령의 인도하심을 받아 도서관의 자료를 활용하는 등의 방법으로 스스로 공부해야 하는지 분별해야 합니다.

학문은 폭넓은 정신을 소유하게 하고 생활을 여러 모로 풍성하게 할 수 있습니다. 하나님의 사명을 깊이 생각하여 하고자 하는 일에 있어서 졸업장이 정말 필요한지 아닌지 확인해야 합니다.

일반대학에 진학하여 공부할 경우 일정한 배움을 마치기까지에는 4년이라는 많은 시간이 소요되고, 많은 경우 하나님을 대적하여 높아진 인본주의적 사상과 이론을 배움으로 진리에서 벗어나게 될 뿐 아니라 이로 인하여 많은 혼란을 당하게 됩니다. 나중에 이렇게 잘못된 것을 바로 잡으려면 더 많은 수고가 필요합니다.

인간의 지각 능력에 대하여 다음과 같이 말한 빌 고타드의 견해는 우리에게 좋은 참고가 됩니다.

"하나님께서는 인간에게 놀라운 지각 능력을 주셨으면서도 제한을 둔 것은 우리가 지각을 이용하여 악을 연구하지 않도록 하신 것이다

(롬 16:19 참조).

　오늘날 잘못된 지식인들이 모든 악을 자세히 연구하기 위해 두뇌를 사용할 권리가 있다고 강조하고 또 그렇게 노력 중이나 하나님과 같이 되어 선악을 알겠다는 것은 사탄의 말이다(창 3:5 참조).

　하나님은 우리의 머리나 체험을 통해 선악을 알게 하려는 것이 아니라 우리가 영으로 선악을 분별하기를 원하신다.

　세상 지혜에 능한 사람은 자신의 지각 능력으로 진리를 판단하려 하나 영적인 사람은 성령의 인도하심 그리고 자신의 영과 성경과의 조화로 진리를 판단한다.

　각 사람은 생활 중에 지각과 영 어느 것이 중요한지 분별하고 결정해야만 할 때가 올 것이다. 영이 중요하다고 생각하는 사람은 성령이 우리와 함께 하신 줄 알지만 특별히 머리가 똑똑한 사람은 지각을 영 아래 복종시키기가 더 어렵다.

　바울은 세상에 지혜 있는 자가 많지 아니하며 능한 자가 많지 않으나 영으로 능한 자가 되기 위해서는 헛된 지식이 들어오지 못하게 담을 쌓아야 한다고 우리에게 권면한다(고전 1:26~31 참조).

　영으로 사는 사람은 어리석은 사람 안에 있는 지식이 헛된 것인 줄 알아 그러한 사람 곁에서 떠나라고 성경은 말하고 있다(잠 14:7 참조).

　철학과 헛된 속임수는 사람의 유전과 세상의 초등학문에서 나온 것으로 이와 같은 것은 그리스도를 좇는 일이 아님을 분명히 하고 있다(골 2:8 참조)."

　승찬 형제, 크리스천의 학문과 노동에 대해 진지하게 생각하고 연구하고자 하는 형제의 태도를 기쁘게 생각합니다. 하나님께서 승찬 형제를 축복해 주시기를 원하며 형제의 학문과 노동의 삶에 주님이 함께 하시기를 기도합니다.

주님은 때로 변장한 모습으로 다가옵니다

존경하는 대천덕 신부님.

제 질문은 우리가 사람을 대할 때 미소를 짓는다는 것이 어떤 유익이 있느냐는 것입니다. 예를 들어 내가 호텔이나 레스토랑과 같은 곳에 갔다고 가정합시다.

그곳에서 나는 귀빈대접을 받을 것입니다. 종업원들은 내게 다가와서 갖은 친절을 베풀 것입니다. 그들은 마치 나를 아주 중요한 사람인 것처럼 대접할 것입니다. 식사를 마친 후 나갈 때 종업원들이 큰 미소를 지으며 "다음에 또 오세요"라고 말할 것입니다.

이와 같은 친절은 상업적인 직업에서는 흔히 일어나는 행위입니다. 그들은 돈을 벌기 위해서 나를 필요로 할 뿐이고 그들의 직업을 계속 유지하기 위해서 내가 다시 오기를 바랄 뿐입니다. 이것은 전혀 놀랄 만한 행위가 아니며 누구든지 이같이 대접을 받으면 즐겁지 않을 수 없을 것입니다.

제 질문은 제가 기독교 단체에서 운영하는 상점이나 레스토랑에 갔을 때 이와 같은 친절을 발견할 수 없다는 점입니다. 나를 개인적으로 알지 못했을 경우엔 이 같은 미소는 없습니다. 그들은 낯선 사람에 대해선 관심이 없어 보입니다. 그리고 가격도 비기독교인이 운영하는 상업적인 지역에 비해 더 비싸고 내용물도 빈약한 경우가 있습니다. 도대체 왜 이런 현상이 일어나는 것일까요.

— 미소를 원하는 한 자매 올림

사랑하는 자매님께.

자매님은 보지 못하나 저는 이 편지를 쓰면서 미소를 짓고 있습니다. 편지 주셔서 감사합니다. 자매님이 제시한 질문은 저에게 도전이 되었습니다. 저도 이 같은 현상에 대해 의문을 갖고 생각했었는데 자매님께서 제가 이 문제에 대해 심도 있게 생각할 수 있도록 도와 주신 셈입니다.

제 마음속에 떠오르는 첫 번째 말은 주님의 말씀입니다. "이 세대의 아들들이 자기 시대에 있어서는 빛의 아들들보다 더 지혜로움이니라"(눅 16:8).

돈을 사랑하는 사람들은 예수를 사랑하는 사람들보다 더 지혜롭습니다. 왜 그럴까요? 돈을 사랑하게 되면 돈을 벌기 위해 매우 열성적이 됩니다. 또한 어느 정도의 돈을 벌게 되면 더 많은 돈을 벌기 위해 더 열심히 일합니다. 손님들에게 친절하게 대하는 것이 돈을 버는 길이라면 사람들은 손님들에게 친절하게 대하려고 노력할 것입니다. 이에 대한 결과는 금방 나타납니다. 당신의 사업이 흥하든지 망하든지 할 것입니다. 빛의 자녀들은 예수님께서 말하셨듯이 그리스도를 위해 사는 사람들입니다. 우리들은 이 세대 자녀들보다 더 현명하고 더 친절하며 더 따뜻해야만 합니다. 그런데 왜 그렇게 되지 못할까요.

첫 번째 이유는 우리가 다른 것에 너무 골똘해 있기 때문에 이 같은 특별한 문제에 대해 신경을 쓸 시간이 없다는 점입니다. 크리스천들은 마치 관공서에서 일하는 사람들처럼 보입니다. 관공서에서 일하는 사람들의 모습은 어떤 것입니까. 그들은 자신들을 찾아오는 손님에게 친절하건 말건 그들의 고정된 보수를 받습니다. 또한 그들의 직업은 그들이 당연히 섬겨야 되는 시민들에 관계 없이 그들의 상사에 의해 보장됩니다. 그들은 자신들을 찾아오는 손님(시민)을 귀찮은 듯 여깁니다. 이것이 바로 관료적인 습성입니다. 저는 크리스천 상인들이(특별히 크리스천 기관에서 상업하는 사람들) 이와 같은 관료적 습성을 키워오지 않았나 생각됩니다.

문제는 크리스천들이 이와 같이 자연적이 돼서는 안 된다는 것입니다. 자연적(natural)이 된다는 것은, 또 보통으로(normal) 된다는 것은 세상적으로 되어지는 것을 의미하며 이는 이기적이고 죄된 습성을 뜻합니다. 이것은 성령의 역사 없이 자연적으로 작동하는 것을 의미합니다. 예수님은 우리가 거듭날 수 있도록 우리를 위해 죽으셨습니다. 이 말은 우리가 자연적이 아닌 또는 보통이 아닌 그 이상의 존재로 될 수 있다는 것을 뜻합니다. 크리스천들은 보통 이상으로 친절해야 하며 보통 이상으로 남을 사랑해야 하며 또한 자연적인 것 이상으로 자신의 시간과 돈과 공간을 기꺼이 나눌 수 있어야만 합니다. 그러나 얼마나 많은 사람들이 이러한 사실을 잊고 있는지 모릅니다.

저는 친절하지 않은 크리스천들은 거듭난 크리스천이 아니라고 말하고 있는 것은 아닙니다. 우리는 방금 태어난 아이가 아이 부모집에 찾아온 모든 사람들에게 미소를 지으며 "여기 오신 것을 환영합니다. 다음에 또 오십시오."라고 말하는 것을 기대하지는 않습니다. 어린아이는 성장하며 훈련을 받아야만 합니다. 교회에서 우리들은 종종 거듭난 것은 출발이지 최종목표는 아니라는 사실을 잊으며 생활하고 있습니다. 어린이가 없는 집안은 아이를 갖는 것이 최종목표입니다. 그러나 어린아이가 태어나면 부모들은 새로운 목표를 설정합니다. 새로운 목표란 태어난 어린아이가 잘 자라는 것입니다. 부모들은 어린아이들이 건강하게 자라기를 원합니다.

오늘날 많은 교회들은 거듭난 크리스천들이 성령의 열매가 아닌 성령의 은사를 가져야 한다고 지나치게 강조합니다. 물론 이러한 태도는 옳은 것입니다. 그러나 우리는 성령의 선물은 거듭 태어나는 것 또는 은혜 안에서 성장하는 것과는 무관하다는 사실을 알아야만 합니다.

예수는 귀신을 쫓아내며 병을 고치는 등 놀라운 이적을 행하는 사람들이 있을 것이나 자신과는 전혀 관계가 없다고 마태복음 7장 22절에서 23절까지 분명히 경고하고 있습니다. 이것은 그들이 그들 안에 성령을 받아들이지 않았을 뿐더러 성령이 그들 위에 임하지도 않았다는 사실을 의미합니다. 그들은 단지 능력으로 무장되어 있을 뿐입니다(눅 24:49). 그들은 하나님의 영을 갖고 있지 않으며 그리스도가 그 안에 내재하고 있지 않은 사람입니다(요 14:17; 요일 3:24, 4:12, 15).

우리는 새로 태어난 크리스천들이 성경 말씀대로 양육되고 있는지 기도와 전도에 힘쓰고 있는지 사랑 안에서 성장하고 있는지에 대해 깊은 관심을 갖고 있어야만 합니다.

돈을 사랑하는 사람은 그가 아무리 피곤해도 손님을 향해 억지로라도 미소를 짓습니다. 그리고 손님이 한 사람이라도 더 오는 것을 즐거워하는데 그것은 그만큼 돈이 더 굴러오기 때문입니다. 하나님을 사랑하는 사람은 손님들에게 더 관심을 갖고 신경을 써야 하는데 그 이유는 그러한 행위가 곧 주님을 섬기는 것을 뜻하기 때뮤입니다.

내가 과로로 몹시 피곤해 있을 때 손님들이 나의 시중을 원하는 경우 미소를 짓거나 친절하게 행동하는 것이 결코 쉽지는 않습니다. 그러나 그 손님이 예수님이라고 가정해 봅시다. 금방 피곤을 잊을 것입니다. 나는 그를 시중하는 데 온 신경을 다 쏟을 것입니다. "주님, 제가 무엇을 도와 드릴까요? 주님이 여기 계시니 정말 기쁩니다. 제가 당신을 도와 드릴 수 있는 방법을 가르쳐 주세요. 제가 할 수 있는 일이 무엇이겠습니까?"

나의 문제는 예수님이 변장을 하고 온다는 사실입니다. 그분은 나에게 이미 오래 전에 왔었다고 말씀하실 것입니다. 그러나 나는 그분이 말씀한 것을 자주 잊어 버립니다. "지극히 작은 자 하나에게 한 것이 곧 내게 한 것이니라"(마 25:40). 나는 주님에게 다음과 같이 의문을 제기할 것입니다. "주님은 내게 너무 많은 것을 요구하십니다. 제가 어떻게 주님 대하듯 모든 사람들을 일일이 대할 수 있겠습니까?" 여기에 대한 주님의 대답은 "내가 보내 준 성령이 너희 안에 내재하사 너희에게 초자연적인 사랑의 힘을 주실 것이다."는 말씀입니다.

우리 크리스천들이 세상 사람들의 수준에도 못미칠 정도로 친절하지 못할 경우는 우리가 성령을 우리 안에 내재시키지 않고 또한 우리를 통해 사랑의 힘을 발휘하도록 허락하지 않기 때문입니다. 내가 웃음을 잃거나 친절하지 못하거나 또는 내 사업에 지나치게 신경을 써 힘이 쇠약해졌다면 그것은 내가 성령이 내 안에서 역사하도록 기회를 제공하지 않았기 때문입니다. 만약 성령이 내 안에서 역사하시도록 한다면 그는 내가 다른 사람을 사랑하도록 도울 것입니다. 그는 나로 하여금 크리스천은 물론 믿지 않는 사람들에게도 친절을 베풀도록 이끌 것입니다. 그는 내가 나의 시간과 돈과 공간을 나눌 수 있도록 유도할 것입니다.

나는 내 자신에게 다음과 같은 질문을 던질지 모릅니다. "그러나 혹시 지나친 과로로 내가 쓰러지지는 않을까요? 내가 그렇게까지 많은 투자를 해야만 합니까? 혹시 그러다가 심장병이라도 생기지 않을까요?" 주님은 이 질문에도 대답을 갖고 계십니다.

첫 번째 대답은 "너는 나를 위해 죽기까지 맹세하지 않았느냐. 그런데 나의 형제 중에서 지극히 작은 자를 위해 희생할 수는 없느냐. 사람들이 너에게 왜 그렇게 어리석게 열심히 일하는지 모르겠다고 말할지도 모른다. 그러나 세상 사람들의 말을 들을 것인지 아니면 나의 말을 들을 것인지, 어느 것이 현명한지 판단해 보아라."

두 번째 대답은 다음과 같습니다. "내가 너에게 나의 성령을 줬을 때 그 성령의 은사에는 힘과 활력소 그리고 기적을 행하는 일과 지혜가 포함되어 있다. 나는 기적을 행해 사람들이 너에게서 떠나도록 할 수 있다. 나는 너에게 새로운 힘을 줄 수가 있다. 그러나 모든 것을 나에게 맡겨야만 한다. 네가 스스로의 힘으로 문제를 풀고 내가 푸는 것을 믿지 못하면 나는 그 문제에서 손을 뗄 것이며 자연적으로 굴러가도록 방임할 것이며 그렇게 되면 너는 곤경에 빠질 것이다. 네가 만약 그것을 나에게 맡기면 나는 초자연적이고도 놀라운 방법으로 문제를 해결할 것이다.

너는 나를 믿고 있다고 말할지 모르겠다. 그러나 나를 믿는다는 것이 곧 나를 신뢰한다는 것을 뜻한다는 사실을 깨닫지 못하느냐. 내가 너의 문제를 풀어 줄 수 있도록 나를 신뢰할 수 없느냐. 너는 나를 구세주라고 부른다. 이 말은 문제의 해결사를 뜻한다. 내가 수세기에 걸쳐 수많은 사람들의 문제를 해결한 성경의 사건들을 읽어 보아라. 그것이 내가 구세주라고 불리는 이유이다. 내가 너의 삶에 진정한 구세주가 될 수 있도록 나를 신뢰하거라.

내가 너에게 결코 소모되지 않는 미소를 주고 성령이 너에게 새로운 힘을 공급해 줄 것이다. 성령은 너에게 지혜를 주기 원하신다. 그는 네가 해야 할 일과 그냥 내버려 둬야 할 일을 분간하기를 원하신다. 그러나 네가 나와 너를 동시에 만족시키기를 원한다면 성령은 너에게 지혜를 줄 수 없을 것이며 그 어떤 것도 줄 수 없을 것이다."

자매님의 질문에 대한 대답이 여기에 있습니다. 웃음은 자신에 대해 죽는 것입니다. 오랜 신앙생활을 한 사람 중에서 자신은 죄인이 아니라고 생각하는 사람이 있다면 그 사람은 사탄의 꼬임에 빠져 사탄이 그에게 다음과 같이 속삭이고 있다는 사실을 모르는 사람입니다.

"너는 피곤해 있다. 사람들을(손님) 피곤하게 하지 말아라. 도울 것만 돕고 미소를 짓기 위해 쓸데없이 힘을 낭비하지 말아라. 그는 중요한 사람이 아니다. 그로 하여금 그가 의당히 환영받을 사람이라고 생각하도록 하지 말아라. 그렇게 하면 그는 너에게 더 많은 짐을 안길 것이다."

우리는 이런 소리를 들을 때마다 다시 회개하고 죄를 고백하며 그리스도를 향해 "주여, 제가 잘못했습니다. 저를 용서해 주시고 성령을 다시 보내 주소서."라고 간구해야 합니다.

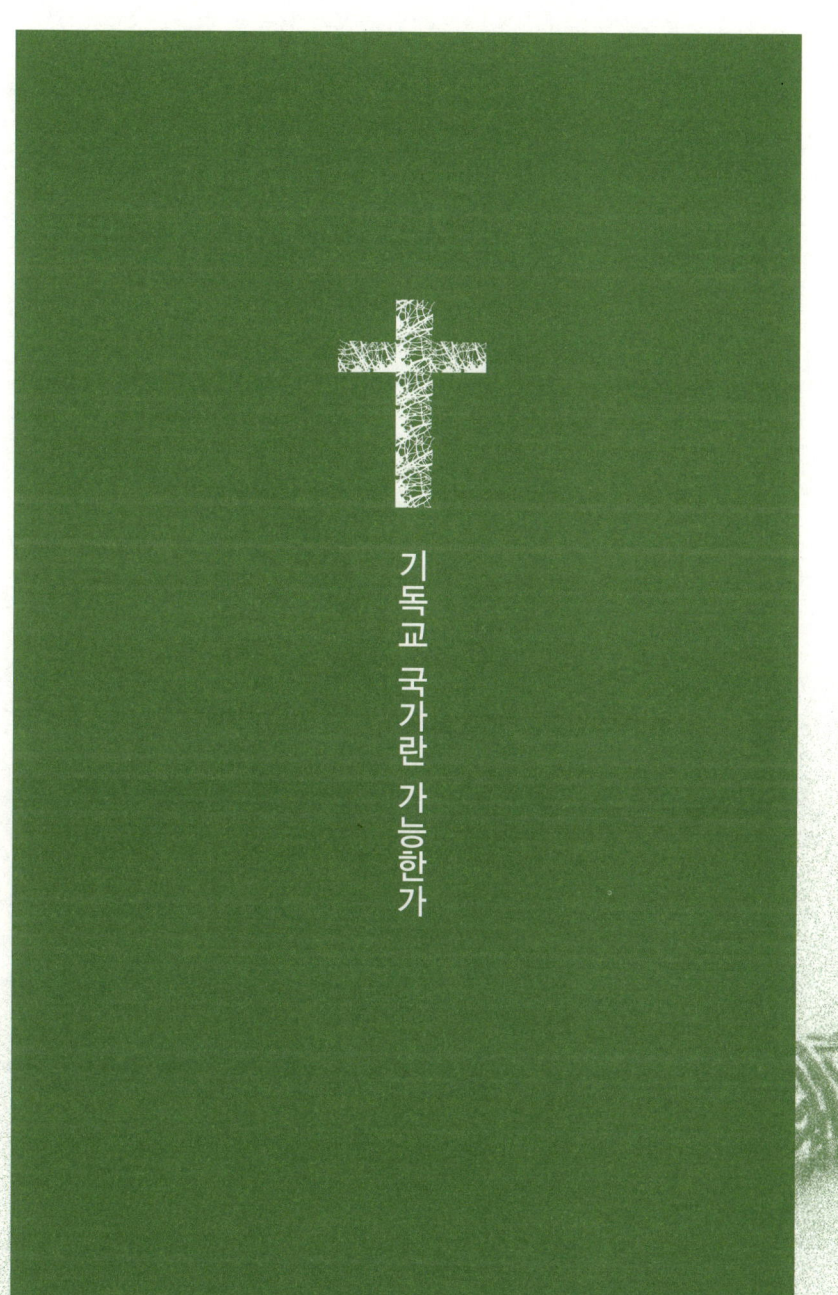

기독교 국가란 가능한가

산골짜기에서 온 편지

세상과 그 법에 대한 우리의 자세

존경하는 대천덕 신부님께.

저는 대학생입니다. 몇 가지 의문점이 있어서 이렇게 편지를 보내게 되었습니다. "네 이웃을 네 몸과 같이 사랑하라."는 예수님의 말씀이 복음서에 기록되어 있습니다. 이 말씀을 '이웃 사랑'이라는 것으로 단순히 읽었고 생활 속에서 희생 봉사 등으로 실천해야 한다고 생각했습니다. 그러나 자기 부인(否認)이 자기 멸시나 자기 학대는 아니라고 생각합니다. 자기 사랑은 어떤 모습일까요?

기독교에서는 사랑을 가장 큰 주제로 삼고 있다고 생각합니다. 그러나 이단이라고 정죄하는 기독교인의 자세와 이단을 추종하는 사람들 그리고 타종교인들에 대한 기독교인들의 사랑실천은 어떠해야 할까요? 기독교의 사랑에도 한계가 있는 것일까요? 아니면 문제의 초점이 사랑과 달리 정의의 문제에 있는 것일까요? 만약 정의의 문제에 국한된 것이라면 하나님 사랑의 영역과 정의의 영역은 분리되는 것이 아닐까요? 요한복음 17장을 읽어 보면 우리는 세상에 있지만 세상에 속하지 않은 존재로 결론을 맺게 됩니다. 세상에 대한 우리의 자세는 어떠해야 할까요?

- 주 안에서 변철우 올림

사랑하는 철우 형제에게.

기독교의 가장 기본적인 사랑에 대하여 형제가 깊이 생각하고 질문함을 감사드립니다. 올바른 자기 사랑은 빌립보서 2장 7절 "오히려 자기를 비어 종의 형체를 가져 사람들과 같이 되었고."라는 말씀에서 출발해야 하며 예수님의 가르침을 이해하기 위해서는 몸소 본을 보이신 그분의 삶을 살펴 봐야 합니다.

예수님은 완전히 무능한 상태인 한 어린 아기로 태어나 천하게 자라면서 장차 많은 사람을 위해 복음을 전하다가 마침내 배반을 당하고 십자가를 지고 죽음까지 겪어야 함을 미리 알고 있었지만 때가 오기까지 가족을 위해 목수일을 하셨습니다. 그 시대에는 로마제국에 대항하는 혁명 세력을 처벌할 때에만 십자가 형틀을 사용했습니다. 예수님이 로마제국을 향하여 직접 대적한 일이 한 가지도 없었지만 그의 전 생애를 통한 일관된 자세는 가이사의 나라와 하나님의 나라가 '하나' 될 수 없음을 보여 주셨고 이는 결국 가이사를 배반하는 일로 간주되어 십자가에 못 박힐 만한 사람으로 주목받게 되었습니다.

예수님의 생애에서 보듯이 자기 사랑은 어떤 면에서는 자기 부인이라고도 볼 수 있습니다. 예수님은 제자들에게 "아무든지 나를 따라오려면 자기를 부인하고 자기 십자가를 지고 나를 쫓으라"(마 16:24)라고 했습니다. 그러나 자기 사랑을 인정하지 못하는 부정적인 의미도 내포할 수 있습니다. 자기 사랑이란 자존심과는 다른 의미로, 무엇보다 자기 사랑하기를 배워야 하고 자기 사랑을 못하면 이웃도 사랑하지 못할 뿐더러 진정한 자기 부인도 할 수 없고 귀하게 여기지도 않으며 언제든지 자기를 부인한다고 말할 수는 있으나 그것은 공허한 소리에 그칠 뿐입니다. 예수님은 먼저 자신이 얼마나 귀한 존재인지 깨달은 사람에게 자기를 부인하라고 명령하십니다.

하나님께서 죄인된 나를 사랑하셔서 탕자가 집에 돌아오기를 간절히 기다리는 아버지의 마음으로 당신의 외아들을 보내셨고, 예수님께서 나를 위해 목숨까지 버리신 그렇게 큰 사랑을 인정할 때에 나 자신을 더욱 사랑할 수 있습니다.

사회적 지위가 높거나 훌륭한 일을 해서가 아니라 내가 하나님의 자녀로서 얼마나 놀라운 가치가 있는 사람인지 깨달아야 합니다. 비록 세상에서 인정을 받지 못한 사람일지라도 하나님께 가치 있는 사람으로서 자신을 소중히 여기는 것이 올바른 태도입니다.

하지만 그만큼 주의 뜻을 이해하고 받아들이며 자신을 인정하기까지는 성령의 도우심을 받아야 합니다. 성령의 도우심이 없으면 심한 열등감에 빠지거나 교만하게 되어 '나'의 존재에 대한 가치를 깨닫지 못하고 인정하지도 못합니다.

자신의 존재에 대해서 성령으로부터 오지 않은 잘못된 가치관을 지닌 채로는 이웃을 올바로 사랑할 수 없습니다. 주님 안에서 나의 존귀함을 깨달으면, 감사하는 마음으로 더욱 유익한 사람이 되도록 노력하게 되고 성령께서 하나님의 뜻을 실행할 능력도 주실 줄 믿고 자신 있게 기쁜 마음으로 일할 수 있습니다. 뿐만 아니라 이웃도 사랑할 수 있게 됩니다.

형제도 알다시피 성경의 사랑은 아가페로서 이는 하나님의 형상과 관계 있는 것으로 일반사회에서 언급하고 있는 사랑과 비슷한 부분이 있기는 하지만 이와는 다릅니다.

하나님께서 사람을 남녀로 창조하신 것은 분명히 남녀의 사랑을 인정하셨다는 것을 의미하며 창세기 1장 27절에 의하며 원래 남녀의 사랑은 하나님의 아가페 사랑과 동일한 것으로 볼 수 있는데 이는 하나님 자신의 형상대로 남녀를 창조하셨다는 사실에 기인합니다.

아담과 하와가 범죄하기 전에 벌거벗었으나 부끄러워하지 않은 것은 더러운 사랑이 없었다는 표시입니다. 선악과를 먹은 후에 이기주의적인 사랑이 생겨서 더럽고 부끄러움을 느껴 몸을 가리면서 하나님의 사랑과 인간의 사랑이 달라지기 시작했습니다.

그렇지만 성경에서 언급하고 있는 친절이나 충성 등과 같은 일반적 사랑의 면모를 볼 때 인간의 사랑이 완전히 부패한 것이 아니라 아직도 하나님의 형상이 부분적으로 남아 있음을 알 수 있습니다. 다시 말하면 아가페 사랑은 이기주의가 없고 감정에 좌우되지 않는 객관주의적인 사랑입니다.

이웃을 생각할 때 객관적이고 냉정하게 이 사람의 유익이 무엇이며 무엇을 필요로 하고 있는지 또 어떻게 그를 섬길 수 있는지 판단한 다음에 지혜롭게 결정하며 행하는 것이 아가페입니다. 물론 지혜롭게 결정하는 힘도 성령께서 주십니다. 만약 이웃을 위해 희생해야 할 때가 이르면 기꺼이 희생자가 되어야 합니다. 자신을 대할 때도 앞에서와 같이 성령의 지혜로 나에게 무엇이 필요하며 나를 위해서 무엇을 할 것인지 판단하고 결정할 수 있습니다. 나를 사랑하는 것과 이웃을 사랑하는 데에 차이는 없으며 나의 편리와 욕심을 생각하지 않는 마큼 나를 부인한다고 말할 수 있습니다.

이상에서 자기 사랑과 이웃 사랑에 대하여 살펴본 바와 같이 아무리 자신과 사상이 틀려도 또 이단을 추종하는 사람이나 타종교인 또는 무신론자에 대해서도 한 인간으로서 사랑하고, 하나님께서 그들도 사랑하셔서 예수님께로 돌아오기를 간절히 기다리고 계심을 알아 그들의 영적 회복과 구원을 위해 울면서 기도하는 정신이 필요합니다. 아무리 사회에서 성공하고 부를 누리며 생활에 대한 문제가 없는 사람일지라도 영적인 문제가 해결되지 않으면 부활의 소망이 없고 따라서 삶의 의미가 없으며 자신과 올바른 관계를 갖지도 못할 뿐만 아니라 이웃과도 바른 사귐을 갖지 못합니다.

참된 사랑은 당면한 그들의 실질적인 문제와 영적인 문제에 함께 관심을 갖고 성령의 지혜로 어느 것이 더 시급하고 어떠한 부분을 내가 다루며 도울 수 있는지 판단을 구해야 합니다. 하나님의 의와 사랑은 구분이 없고 정의가 없는 곳에는 사랑도 없습니다. 야고보서 2장 15절에서 18절을 보면 사랑한다고 하면서 정의 즉 실질적인 문제를 다루지 않으면 그 믿음은 죽은 것이라고 했습니다. 요한일서 2장 4절에서도 하나님을 아노라 하고 그의 계명을 지키지 않으면 거짓말쟁이로 단정받았으며 반드시 정의가 사랑으로 나타나야 함을 알 수 있습니다.

현대교회가 가난한 자에게 먹을 양식을 주어도 성경에 있는 정의를 바르게 가르치지 못할 뿐만 아니라 정의에 관심이 없으면 완전한 사랑이 아닌 반쪽 사랑만을 하는 것이 됩니다.

하나님의 나라와 의는 사람을 통해서 이루어집니다. 간혹 어떤 이들은 정의를 다루느라 너무 분주하여 개인의 실질적인 문제를 간과하고 혹은 영적인 부분까지 무시해 버릴 때가 종종 있습니다. 사탄의 방법은 한 교회는 정의만 부르짖고 또 다른 교회는 구원이나 영생 등의 영적인 부분만 목소리를 높이는 가운데 서로 잘못됐다고 비방하고 싸우도록 만들어서 주의 일을 효과적으로 하지 못하게 하는 것입니다. 이것은 마치 남자가 여자를 보고 "필요 없다." 하고 여자가 남자를 향해 "필요 없다."라고 주장하여 결국은 아기가 태어나지 못하게 되는 것과 마찬가지입니다.

피력한 위의 견해를 토대로 시간이 허락되면 주석을 사용하여 '코스모스(cosmos)'란 단어를 찾아보기 바랍니다.

영어 번역 중에는 '세상'이란 뜻으로 187번, '아름다운 것'이라는 뜻으로 1번 사용되고 있으며, 순서, 질서, 제도 등의 의미가 있습니다. 기본적인 뜻은 '제도'란 말인데 하나님이 만드신 대자연의 제도는 아름답지만 인간이 만든 제도는 아름답지 못하며, 요한복음 17장 16절은 세상이 하나님께 속하지 않았음을 나타내고 있는 구절로 우리 그리스도인은 하나님 나라에 속한 사람이지 이 세상에 속한 사람이 아닙니다.

가령 공산주의자가 자유세계에 살면서 늘 공산화를 위해 여러 모로 힘을 기울이고, 야당에 속한 사람이 차기집권을 위해 계속 기회를 노리는 것과 같이 그리스도인들은 이 땅에 하나님의 나라가 도래하도록 바라는 것입니다. 미국의 닉슨 대통령 보좌관이었던 찰스 콜슨은 세상의 제도인 워터게이트 사건에 연루되어 감옥에 들어갔지만 거기서 예수를 믿고 출옥할 때는 찬송까지 부르며 하나님을 찬양하는 사람이 되었습니다. 그는 대적관계에 있는 하나님의 나라와 세상의 제도에 대하여 하늘나라의 시민권을 가진 자들이 어떻게 분별할 수 있는가 하는 점을 책으로 펴냈습니다.

내가 보기에는 4세기부터 지금까지 교회가 지나치게 세상과 타협하여 정의를 무시하고 그릇된 방법으로 사회문제를 해결하도록 애씀으로 하나님의 영광을 많이 가렸습니다.

이슬람과 공산주의가 생긴 이유도 교회가 공의를 저버리고 세속화하여 가난한 자들을 이용하는 데 직접 참여함으로 비롯된 결과입니다.

교회가 가난한 자들을 위해 복음을 전하지 않자 이슬람과 공산주의가 하나님 안에 뿌리를 두지 않고 포장된 '좋은 소식'을 전파하여 그들의 출발을 가난한 자에게 둠으로써 많은 이들이 여기에 흡수되었고 결국은 복잡한 양상을 야기시켰습니다. 간혹 이 문제를 회개하는 소수의 사람이 있고 때로는 선지자와 같은 목소리를 들을 수도 있지만 교회와 세상제도가 너무나 밀착되어 잘못을 인정하지도 않고 여지껏 이 문제를 두고 교회가 깊이 회개한 일도 없습니다.

요한계시록의 일곱 교회 중 빌라델비아 교회는 세상과 타협하지 않아 핍박을 받았고(계 3:7), 라오디게아 교회는 부요하여 부족한 것이 없다 하였지만 곤고한 것과 가난하고 벌거벗은 것을 알지 못하고 모든 것이 잘 되어가는 줄만 알아 교만한 상태에 있을 때 예수님으로부터 미지근하다는 책망을 듣고 매우 놀랐을 것입니다(계 3:17).

오늘날 지도자들이 높은 학력을 내세워 자신을 드러내거나 좋은 건물과 아름다운 옷을 과시하지만 하나님이 보시기에 벌거벗은 것뿐입니다. 중요한 것은 대개의 유럽 미국 한국의 교회들이 세상을 따라가서가 아니라 세상과 타협함으로 부패한 점입니다. 그러므로 교인이 함께 모여 성령의 지혜를 구하며 하나님의 뜻을 행하려는 마음으로 성경을 연구하고 나누면, 세상에 있으면서 세상의 법 중 무엇을 따라야 하고 무엇을 거부해야 할지 각 경우에 따라 성령께서 분별할 수 있는 힘을 주실 것입니다. 주 안에서 승리하시길 기원합니다.

산골짜기에서 온 편지

기독교 내의 샤머니즘, 어떻게 볼 것인가

존경하는 신부님께.

한국기독교 내에 '샤머니즘적' 요소가 잔재해 있다고 비난을 하는 신학자가 있습니다. 그의 말에 의하면 샤머니즘은 한국의 토착종교로 불교나 유교와 같은 외래종교를 지배해 왔다고 합니다. 이런 현상이 기독교에서도 일어나고 있다는 것입니다. 신부님도 그렇게 생각하십니까? 그렇다면 어떻게 해야 합니까?

— 주 안에서 민영길 올림

사랑하는 민 형제에게.

예수원 형제들 중 한 명이 몇 달 전 서울에서 열린 세미나에 참석한 일이 있는데 그는 형제의 편지 내용과 같은 보고서를 가지고 돌아왔습니다. 우리는 그것에 대해 많은 토론을 했습니다. 이런 일이 기독교 내에서도 일어나고 있는 위험성에 대해 공감은 하지만 비관적으로 보지는 않습니다. 유교와 불교는 그 종교를 뒷받침하는 문화에 의존한 자연철학입니다. 그러한 종교들은 다른 문화권에 전달될 경우 문화를 변화시키는 초자연적 능력이 없으며 오히려 그 문화에 의해 수정이 됩니다. 예수 그리스도는 세상을 이겼습니다. 이것은 그분이 문화의 힘을 극복했다는 뜻입니다.

'문화'란 한 국가의 보편적 환경으로 그 나라 국민의 사고와 습관의 일반적 흐름에 의해 결정되는 것입니다. 사람들이 큰 분열 없이 서로 밀접하게 관련되어 있다면 일관성 있는 문화가 형성됩니다. 어떤 이유에서 외국의 문화를 수용하는 추세가 되거나 혹은 외국의 문화가 순수성을 떨어뜨린다고 인식될 경우(이런 경우는 왕이나 지도자들이 외국과의 무역을 통해 번영을 꾀하려고 할 때 생기는데) 사람들은 외국문화를 최소한 그 상징만으로도 받아들이는 척 하지만 변화되지는 않습니다.

그들은 여전히 같은 정신적 관습을 지닌 같은 사람들인데도 새로운 문화에서는 그들에게 전통적인 의미를 줄 수 있는 용어나 의식의 형태만을 발견하려 합니다. 따라서 새로운 문화는 형식이 아닌 내용면에서 현지에 토착화됩니다.

우리는 '토착화'에 관해 이야기하면서 하나님께서는 모든 나라들이 그분의 보좌 앞에서 경배하며 영광을 돌리기 원하시므로 기독교는 하나님의 영원불변의 진리를 지닌 토착화된 하나의 형태를 가져야 한다고 합니다. 이것은 내용의 변화 없이 형식의 동화를 의미합니다. 이것은 사람들로 하여금 보다 잘 이해하게 하는 좋은 방법일 수 있습니다.

잘못된 토착화는 용어나 형식은 보존하면서 그 본질이 원래의 토착 형태를 따라 동화되는 것입니다. 이것이 유교와 불교에서 일어난 현상입니다. 한국사람들은 겉으로는 유교나 불교의 옷을 입고 있지만 내면적으로는 외국문화가 도입되기 이전의 모습 그대로입니다. 정신적인 관습이 변함 없이 남아 있는 것입니다. 정신적인 관습이란 신학자들이 말하는 '샤머니즘'입니다.

이와 같은 일은 기독교 내에서 기독교의 옷을 입은 사람들(기독교적인 전문용어를 사용하고 기독교적 관습과 의식을 따르는) 사이에 쉽게 생겨납니다. 이들에게 있어 본질적인 변화는 없습니다. 기독교는 사람을 변화시킵니다. 이것이 기독교와 타종교와의 차이점입니다.

이것이 사실이라면 그리고 선지자들과 예수님이 성경에서 가르친 것이 타당성 있는 것이라면 하나님이 원하는 바는 샤머니즘적인 한국인들이 기독교의 옷을 입는 것이 아니라 변화받은 한국인들이 변화의 토대 위에서 형식을 발전시키는 것임을 알 수 있습니다.

우리는 기독교가 전제된 변화는 어떠한 것인지, 샤머니즘의 기본적 태도는 무엇인지 자문해 볼 필요가 있습니다. 샤머니즘에 관한 보편적인 것을 성경에서 찾을 수 있습니까?

성경이 주장하는 인간 내부에서의 변화는 무엇입니까? 한국인의 모습으로 남아 있으면서 이러한 인간 변화가 가능할까요? 이것은 바울이 당시 로마의 기독교인들 주변에 있었던 이교도 문화에 관해 언급한 로마서에 자세히 나와 있습니다. 바울은 로마의 기독교 문화(이것은 한국의 문화보다 훨씬 더 나쁜데)에 대해서만 몇 마디 했을 뿐 그 뒤에는 일체 문화에 대한 언급이 없이 '육신'과 '영' 그리고 '세상'과 '교회' 혹은 '왕국'의 차이에 대해 말하고 있습니다. 그가 세상이라는 표현을 사용할 때 '시대'나 '조직'의 의미로 사용했음을 알 수 있습니다. 이들 용어는 어느 시대 어느 나라에나 다 적용되며 지배문화와 관련되어 있습니다.

서구의 많은 인본주의자들은 마르크스 주의의 붕괴 이후 인간들에게 환멸을 느껴 자연에 관해 더욱 신비감을 갖게 되었습니다. 자연인은 어떤 초자연적인 능력이 있다면 그러한 힘을 자신의 목적을 이루는 수단으로 삼으려 합니다. 반면에 변화받은 사람은 하나님의 도구가 되기 원하며 하나님의 능력이 하나님을 위해 사용되기 원합니다. 이것이 샤머니즘과 기독교의 차이입니다. 샤머니즘의 목적은 개인의 문제해결에 있을 뿐 하나님과는 상관이 없습니다.

불교와 유교는 이타주의와 타인의 문제를 해결할 수 있는 일을 하라고 가르치지만 자연인을 초자연적인 사람으로 변화시키지는 못합니다. 우리는 원래 하나님의 의지에 순종하기를 원하지 않는 성품이 있기 때문에 변화가 필요하다고 인식할 때 기독교가 시작되는 것입니다. 일단 변화받으면 우리의 접근방법은 달라집니다. 기독교적인 의식이나 성경 찬송 기도 등은 하나님을 움직이는 수단이 아니라 우리에게 부여된 하나님의 뜻을 굳게 세우고 성령의 도우심을 통해 자아를 꺾고 하나님의 종(순종의 의미)이 됨을 상기시켜 주는 행위인 것입니다.

크리스천들이 하나님의 뜻대로 사용되기를 기꺼이 바라고 있는지 (경배나 기도 십일조 선행 등을 통해) 아니면 자신이 원하는 바대로 하나님을 조정하려 하는지 의문스러울 것입니다. 그들이 이기적인지 이타적인지 봅시다. 그들이 여전히 이기적이면 변화받지 못한 것이며 육에 속한 자로 기독교에 대한 그들의 열심은 옷만 바꿔 입은 예전의 샤머니즘에 불과합니다.

만일 하나님께 쓰임받기를 기뻐하고 그분을 위해 고난받으며 자기 것을 버리고 자신의 공적을 내세우지 않으며 순수한 사랑과 공감을 가진다면 그 사람은 진정한 크리스천인 것입니다. 크리스천들 중에는 두 부류가 다 있습니다. 하나님은 누가 진정한 그의 백성인지 아십니다.

형제는 엘리야와 바알의 선지자들에 관한 이야기와 엘리야가 홀로 남겨졌을 때 어떻게 불평했는지에 대해 알고 있을 겁니다. 하나님은 그에게 바알과 타협하지 않은 7천 명을 남겨 두었다고 말씀하셨습니다. 바알은 구약의 샤머니즘적 잡신들 중의 하나입니다. 구약을 읽어 보면 얼마나 많은 사람들이 하나님께 쓰임받기 위해 열심을 내었는지 잘 알 수 있습니다. 그들이 여호와의 말씀에 순종하지 않았다면 희생을 요구하는 바알이나 거짓 신들에게 넘어갔을 것입니다.

하나님이 원하는 바를 행한다는 것이 별로 어려운 일이 아니라는 생각은 잘못된 것입니다. 첫 아들도 드리고 거창한 헌물을 드릴 뿐 자아는 여전히 살아 있기 때문입니다. 하나님의 진정한 요구는 자아가 죽고 자신의 십자가를 지는 것입니다. 하나님 스스로 본을 보이셨고 성령을 보내어 우리도 이에 따르도록 하신 것처럼 말입니다(빌 2:4~6).

주요 상징인 십자가는 우리가 자신에 대해 죽고 하나님과 다른 사람에 대해 사는 것을 끊임없이 상기시켜 줍니다. 또한 많은 교회들이 비둘기의 상징을 사용합니다. 이것은 그리스도가 십자가에서 자아(=사탄=죄=육)의 권세를 깨뜨리고 부활 승천하셨으며 우리 안에 '다른 보혜사'를 보내어 우리가 그리스도 안에서 변화되도록 하셨다는 것을 상기시켜 주는 것입니다.

십자가는 하나의 상징에 불과하며 예수님이 모든 대가를 지불했기 때문에 나는 아무런 대가도 치르지 않아도 된다고 생각하는 사람들이 있습니다. 나는 하나님의 뜻을 움직일 수 있고 내 마음대로 살아도 예수님이 이미 나의 죄를 완전히 씻어 주었기 때문에 하나님은 나에게 격노할 이유가 없다고 생각합니다.

　이것이 바로 샤머니즘입니다. 예수님은 "네 십자가를 지라."라고 분명히 말씀하셨습니다. "나의 십자가를 지라."라고 하시지 않았습니다. 우리는 죽어야 합니다. 예수님은 스스로 본을 보이셨고 무죄한 분이셨기에 길을 열어 놓을 수 있었습니다. 우리는 따라갈 수 있습니다. 육신의 생각이 죽고 하나님과 남을 위한 삶을 살 수 있습니다.

　기독교의 형식면에서 살펴 봅시다. 찬송 기도 설교를 보면 샤머니즘적인지 기독교적인지 알 수 있습니다. 요한복음 7장 17절을 보면 사람이(자신의 뜻에 하나님의 뜻을 맞추는 것이 아니라) 하나님의 뜻을 행하려 하면 이 교훈이 하나님께로서 왔는지 아니면 기독교의 가면을 쓴 샤머니즘에서 나온 것인지 알 수 있다고 했습니다. 이것은 교리의 문제가 아닌 행위의 문제입니다. 야고보는 행함이 없는 믿음은 죽은 것이라고 했습니다. 신성한 교리에 대해 자부심을 갖고 교리가 하나님을 조정할 능력을 준다고 생각하는 것이 샤머니즘입니다.

　법은 필요 없으며 모든 문제가 특정한 뇌물 따위로 해결된다는 생각도 샤머니즘의 또 다른 면입니다. 유일하신 하나님이 존재를 믿는다면 그분이 창조자이면서 동시에 입법자이심을 믿어야 합니다. 시편 119편은 여호와의 법과 그분의 뜻과 말씀 증거 규례를 가르치며, 하나님에 대한 장엄한 찬양으로 가득 차 있습니다. 신약은 또한 여호와의 법이 우리 마음에 새겨지고 우리가 하나님의 뜻과 법에 따라 살도록 인도하는 오순절날 임하신 성령에 대해 말씀하고 있습니다.

　샤머니즘은 불변의 법에 대한 인식이 없습니다. 이것은 바위 샘 나무 동굴 등에 영이 깃들어 있다는 정령숭배사상에서 출발합니다. 모든 잡신들은 특정한 헌물에 의해 달라집니다. 영들의 규모나 세력이 커지면 헌물도 자연히 많아집니다. 이러한 생각 때문에 가장 큰 하나님을 조정하기 위해서 가장 큰 예수 그리스도를 희생제물로 삼으려 하는 것입니다. 즉 그분을 뇌물로 삼으려는 것입니다.

샤머니즘 문화는 법에 기초한 국가를 건설할 수 없습니다. 모든 사람들은 좋은 성적을 얻기 위해, 속도위반 딱지를 떼이지 않기 위해, 토지 매입을 위해, 노동자를 착취하기 위해, 뇌물을 사용한다고 생각합니다. 비용이 많이 드는 병원일수록 효과도 더 클 것이라는 생각에 금식과 기도를 많이 할수록 기도응답 또한 클 것이라고 생각합니다. 이것은 하나님의 능력이 어떠한 것인지에 대해 관심의 초점이 있는 것이 아니라 내가 얼마나 열심히 기도하느냐 하는 내 노력에만 관심이 있을 뿐입니다.

사람들은 하나님이 능력자시라는 것을 알고는 있습니다. 문제는 그 능력을 누가 크게 받았는지를 알고 자신을 위해 많은 기도를 해 주도록 그에게 선물을 제공하는 일입니다. 이것이 샤머니즘이며 과학과 합법적인 정부제도를 파괴하는 행위인 것입니다. 정당 후보들이 그들의 정당보다는 자신들에게 관심을 집중시키려는 경향도 이 같은 생각의 표현이 아닐까 합니다. "나는 능력이 있는 사람입니다. 나를 찍어 주십시오. 나는 당신들을 위해서 법을 조정하겠습니다."

샤머니즘은 지극히 개인적입니다. 신에게 헌물을 바치는 이유는 순전히 복을 받기 위해서입니다. 성경의 핵심은 공동체입니다. 구약에서 하나님의 백성은 이스라엘입니다. 신약에서도 새로운 이스라엘인 그리스도의 몸 즉, 코이노니아가 하나님의 백성입니다. 코이노니아라는 말은 그리스어로 형제나 자매, 남편과 아내, 동업자, 심지어 약한 자들을 위해 자신의 삶을 헌신하는 것입니다.

진정한 그리스도의 제자라면 내 의지를 꺾고 하나님의 뜻에 순종하고자 하는 열심을 갖게 되고, 하나님의 뜻은 공동체 즉, 코이노니아에 있다는 것을 발견하게 됩니다. 하나님과 남을 위해 살아야 합니다. 육적인 것은 이기적이며 영적인 것은 코이노니아입니다. 그리스도의 증거를 갖고 그분을 체험함으로 코이노니아를 이루게 됩니다. 이것이 천국입니다. 우리의 삶은 천국을 위한 것이며 우리 자신을 위한 것이 아닙니다. 우리는 천국시민으로서 그 나라를 향한 우리의 목표는 모든 사람들이 그리스도를 영접하고 성령을 받아 변화되어 하나님의 뜻이 하늘에서 이루어지도록 함께 나아가는 것입니다.

기독교 국가란 가능한가

존경하는 대천덕 신부님께.

저는 때때로 성경에서 해답을 찾고 나서 왜 곧바로 이해하지 못했는지 의아해 하곤 합니다. 우리가 갖는 의문에 대한 해답이 성경에 다 나와 있다는 것이 놀랍습니다. 성령이 우리를 모든 진리 가운데로 인도하시리라는 요한복음 16장 13절 말씀을 저는 믿습니다.

저는 시편 94편 20절에서 21절까지의 말씀인 "율례를 빙자하고 잔해를 도모하는 악한 재판장이 어찌 주와 교제하리이까 저희가 모여 의인의 영혼을 치려 하며 무죄자를 정죄하여 피를 흘리려 하나."를 읽으면서 여러 가지 생각을 했습니다. 소위 하나님을 믿는다는 나라가 악법을 제정한다면 이교도국가보다도 훨씬 악한 나라가 되지 않겠습니까? 이것은 하나님의 이름을 더럽히는 행위라고 봅니다. 기독교 국가가 정말 있을 수 있는지 우리 나라가 그렇게 될 수 있도록 기도하면 되는지 알고 싶습니다. 역사적으로 많은 기독교 국가들이 존재해 왔습니다. 그러한 나라들의 역사적인 기록들을 보면 오히려 불신자들이 우리를 향해 다음과 같은 말을 던질 때 그 말을 합리화시키기에 충분하다고 생각됩니다. "그것이 네가 섬기는 하나님의 모습이라면 나는 크리스천이 되고 싶지 않다!" 한국을 위해서 어떻게 기도해야 하며 진정한 기독교 국가가 될 수 있기 위해서는 어떻게 해야 합니까?

— 주 안에서 손지원 올림

사랑하는 손 형제에게.

시편 94편은 형제의 질문 내용에 아주 적합한 인용이라고 봅니다. 이것이 바로 바알주의입니다. 율례를 빙자하고 잔해를 도모하는 행위, 이것이 세상의 의회와 국회에서 하는 일입니다. 온갖 종류의 법적인 악형, 특히 가난한 자와 고와와 과부와 이방인들과 힘 없는 사람들을 법적인 수단을 이용하여 착취하는 행위를 일삼고 있는 것입니다. 하지만 하나님은 가진 자에게 반드시 보응하시는 분이라고 시편에서 말하고 있습니다. 우리가 겪는 고난이 아무리 크다 해도 그것을 우리 손으로 해결해서는 안됩니다.

이스라엘 민족은 스스로를 일컬어 여호와를 경외하는 민족이라고 말했습니다. 그러나 선지자들은 이스라엘이 오므리의 법과 아합의 법을 추종함으로 인해 끊임없이 그들을 정죄해야만 했습니다.

나봇의 포도원에 대한 이야기를 읽어 보면 모세의 토지법(레위기 25장을 비롯해 다른 여러 구절들에도 나옵니다)에 정면으로 도전하는 '악한 행위'를 볼 수 있습니다. 오늘날 소위 기독교 국가라고 일컬어지는 나라들의 대부분이 주님의 법이 아닌 바알의 법을 따르고 있습니다.

역사에 기록된 국가들에 대한 형제의 견해는 옳다고 봅니다. 이것이 가난한 사람들 특히 토지가 없는 사람들에 대한 크리스천 정부의 착취이며 회교와 공산주의의 원리입니다.

최근에 역사서를 다시 보게 되었는데 기독교의 성립 이후 1천 년 동안 일어난 주요 사건들을 보고 놀라움을 느꼈습니다. 콘스탄틴이 기독교로 개종한 이후 수도를 로마에서 콘스탄티노플로 옮긴 내용을 읽었습니다.

거의 천 년 동안 그의 후계자들은 거창한 크리스천 문화를 세우고 세계적으로 유명한 교회 건물을 건축하고 신학을 후원하는 등 여러 모로 완벽한 크리스천인 것처럼 행동했습니다.

오늘날 대부분의 사람들은 그 시대를 '비잔틴'이라고 부르며 이것은 동유럽의 기독교입니다. 그러나 황제들은 스스로를 로마인으로 콘스탄티노플을 신성로마로 여겼습니다. 모든 조직 자체가 로마가 카르타고(아합의 장인이 세운 植民市)에서 배운 바알의 법에 따라 가난한 사람들에 대한 착취를 기본 바탕으로 하고 있었습니다. 하나님과 예수 그리스도의 이름만 불렀을 뿐 그분의 진지한 가르침을 진정으로 받아들일 생각은 전혀 없었습니다.

당시 신학자들은 구약이나 산상설교를 왜곡하기 위해서 무슨 짓이든 다했습니다. 그들의 말은 경건했으나 그들의 행위는 정반대였습니다. 국제무역이 활발하던 시기였음에도 선교활동은 전혀 없었고 오순절 이후 1천4백 년 가량 지난 후에야 겨우 1백 명에 한 명꼴로 성서적인 올바른 기준을 가진 진정한 크리스천이 나오기 시작했습니다.

사도 바울 역시 당시 사람들에게서 위와 같은 현상을 보았습니다. 이러한 현상은 솔로몬 시대부터 예수 그리스도 시대까지 존재해 왔기 때문입니다(솔로몬이 성전을 봉헌하고 하나님이 그분의 이름과 영광을 그곳에 두실 때부터(대하 5장) 성전의 장막이 찢어지고 예수님의 십자가 사건과 부활로 인하여 새로운 영적 성전이 이루어질 때까지가 정확히 1천 년이라는 것이 또한 흥미롭습니다).

바울은 이사야와 에스겔의 말을 인용하여 다음과 같이 말했습니다. "율법을 자랑하는 네가 율법을 범함으로 하나님을 욕되게 하느냐 기록된 바와 같이 하나님의 이름이 너희로 인하여 이방인 중에서 모독을 받는도다"(롬 2:23~24).

그는 이사야 52장 5절에서 하나님은 이스라엘 관리에게 억압받는 그분의 백성을 보호하신다는 것을 염두에 두었습니다. "여호와께서 말씀하시되 내 백성이 까닭 없이 잡혀갔으니 내가 여기서 어떻게 할꼬 여호와께서 말씀하시되 그들을 관할하는 자들이 떠들며 내 이름을 항상 종일 더럽히도다."

우리는 이와 같은 현상을 오늘날 교회가 있는 모든 국가에서 볼 수 있습니다. 무조건 통과되는 악법과 법정이나 공공기관에서 행해지는 차별과 교회의 침묵에 대해 일반사람들도 분노하고 있습니다. 국교회를 비롯한 거의 모든 기성 교단의 교회 출석률은 점점 떨어지고 이제 사람들은 유럽이 동남아시아나 북아프리카처럼 선교 대상지역이 되었다고 말합니다.

사도 바울은 하나님의 백성들의 행동이 이방국가들로 하여금 하나님의 이름을 모독하도록 만들었다는 에스겔의 말을 염두에 두었습니다. "그런즉 인자야 이스라엘 족속에게 고하여 이르기를 주 여호와의 말씀에 너희 열조가 또 내게 범죄하여 나를 욕되게 하였으니라"(겔 20:27, 36:20~23 참조).

하나님께서는 이교도의 손에 의해 이스라엘 성전은 물론 나라까지도 멸망시키셨습니다. 이것은 그분의 이름이 이스라엘 민족의 사악한 법과 행위에 의해 더럽힘을 입었기 때문입니다.

그분은 로마에도 이와 같이 행하셨습니다. 예수 그리스도께서 십자가에 못 박히신 지 1천 년이 지나 마지막 로마 황제 바실 2세가 죽자 하나님은 그의 백성을 비잔틴 문화가 전복시킨 터키와 사라센으로 보냈습니다. 그 후 교회들은 회교사원으로 변했습니다. 바실 이후 무능한 황제들은 서유럽의 크리스천들을 불러 피의 '십자군'을 결성해 회교국가를 치게 함으로써 그리스도의 관용의 사랑마저 저버렸습니다.

서유럽은 기독교 국가이면서도 교회가 정부의 도구로 쓰이는 모순에 빠져 영적 암흑상태가 되었습니다.

유럽의 거의 모든 국가들에는 국립교회가 있습니다. 베드로는 죽기 전 이러한 상태를 예상하고 다음과 같이 말했습니다. "여럿이 저희 호색하는 것을 좇으리니 이로 인하여 진리의 도가 훼방을 받을 것이요"(벧후 2:2).

로마제국의 분열 이후 많은 크리스천 제국들이 부상했으나 세상적 욕구를 버리고 사는 평범한 크리스천인, 즉 '남은 백성'(이사야서에 자주 언급된)들이 있었습니다. 그들 중 많은 사람들이 알려지지 않은 사람들입니다. 잘 알려진 사람들은 4세기경 동방의 안토니 파코미우스, 바실, 5세기경 서방의 페트릭과 데이비드, 6세기경 콜럼바와 베네딕트 등이 있습니다.

십자군 몰락 이후에 가서야 새로운 선교활동이 프란시스와 도미니크의 제자들 사이에서 일어났습니다. 그들은 맨발로 돈 한푼 없이 예수 그리스도의 말씀을 진지하게 갖고 나아갔습니다.

"가면서 전파하여 말하되 천국이 가까왔다 하고 병든 자를 고치며 죽은 자를 살리며 문둥이를 깨끗하게 하며 귀신을 쫓아내되 너희가 거저 받았으니 거저 주어라 너희 전대에 금이나 은이나 동이나 가지지 말고 여행을 위하여 주머니나 두 벌 옷이나 신이나 지팡이를 가지지 말라 이는 일꾼이 저 먹을 것 받는 것이 마땅함이니라"(마 10:7~10).

이러한 활동을 통해 유럽 전역에 기독교 부흥이 일어나고 세계선교 또한 활기를 띠게 되었습니다.

국교회들도 선교사들을 파송했으나 이들은 너무 빈번하게 신제국주의의 도구 노릇을 했습니다. 선교사들과 정부와의 결탁은 하나님의 이름을 이방 가운데 더럽혀지게 했습니다. 그들의 정부는 정적들의 공격과 토지와 금에 대한 탐욕에 쫓겨 많은 나라의 '이교도 족속'들에게 상상조차 어려운 잔혹행위를 저질렀습니다. 크리스토퍼 콜럼버스와 마르코 폴로와 같은 위대한 탐험가도 새로운 무역항로를 열고 미지의 땅에 복음을 전하고자 하는 마음으로 탐험해 나갔지만 거듭나지 못한 동업자들과 탐욕에 눈이 먼 정부에 의해 그들의 일이 수포로 돌아감을 맛보아야 했습니다. 그럼에도 불구하고 성경과 기도의 능력 그리고 만인에게 그리스도 예수를 증거할 필요성을 절대 확신하는 '남은 백성'들은 진리의 복음을 전하는 길을 계속 걸어 나갔습니다. 그들은 개인별로 혹은 국교회와 상관없이 소규모의 선교단체를 구성해서 활동했습니다. '독립적'이기는 하지만 너무 조직화되고 관료적인 교파와도 별도로 선교활동을 했습니다.

가난한 제화공이었던 윌리엄 캐리는 몇몇 동역자들과 함께 작은 선교단체를 조직하여 최초로 힌두교인을 그리스도 예수께로 인도하였으며 많은 분량의 기독교 책자를 발간하고 산스크리트어의 권위자이며 뱅갈언어 교수로서(그의 월급은 모두 선교공동회에게 돌아갔습니다) 영국의 동인도 회사가 자국의 통제력을 총동원하여 인도인들을 탄압하던 때에도 지속적이고도 효과적인 선교의 기초를 놓았습니다.

솔로몬의 이스라엘이나 콘스탄틴의 로마 혹은 오늘날 소위 교회가 있는 나라들과 같은 크리스천 국가들은 교회시대의 하나님의 법에 충실하지 못했습니다. 지금은 성령과의 교제가 있는 시대이며 하나님이 세상을 구속하기 위해 사용하시는 것은 예수 그리스도의 사랑을 실천하고 언행으로 증거하는 일입니다(요일 1:1~3 참조).

능력 있는 전도자들은 무보수로 일합니다. 증거하는 일에 대가를 원하는 '증인들'은 세상 사람들이 신뢰하지 않습니다. 정치나 경제에 전혀 관심 없는 크리스천들이 친구로서 다가와 살아 계신 예수 그리스도와의 개인적인 만남을 주선할 때 세상 사람들은 비로소 귀를 기울입니다. 보수를 받는 교사들이나 사회사업가들 혹은 학자들도 주님의 일을 하지만 세계의 구석구석까지 예수 그리스도를 알리고 그분의 사랑을 심어 주는 그저 '평범한' 사람들입니다.

그러면 나라를 위해 어떻게 기도해야 합니까? 복음이 말해 주고 있습니다. 예수 그리스도를 믿는 사람들이 빛과 소금과 누룩의 역할을 잘 수행할 수 있도록 기도합시다. 사업이나 정계에 있는 크리스천들은 하나님의 진리와 의와 그분 나라의 횃불을 높이 들고 나아갑시다. 권세 가진 자들은 사람들을 괴롭히거나 그리스도의 이름을 더럽히는 데 권력을 사용하지 않도록 합시다. 크리스천 대통령이나 총리 그 밖의 정치인들은 정책을 결정할 때 성령의 인도하심에 의지하여 성경을 연구하고 동료 정치인들에 의해 신앙이 방해받을 때는 과감하게 사임하는 용기도 가져야 합니다. 목회자의 꿈을 갖고 있는 신학생들은 나라 안의 모든 방면에 성경이 어떻게 적용되는지 보여 주는 데 용기를 가질 수 있도록 기도합시다. 그리스도를 영접하고 삶 가운데서 그분께 순종하는 데 아무런 이해득실을 따지지 않고 헌신하는 사람들이 늘어 갈수록 이 나라는 이름뿐이 아닌 진정한 기독교 국가가 될 것입니다.

성령이 우리를 성경에 의해 진리 가운데로 인도합니다. 우리는 성령의 기본사역이 코이노니아임을 잊어서는 안됩니다(고후 13:13). 우리는 인격적인 인도의 개인적 개념과 상호교통과 단체지도의 집합적 개념 사이에 균형을 유지해야 합니다.

수세기 동안 '교회'의 비잔틴 문화적 개념은 획일적 관료적 지배적 구조의 개념이었습니다. '남은 백성'들이 이러한 개념을 거부하던 시기에 몇몇 사람들은 극단으로 치우쳐 세속 문화에 영합한 개인주의를 받아들였습니다.

오늘날 우리는 공동체의 개념과 개인주의 개념이 별개인 것으로 알고 있으나 하나님께서는 한국에 두 가지 요소가 균형을 이루도록 하여 (동양에서 말하는 '음양의 조화'처럼) 교회에 새로운 건강과 활력을 주실 것이라고 확신합니다.

교회에서 일어난 분열, 어떻게 해결해야 하나

존경하는 대천덕 신부님께.

몇 달 전 성공회당에서 가진 김성수 대주교 추대식에서 신부님을 뵙게 되어 무척 반가웠습니다. 성공회 신자로서 저는 우리 교회가 세계의 성공회 교회들과 어깨를 나란히 하는 독립적인 성격을 갖게 되었음을 주님께 감사드립니다. 그러나 한편으로는 성공회 교회가 한국에서는 여전히 작은 교회라는 것에 낙심이 됩니다. 사람들은 우리가 '교량 역할을 하는 교회'라고 말들을 합니다.

모든 교회가 서로 교량 역할을 하며 기독교 내에서 일어난 분열이 해결될 가능성이 있는지에 대해 어떻게 생각하십니까? 예수님은 제자들에게 하나가 되라고 하셨습니다(요 17:23). 그러나 하나가 된다는 것이 아직도 어렵고 요원한 문제라고 봅니다. 성공회가 세계교회협의회(WCC)와 한국기독교교회협의회(KNCC)에서 활동하고 있는 것으로 압니다. 이러한 조직과 관련이 없는 교회들에 대해 어떻게 생각하십니까? WCC가 공산주의자들의 도구라는 비난에 대해서는 어떻게 보십니까? 우리는 어디서부터 방향타를 잃어 버린 겁니까? 답변을 부탁드립니다.

— 주 안에서 베네딕트 이인숙 올림

사랑하는 베네딕트 형제에게.

보내 주신 편지는 잘 받았습니다. 사실 시몬 김 주교의 대주교 추대식은 한국의 성공회가 독립적인 위치에 서는 계기가 되었고 다른 교파의 지도자들이 대거 참석함으로써 아주 특별한 기회였다고 생각합니다. 김 주교의 연설내용에서 강조된 세 가지를 살펴 봅시다.

첫째 우리의 소명은 이 땅의 교회들이 제 역할과 모습을 가질 수 있도록 적극 협력하는 것입니다.

둘째 우리의 소명은 이 땅의 사람들에게 희망과 믿음의 약속을 불어 넣어 주는 것입니다.

셋째 우리의 소명은 세계를 향해 우리의 체험과 믿음을 증거하는 일입니다. 이 세 가지 요점이 형제의 질문에 대한 적절한 답이라고 봅니다.

성경에서 말하는 교회는 어떤 것입니까? 바로 그리스도의 몸입니다. 한 분이신 주님, 하나의 믿음, 하나의 세례, 한 성령, 우리의 부르심에 대한 하나의 소망 그리고 하나님 아버지와 연합된 교회입니다. 교파와 교리가 어떠하든 우리가 아는 유일하신 주님은 하나님의 아들 예수 그리스도이시며, 우리가 아는 유일하신 하나님은 아버지이시며 창조주이십니다. 우리가 인정하는 유일한 영은 아버지 하나님과 그 아들 예수 그리스도에 의해 주님 안의 한 교회에 보내진 성령이며 우리는 아버지와 아들과 성령의 이름으로 세례를 받았습니다.

비록 교리가 분분하고 신학이론에 서로 견해의 차이가 있더라도 교회는 그리스도의 몸이며 하나입니다. 조직적이고 행정적인 문제들은 때로 우리의 사역에 방해가 되기도 하지만 중요한 것은 우리가 주님 안에서 한 형제 자매라는 것입니다. 단순히 교리에 대한 견해의 차이를 가지고 자신들의 교파만을 정통이라고 내세우고 나머지는 무조건

이단으로 몰아붙이는 경우가 많습니다. 우리는 그러한 문제를 놓고 기도하며 주 안에 한 형제 자매임을 확인시키는 특별한 부르심을 받았습니다.

미국에 아주 유명한 시가 있습니다.

"그는 원을 그렸네/그리고 나를 밖으로 내몰았네/그는 나에게 반역자, 이교도, 형편없는 인간이라고 비난했네/그러나 나는 사랑으로 그를 이겼네/나는 원을 그리고 그를 받아들였네."

원을 그리는 것은 재미있는 일입니다. 한국어에 '울타리'라는 단어가 있습니다. 이것은 영어의 펜스(fence)에 해당하는 말입니다. 울타리 안쪽에 있는 내 편의 사람들은 '우리'라고 하며 울타리 바깥에 있는 사람들은 외부 사람이라고 합니다. 하나님은 울타리를 넓혀서 예수 그리스도를 영접한 형제 자매들을 이끌어 들이는 사역에 우리를 부르셨습니다.

실제적인 측면에서 볼 때 모든 사람들을 모아 하나의 거대한 조직을 만든다는 것은 많은 문제점을 안고 있습니다. 조직이 커갈수록 탐욕스럽고 사악한 사람들에게 권력을 제공할 가능성도 커지는 법입니다. 김 주교가 말한 '우리의 체험'이라는 말은 잔혹하고 사악한 사람들이 권세를 잡지 못하도록 부단히 이어져 온 우리의 노력을 의미합니다. 예수 그리스도의 시대부터 현재까지 교회는 수많은 핍박을 받아왔고 교회를 발판으로 이득을 꾀하려는 탐욕스러운 사람들에 의해 이용당하는 타락적인 면도 보여 왔습니다.

그리스도의 몸은 생각보다 건강체가 아닙니다. 그리스도의 몸을 이루는 구성원들 사이에 의견 충돌이 생겨 활동은 나름대로 열심히 하지만 헛된 결과만을 얻을 뿐 내부적인 몸살만 앓고 있는 교회가 있고 또 어떤 교회는 상처투성이면서 고통을 모르는 나병에 걸려 있기도 합니다. 요한계시록에는 일곱 교회에 관한 내용이 있습니다. 오늘날 세계 도처에서 일곱 교회의 현상이 반복되고 있음을 우리는 잘 알고 있습니다. 물론 그중에서도 가장 위험한 것은 라오디게아 교회가 안고 있는 문제점들입니다. 이 교회는 부자라 부요하여 부족한 것이 없다 하나 곤고한 것과 가난한 것과 눈 먼 것과 벌거벗은 것을 전혀 알지 못하는 교회입니다. 이 교회는 이기적이고 교만하며 경건한 체하지만 덥지도 차지도 않은 미지근한 교회입니다.

예수님은 라오디게아 교회라 할지라도 절대 포기하지 않으셨습니다. 예수님은 라오디게아 교회를 책망하시고 경고하셨지만 문제의 해결방법도 주셨습니다. 예수님은 불로 연단한 금과 흰 옷과 안약을 사라고 말씀하셨습니다. 우리도 서로에게 실망하지 맙시다. 예수님께서는 "내게서 사라."라고 말씀하셨습니다.

이 말은 다른 어느 곳에서도 구할 수 없으며 값을 치러야 살 수 있다는 뜻입니다. 사탄은 교회로 하여금 미지근한 상태에 머물러 있으면서 모든 문제를 스스로 해결할 수 있으며 그 해결책은 어디든지 이 세상에서 구할 수 있다고 생각하도록 미혹해 왔습니다. 사탄은 지금도 세상을 제 마음대로 조정합니다. 예수님이 사탄을 이길 수 없기 때문이 아니라 많은 사람들이 사탄의 방법을 더 좋게 여겨 따르도록 속임을 당하고 있기 때문입니다.

우리는 이 땅의 교회들이 제 역할을 할 수 있도록 도와야 합니다. 그러기 위해서는 성경으로 돌아가서 성경에 제시되어 있는 교회의 진정한 모습이 무엇인지 알아야 합니다. 김 주교의 연설에 우리의 '소명'에 관하여 언급이 강조된 이유는 무엇입니까?

성경에서 의미하는 교회는 중국이나 한국 일본 등지에 전통적으로 내려오는 사회관습과 윤리를 가르치는 기관이 아닙니다. 교회는 '불러

낸 무리'를 뜻합니다. 어떠한 마을에 문제가 발생하면 나팔을 불어 마을 사람들을 모아 문제를 해결하기 위해 의논을 합니다. '불러낸 무리'라는 말은 이러한 마을모임에서 유래된 것입니다.

하나님께서는 세상의 문제들을 해결하기 위해 나팔을 불어 우리를 집이나 울타리 밖으로 나오도록 불러 모으셨습니다. 문제의 해결방법은 예수님께 있습니다.

그분이 구세주이기 때문입니다. 이 '세상' 혹은 이 '세대'는 거짓된 해결방법을 갖고 있지만 예수님은 진정한 해결방법을 갖고 계십니다. 이것을 세상에 증거하기 위해 우리를 그분의 수족으로 부르셨습니다. 우리는 한국사람들은 물론 이 세상의 모든 사람들에게 희망을 불어 넣어 주어야 합니다. 이것이 복음을 전하는 일입니다. 예수 그리스도의 복음을 듣지 못한 사람들에게 복음을 전하여 그들이 소망을 갖게 해 주어야 합니다.

하나님이 예수 그리스도를 세상에 보내셨고 예수님께서 우리를 세상에 보내셨습니다. 예수님의 지상명령을 수행하고 세상이 주 예수 그리스도를 믿도록 하기 위해서 우리는 주님 안에 하나가 되어야 합니다. 이것은 어떤 조직이나 제도하에 하나로 통합되는 것을 의미하는 것이 아닙니다. 주 예수 그리스도와 연합된 형제 자매를 의미합니다. 우리는 서로 연결하는 교량 역할을 해야 합니다. 그러나 그것은 결코 쉬운 일이 아닙니다. 그렇다고 포기하게 되면 강 한가운데 끊어진 다리가 되어 아무 쓸모없는 존재가 될 것입니다.

우리는 어떤 조직이나 신학이론이 아닌 성령 안에 하나가 되어야 합니다. 에베소서 4장 3절에서 8절까지 보면 성령이 하나 되게 하신다고 바울은 말합니다. 이 시대의 성령의 활동과 사도시대의 성령의 활동이 같은 속성을 지녔는지에 대해 크리스쳔들은 논란을 거듭했습니다. 그러나 중요한 것은 성령의 주된 역사는 '코이노니아'라는 사실입니다. 우리가 한가족처럼 느끼며 서로에 대한 의무를 다하고 서로의 짐을 나누어 질 수 있는 것이 코이노니아입니다. 고린도후서 13장 13절은 다음의 내용을 뜻합니다. 예수님은 우리에게 은혜를 베풀며 하나님은 우리를 무조건 사랑하시고 성령은 응답하게 합니다. '하나님 아버지의 사랑'이란 '아가페'로서 하나님이 우리에게 베푸시는 일방적인 사랑입니다(이것은 우리 크리스천들이 이웃뿐만 아니라 원수들에게도 베풀어야 할 사랑입니다). 성령의 교통하심이 그리스어로 '코이노니아'인데 이것은 서로 주고받으며 서로의 짐을 나누는 쌍무적인 사랑입니다.

성령의 역사는 기꺼이 맡기는 사람에게 이루어집니다. 조직이나 제도와 상관없이 피부색, 인종, 국가, 나이 그리고 신학적인 배경과 상관없이 주님 안에서 하나가 되는 기쁨을 맛볼 수 있도록 하는 것이 성령의 역사입니다.

형제 자매 사이에 울타리가 없어지고 모두 '우리'가 되어 주님 안에서 하나가 되어야 할 것입니다. 우리 모든 크리스천들이 서로 밀착될 수 있도록 기도합시다.

이러한 현상은 평신도들 가운데서 일어나고 있습니다. 사실 평신도라는 말은 성경에 없습니다. 우리 모두가 교회입니다. 교회 지도층이나 성도들이나 주 안에서 형제 자매인 것이 중요합니다. 오히려 교회의 상층부를 구성하는 사람들은 분열을 조장하는 경우가 많습니다. 그러나 성도들은 사랑으로 하나가 되어 주님의 기도가 응답되고 있음을 보여 줍니다.

"아버지께서 내 안에 내가 아버지 안에 있는 것같이 저희도 다 하나가 되어 우리 안에 있게 하사 세상으로 아버지께서 나를 보내신 것을 믿게 하옵소서"(요 17:21). 이 기도는 상부에서 하부로가 아닌 하부에서 상부로 이루어지고 있습니다.

　예수님은 하나됨을 위해 어떤 제도를 만드신 것이 아닙니다. 그분은 단지 성령을 보내셨습니다. 바울은 하나됨을 위해 기도했지만 그것을 조직하지는 않았습니다. 크리스천들이 서로를 위해 기도할 때 성령은 우리의 벌어진 틈을 좁히고 울타리를 낮게 해 줍니다. 깃발을 지탱해 주는 받침줄이 세 겹이라는 것은 매우 흥미로운 것입니다. 이것은 역사적으로 이어져 온 사건이라고 볼 수 있으며 성령의 역사이기도 합니다.

　바람이 한쪽 방향에서 너무 세게 불면 나머지 두 개의 줄이 지탱해 줍니다. 바람이 또 다른 방향에서 세게 불어오면 다른 쪽 두 개의 받침줄이 지탱합니다. 우리는 역사의 강한 바람 속에서도 십자가의 깃발을 높이 들 수 있었습니다.

　김 주교는 연설을 통해 하나님께서 우리에게 주신 소명을 제시했습니다. "이 땅의 교회가 제 모습과 역할을 갖도록 협력합시다. 이 땅의 모든 사람들에게 희망을 불어 넣어 줍시다. 세계로 나아가 예수 그리스도의 증인이 됩시다."

　하나님은 그리스도의 몸들이 현재보다 훨씬 더 성숙된 모습을 갖기 원하십니다. 그리스도의 모든 몸들은 분열과 좌절을 겪는 국가들에게 희망과 믿음의 약속(특히 성령의 약속)을 불어 넣어 주어야 합니다. 하나님은 한국의 크리스천들에게 예수 그리스도의 증인이 되어 세계의 구석구석까지 가서 복음을 전하라고 하십니다.

　크리스천들은 각 교파마다 주어진 역할과 임무가 다릅니다. 서로를 위해 기도하고 서로의 의견을 듣는다면 우리는 역할 수행에 성공하는 것입니다. 그러나 우리가 서로 비웃고 무시한다면 우리의 임무수행은 실패할 것이며 라오디게아 교회처럼 겉만 화려한 영적 장님이 될 것입니다. 역사적으로 사기꾼에게 이용당한 일이 없는 교회는 없습니다. 믿음 좋은 성도들은 교회의 타락을 막기 위해 끊임없는 기도를 해왔습니다. 그리스도의 몸은 기도를 통해서 건강을 회복할 수 있습니다. 진정한 그리스도의 몸 된 교회라면 머리 되시는 주님의 인도를 따르고 주님이 원하시고 명하신 일을 잘 수행해 나갈 수 있습니다.

교파간의 갈등은 계속될 것입니다. 그러나 그것은 단순히 조직이나 제도 혹은 교회 지도자들 사이의 분열과 갈등이 아닙니다. 에베소서 6장 12절에 보면 우리는 정사와 권세와 어두움의 세상 주관자들과 보이지 않는 악한 영들을 인식해야 합니다.

우리는 보이지 않는 악한 세력과의 끊임없는 투쟁을 계속해야 합니다. 이러한 세력들은 교회의 영적 성장을 저지하며 교회의 임무 수행을 방해하고 하나님의 부르시는 음성을 듣지 못하게 하고 하나님의 인도하심에 둔감하게 합니다. 그러나 예수님께서는 이미 세상을 이기셨기에 그들은 예수 그리스도께 완패를 했습니다. 우리는 기도와 순종과 회개를 통해 이러한 악한 영들을 끊임없이 대적해야 합니다.

성공회의 규모가 작고 그 활동이 미약하다고 실망할 필요는 없습니다. 중요한 것은 교회 규모나 제도가 아닙니다. 우리 믿음의 실천이 중요합니다. 형제의 다리가 되어 크리스천들과 손잡고 영적 투쟁에 힘쓰십시오. 예수 그리스도를 의지하여 하나님의 뜻을 따를 때 형제는 어떤 상황에서도 승리할 것입니다. 세상 문제의 해결사이신 예수 그리스도를 따라 승리의 길로 나아갈 때 기적은 일어납니다. 말씀과 기도로 영적 성장을 이루기 바랍니다.

교회 내의 전문연구지, 어떤 것이 있나

존경하는 신부님께.

지금 양떼들은 눈 덮인 겨울을 어떻게 보내고 있습니까? 지난 가을에 생목초를 많이 확보해 두셨는지요? 지난 여름 저는 그곳 농장에서 열심히 일하면서 유익한 시간을 보냈습니다. 울타리 치는 일을 함께 한 기억은 자랑스럽기조차 합니다. 성경시대에는 목자들이 얼마나 많은 양떼들을 치고 있었을까요? 그들도 예수원의 양들만큼 고집스러웠을까요?

신부님, 제가 학자의 길을 가도 좋은지, 교회에서도 학자를 필요로 하는지 의논하고 싶어 이 글을 드립니다. 신학대학에 진학하여 목회학을 전공하고 목사가 되라는 권유를 주위 사람들로부터 많이 듣고 있습니다. 하지만 목사의 입장이 일반 성도들보다 훨씬 어렵다고 생각합니다. 솔직히 말해서 저는 하나님께 목사로 부름받았다는 확신이 없습니다. 학술연구를 하고 싶은데 신학대 교수직 이외에 교회 내의 연구를 위한 부서가 있을까요? 바울처럼 다른 사람을 의지하지 않고 스스로 살아갈 수 있도록 기술을 익히는 것이 중요하다고 신부님께 들어서 잘 알고 있습니다. 저처럼 학문을 하고자 하는 사람에게 맞는 일이 있는지 알고 싶습니다.

— 주 안에서 조송헌 올림

사랑하는 조 형제.

편지 잘 받았습니다. 지난 여름 목장에서 수고해 주신 일도 고맙게 생각합니다. 우리는 인력이 부족해서 생목초를 충분히 확보하지는 못했습니다. 하지만 이웃에서 팔다 남은 양배추를 얻어서 목초 대신 사용하고 있습니다. 양들을 겨우내 우리 안에서 돌본다는 것은 방목하는 것보다 훨씬 힘든 일입니다. 사람은 양들보다 더 고집스럽습니다(성령으로 충만한 사람을 제외하고 말입니다).

수세기 동안 양들은 거의 변하지 않았으나 목자들은 변화를 거듭했습니다. 성경시대에는 울타리가 전기장치가 아닌 돌담으로 되어 있어 양들은 목자의 음성을 듣고 목자는 양들의 이름을 알고 있었습니다. 그들은 오늘날처럼 기계화를 통해 운영할 만큼 양무리가 많지도 않았고 양과 목자의 관계를 지속할 수 있도록 오랫동안 목자의 직업을 갖고 있었습니다.

다윗이 사울 군대의 장이 되기까지 얼마 동안 목자 생활을 했는지 모르겠지만 약 10년 정도였다고 추측해 볼 수 있습니다. 모세는 약 40년 동안 목자 생활을 했습니다. 평생 목자로 사는 사람들도 있었습니다. 평생 목자로 헌신할 사람을 위해 기도하십시오. 하나님께 목자로 부름받은 사람이 하나도 없다고 생각지는 않습니다.

그러나 모든 사람들이 목자로 부름받은 것이 아니며 모든 학생들이 목사의 길을 걷도록 정해진 것이 아닙니다. 학술적인 연구가 필요한 분야는 많습니다. 이런 일에 종사할 사람을 찾는다는 것은 양무리를 치는 것만큼이나 어렵습니다.

성서연구는 명예나 부를 보장하지는 않습니다. 하지만 형제의 학식과 연구가 새로운 발견을 위해 하나님께 사용된다는 만족감이 있으며 또한 그러한 지식이 정확하게 전달될 때 많은 사람들에게 혜택이 돌아가게 되는 이점이 있습니다.

어학연구를 하는 사람들이 할 수 있는 것은 성서번역입니다. 아직까지 성서번역이 되어 있지 않은 언어가 3천여 개에 이릅니다. 이 세상의 문자화된 언어의 대부분이(비록 전부는 아니지만) 적어도 성서의 일부분이나마 번역되어 있으며, 문자를 만드는 중이거나 학습과정에 있는 비문자화된 언어도 성서번역이 되고 있는 중입니다.

형제도 알겠지만 위클리 성서 번역인들은 가장 잘 알려진 선교사역 팀입니다. 특히 자기들만의 고유언어를 가진 많은 종족들로 구성된 나라들에서 이런 선교사역이 활발히 이루어지고 있습니다. 예를 들어 인도어 성서번역단체는 될 수 있는 대로 인도 그린란드를 포함한 많은 종류의 언어로 성서를 번역하고 있습니다.

성서를 번역하는 일에는 많은 지식이 필요합니다. 성서를 번역하기 위해 히브리어와 그리스어에 능통할 필요는 없습니다. 다만 외국어를 습득하는 재능만 있으면 됩니다. 또한 거친 풍토와 원시적인 환경을 견디어 낼 힘이 있어야 합니다. 아직 문자화된 언어를 갖지 못한 사람들이 사는 지역은 냉온수를 마음대로 쓸 수 있는 고층건물이나 슈퍼마켓까지 편안히 갈 수 있는 포장도로가 있는 환경과는 거리가 멀기 때문입니다.

단어를 찾아내는 문제에 있어서 그 단어에 해당하는 어구가 없으면 번역에 곤란을 겪기도 합니다. 때로는 원어 그대로 사용해야 합니다. 샬롬, 할렐루야, 메시아, 그리스도 같은 단어의 경우가 그렇습니다. 이상한 것은 이런 단어들이 거리낌없이 번역된다는 것입니다. 우리가 번역해서는 안될 단어가 '코이노니아'입니다. 이 말은 한국어로는 17개 단어로 번역될 수 있는(영어에서도 그렇고 중국어로는 21개의 단어로 번역될 수 있습니다) 의미가 다양한 단어입니다. 사실 이 단어는 부분적으로만 번역이 가능합니다. 그 단어에 상당한 어구가 없을 때는 원어 그대로 사용해야 합니다. 이 단어 역시 원어가 갖는 다양한 의미를 사용 분야에 따라 다르게 이해할 수 있고 이것은 또한 사랑이나 은총보다 더 특별한 어떤 것을 묘사한다는 것을 알 수 있습니다.

나는 지금 고린도후서 13장 13절의 세번째 단어 '교통'에 대해 말하고 있습니다. 그것은 교회에게 있어 사랑과 은총 그 이상의 기술적이고도 특별한 의미가 있는 단어입니다. 만일 형제가 성서번역자가 된다면 이 단어를 그대로 두었으면 합니다. 아니면 연구과정에서 그것에 잘 맞는 어구를 찾기 바랍니다.

현재 우리 사회에는 이에 해당하는 어구가 없습니다. '영원히 지는 서로에 대한 책임감'이라고 표현할 수는 있지만 이것은 너무 단어가 깁니다. 가장 근접하면서도 간단한 단어로 하자면 '업무상의 동료관계'라고 할 수 있지만 이것은 의미의 한계가 있습니다.

성서에 보면 베드로와 안드레, 야고보와 요한은 같은 업무(어업)에 종사하는 동료관계인데 '업무'라는 말이 번역가들에 의해 생략되어 우리는 그 단어가 전달하는 중요한 의미를 잃어 버렸습니다.

내가 좋아하는 내용이다보니 주제를 벗어난 것 같아 미안합니다. 그거나 한 가지만 더 이야기하고 싶습니다. 우리가 쓰는 '충만'이라는 단어도 두 가지 다른 그리스 단어에서 번역되어 그 중요한 의미를 잃고 있습니다. 이와 같이 성서번역은 창조주와 예수 그리스도에 대해 한번도 들어본 적 없는 사람들을 이해시키기 위해 진지하게 작업에 임할 수 있는 훌륭한 학자들이 필요합니다.

또 필요한 일은 일반인들을 위해 성서를 재해석하는 것입니다. 베드로와 야고보, 요한은 모두 어부였으며 예수님은 목수였고 다른 사람들은 대게 농부들이었습니다. 만일 성서에 대한 해석이 이와 같은 사람들에게서 쉽게 이해될 수 없다면 뭔가 잘못된 것입니다. 예수님은 대학교수나 신학교수처럼 말하지 않았습니다. 성경에 보면 평범한 사람들이 예수님의 말씀을 기쁘게 들었습니다. 우리 예수원에 배관기술을 가진 형제가 하나 있었는데 그는 우리들과 다름없이 평범한 말씨로 이야기하던 사람이었습니다. 그러나 그가 이곳을 떠나 신학대학에 간 이후 가끔 찾아와 이야기할 때면 우리는 그의 말을 알아듣지 못합니다.

우리는 예수원에서 매일 아침 성경을 읽고 주제별 토론을 하는데 이런 문제점들이 있어 걱정입니다. 일부 번역은 훌륭한 문학작품은 될 수 있지만 일반인들의 수준을 훨씬 넘어서고 있습니다. 또 어떤 것은 내용은 쉽지만 정확성이 결여되어 있습니다. 정확하면서도 원문에 충실한 번역이 필요합니다. 동시에 초기 크리스천들과 같은 중·하층에 속한 사람들도 쉽게 이해할 수 있는 번역이 필요합니다. 어떤 교회는 성도들에게 주일예배 때 작업복을 입도록 권장합니다. 남들 앞에서 비교의식 때문에 난처해지는 일이 없도록 말입니다. 교회에서도 일상용어를 사용함으로써 아무도 말을 알아듣지 못해 당황하는 일이 없어야겠습니다.

다른 연구분야를 봅시다. 형제가 언어학을 전공하지 않고 역사에 흥미가 있다면 역사학 연구를 권하고 싶습니다. 성서시대에 각국의 왕들은 궁에 역사가들을 두었습니다. 당시 역사가들은 왕에게 아첨하고 보상을 받기 위해 왕의 통치역사를 기술했습니다. 그들은 가난한 자들이나 억눌린 자들의 입장에서 역사를 쓰지 않았습니다. 그들은 자신들이 쓴 역사 때문에 감옥에 가거나 처형되기도 하였습니다. 결론적으로 그들의 역사기술은 거짓으로 가득 차 있으며 하나님을 영화롭게 하지도 않았습니다.

하나님은 자신의 능력을 드러내는 역사를 원하십니다. 하나님도 고대에 역사가들을 세우셨는데 그들이 바로 선지자들입니다. 우리는 사사기와 사무엘서 열왕기서 역대기의 저자를 확실히 알 수는 없지만 추측할 수는 있습니다. 나단 선지자가 무엇인가를 쓰기는 했는데 그것이 무엇인지는 기록에 없습니다. 그 기록이 사사기나 사무엘서인지도 모릅니다. 아니면 사무엘이 사사기와 사무엘서 일부를 썼는지도 모릅니다. 혹은 사무엘이나 나단이 초기문서를 근거로 기록했을 수도 있습니다.

성경을 보면 역사 기록을 쓴 선지자들이 많이 있을 것 같은데 기록과 저자가 우리에게 전해지지 않은 것 같습니다. 그들 중 몇 명은 무명의 역사 기록자였으며 몇몇은 현재 열왕기서와 역대기의 근거가 되는 이스라엘과 유다 왕들의 공식 연대기록을 쓴 이사야나 예레미야였을 것입니다(그들 외의 선지자들로 아히야 잇도 스마야 오뎃 아사랴 등이 있습니다. 그들에 대해 알고 싶으면 성서용어색인을 찾아 보십시오).

또 '선지자의 아들들'이 있었는데 그들은 공동체를 이룬 선지자들의 제자로서 삶의 방법과 하나님이 원하시는 삶을 배우는 사람들이었습니다. 그들은 엘리야나 엘리사 등 자신들의 대스승의 관점에서 역사서를 쓴 사람들입니다 예레미야의 제자인 바룩이 있었는데 그는 전문적인 전기 기록자였습니다. 그는 예레미야의 구술에 따라 그 예언을 두루마리에 기록하고 다른 예언서들도 남겼습니다. 그리스어역 구약성경에는 그의 이름으로 된 기록서들이 나옵니다. 그는 열왕기상·하의 끝부분을 쓴 저자로 추정됩니다.

세속의 역사는 왜곡된 것입니다. 이것은 하나님의 영광을 드러내기보다는 각 시대에 등장했던 인물들의 능력을 나타냅니다. 세속적인 역사가들은 자신들의 위치가 안정되고 큰 보상이 따른다면 거짓을 꾸며대는 것에 대해 아무런 양심의 가책도 느끼지 못합니다. 포악하고 사악한 사람일수록 자신들의 행위에 대한 정당화가 필요합니다. 그런 이유로 이런 역사가들이 고용되는 것입니다.

하나님은 성서의 선지자들이 그랬던 것처럼 소수와 약자의 입장에 서서 진리를 추구하는 역사가들을 찾고 계십니다. 거의 2천 년 동안 교회역사는 예언적인 관점에서 다시 쓰여지기를 기다리고 있습니다. 지주들의 권세를 의식하여 그들의 착취를 묵인해 온 일들에 대해 교회는 아무런 사과도 하지 않고 있습니다. 성서적 관점에 입각한 정확한 교회사가 없다는 뜻입니다. 역사 분야는 학문적인 연구가 절대 필요합니다. 교회의 회개를 촉구하고 선교에 대한 보다 큰 이해를 돕기 위한 중요한 일입니다.

그 밖에 학문적 연구가 뒷받침되어야 하는 분야가 많습니다. 경제학 면에서 경제와 신학을 연결하는 다리를 놓은 사람은 없었습니다. 사회정의에 관심 있는 단체에서 내 놓는 아이디어들은 사회와 경제정의에 관한 성서적 교훈과 거리가 먼 내용들이 대부분입니다. 성서에는 경제와 정의에 관한 것들이 많이 다루어지고 있지만 이 분야에 관한 연구의 대부분이 성서적인 관점에서가 아닌 논리에서만 충실한 것들뿐입니다. 농촌운동의 출발은 성서적인 입장에서였지만 교회의 호응을 얻을 수가 없었습니다. 경제학자들은 물론 그들과 신학자들이 협력할 수 있도록 연결해 줄 수 있는 언론계 종사자들이나 공공관계 전문가들도 필요합니다.

사회학 연구가 성서와 어떻게 관련되는지는 잘 모르겠습니다만 있다면 이 분야에 더 많은 연구가 필요하며 보다 많은 분야를 연구해야 한다고 봅니다. 한국에도 많은 학회들이 이 일에 참여하고 있습니다. 그러나 그들도 자신의 일에 너무 바빠 그런 연구는 상당 부분이 뒷전에 밀려 있는 상태입니다. 그들은 크리스천 대학이 설립되어 각 과목

마다 성서적인 관점에서 교수되기를 원합니다. 이것은 매우 획기적인 일로서 학자들이 인본주의적 사고가 지배적인 대학에서의 연구생활에 많은 시간을 낭비하지 않아도 되고 그 동안 산적해 있는 많은 연구분야에 몰두할 수 있는 길을 터 놓는 것이 될 것입니다. C.U.P.(대구시 북구 복현동 200-1 태영빌딩 3층 기독교대학설립 동역회)에 연락하면 학문연구에 관한 많은 정보를 얻을 수가 있습니다.

야고보서 1장 5절에서 8절까지 보면 하나님은 우리에게 지혜를 주시겠다고 약속하셨습니다. 성령께서 하나님의 뜻에 순종할 마음과 또 형제를 통해서 어떤 일을 계획하고 계신지 알려 주실 것입니다. 형제가 구하고 상상하는 것 이상으로 역사하실 것을 확신합니다(엡 3:20). 하나님께서 형제를 귀히 쓰시기를 바랍니다.

한반도에 대한 하나님의 계획

존경하는 대천덕 신부님.

주 안에서 평안하신지요. 안식년 휴가 중이신데 제가 몇 가지 질문을 드려 나와 방해가 되는 것은 아닌지 모르겠습니다.

제가 질문하고자 하는 내용은 이렇습니다. 최근 들어 저의 크리스천 친구들 사이에는 세계의 냉전시대는 가고 평화의 시대가 도래한다는 낭만적 분위기가 팽배해 있습니다. 그들의 말을 듣고 있으면 이제 남북관계만 정상화되면 마치 하나님의 나라가 임할 것 같은 느낌을 받습니다.

물론 저도 남북관계가 호전되기를 바라고 있습니다. 그러나 남북관계에 어떤 영적 의미를 부여하는 것이 과연 성서적 시각으로 봤을 때 올바른 방법인가 하는 점에서는 의문이 가지 않을 수 없습니다. 정말로 하나님은 한반도에 관해 어떤 계획을 갖고 계시는 것일까요? 최근 몇 년간 벌어지고 있는 일련의 사태들을 바라보는 크리스천들의 시각이 어떤 면에서는 당혹스러울 때가 종종 있습니다. 신부님은 이 점에 대해 어떻게 생각하고 계십니까? 신부님의 고견을 들려 주시기 바랍니다.

- 주 안에서 조성남 올림

사랑하는 성남 형제께.

제 안식년에 대해 형제께서 깊은 관심을 가져 주셔서 감사합니다. 안식년은 7년에 한 번 오는 성서적 개념입니다. 그러나 우리는 5년에 한 번 쉬기 때문에 1년을 온전히 쉬지 못합니다. 교회를 방문해 강연하며 원고를 쓰는 일로 너무나 분주해 안식년을 제대로 활용하지 못하고 있으나 성령께서 효율적으로 활용할 수 있도록 제게 지혜를 주실 줄 믿습니다.

유럽에서건 한반도에서건 냉전의 종결은 전적으로 하나님의 손에 달려 있습니다. 하나님은 사탄의 계획을 전복시키는 백성들의 기도에 따라 움직이십니다. 불신자들은 그들의 이기심과 사악함이 겉으로 드러나지 않더라도 이기적이고 사악한 무리로 취급됩니다. 우리는 좋은 일이 발생하면 즐거워할 수 있습니다. 그러나 일시적인 평온함을 마치 천년 왕국이 도래한 것이라고 착각해서는 안됩니다.

크리스천들은 현실적이어야 합니다. 이 세상은 하나님이 지으신 세계입니다. 그러나 또한 이 세상은 사람들의 죄로 더럽혀진 곳입니다. 예수 그리스도의 보혈로 힘입지 않고는 인간의 본질이 변화될 수 없으며 성령의 내적 사역을 받아들일 수 없습니다. 하나님은 인간을 당신의 도구로 사용하실 수 있습니다. 하나님은 이방 왕 고레스를 '나의 기름받은 자'(이 뜻은 나의 메시아 또는 나의 그리스도란 의미-사 45:1)라고 불렀습니다. 그러나 이 뜻은 그의 마음이 변화받았다는 의미가 아닙니다. 하나님이 사람들을 당신의 목적에 맞춰 사용하시지 않는다면 인간은 여전히 이기적으로 남아 있을 것이며 사탄의 손 아래 놓여 있게 될 것입니다.

우리는 성경에 나타나 있는 모든 사건들을 영적으로 해석하려는 좋지 못한 습관을 갖고 있는 것 같습니다. 성경은 하나님의 선지자들에 의해 쓰인 역사서이며 우리는 이를 통해 하나님께서 역사를 어떻게 해석하시는지 이해할 수 있습니다. 성경에는 훌륭한 왕과 사악한 왕이 나오며 태평시대와 그렇지 못한 시대가 언급되어 있는데 이런 모든 것들은 각기 의미를 갖고 있으며 하나님의 역사하심과 무관하지 않습니다. 물론 하나님은 순종하는 훌륭한 크리스천들이 많이 나타나 이들로 인해 이들 나라의 국민이 축복받기를 원하는 분이십니다.

   오늘날의 세계를 바라봤을 때 한 가지 변한 사항이 있습니다. 성경시대 때에 하나님을 섬기는 종이 하나도 없었던 나라에 이제는 많은 크리스천들이 생겼습니다. 구약시대에는 유독 이스라엘 민족만이 하나님을 알아 하나님의 뜻이 이루어지도록 기도했습니다. 그러나 오늘날에는 거대한 나라치고 많은 수의 크리스천을 갖고 있지 않은 나라가 없을 정도입니다. 이스라엘을 향한 하나님의 계획은 변하지 않습니다. 이방인의 수가 다 차면 이스라엘은 하나님께 돌아올 것입니다(로마서 11장은 이에 대해 상세히 언급하고 있음).

   구약시대 당시 이스라엘이란 나라에 적용됐던 하나님의 법칙은 오늘날에도 그대로 적용됩니다. 정치인들이 하나님의 뜻에 따라 행한다면 그 나라는 복 받을 것이지만 하나님의 뜻을 거스른다면 재앙을 받는다는 법칙은 오늘날에도 여전히 유효합니다.

   공산권 국가들이 경제적으로 빈곤 상태에 빠져 있는 이유는 그들이 하나님의 경제법칙을 무시한 데 기인한 것입니다. 성경은 "땅은 하나님께 속하였다."라고 가르칩니다(레 25장 참조). 그러나 이스라엘과 유다가 바알의 토지법(지주제)을 도입하자 그들의 땅은 하나님에 의해 그들의 적대 국가들에게 넘어갔습니다. 또한 로마제국이 이 법을 도입했을 때도 같은 일이 벌어졌습니다. 빈익빈 부익부 현상이 나타났고 국가의 단결과 힘은 와해되기 시작했습니다.

이러한 현상은 로마가 이교도 국가였기 때문에 나타난 어쩔 수 없는 현상이나 로마가 기독교 국가가 되었던 때도 그들은 바알의 법(지주제)을 버리지 않았습니다. 하나님은 이 같은 행위를 참으실 수 없었기에 로마가 제 갈 길로 가도록 내팽개쳐 두었습니다. 하나님의 이름은 업신여김을 당했고 그의 이름을 경솔히 여긴 로마 이방인들을 하나님은 보호하시지 않았습니다(출 20:7 참조).

하나님은 마호메트가 출현해 12개의 기독교 국가를 말살했어도 그들을 보호하시지 않았습니다. 현재 이들 12개 국가는 회교권국가로 전락했습니다. 그러나 하나님의 토지법이 지켜지지 않는 이유로 인해 이들 국가 국민들은 대지주들을 제외하곤 대부분 가난에 찌들려 있습니다.

17세기에 일어났던 일들은 근래에 들어와서도 다시 나타납니다. 미국 개척자들은 영국으로부터 독립을 쟁취한 후 독립선언서의 첫 부분에 다음과 같은 문구를 새겨 넣었습니다. "모든 사람은 평등히 태어나 신으로부터 뺏길 수 없는 권리를 부여받았다. 그 권리란 다름아닌 생명, 자유, 토지다." 그러나 여러 토론을 거친 후 '토지'란 단어가 빠지고 의미가 없는 '행복의 추구'란 말이 대신 들어갔습니다. 한편 15년 후 프랑스에서는 인간의 권리를 명시한 헌법에 '자유, 재산(토지), 안정'이란 세 단어를 명시했습니다.

이승만 대통령 시절의 남한 정부는 6.25전쟁이 발발되기 3개월 전인 1950년 3월 토지개혁을 단행했습니다. 이로 인해 하나님은 한국전쟁에서 남한정부에 승리를 주셨습니다. 유엔 안전보장이사회에서 소련대표를 밀어내고 유엔군이 한국군을 도우러 참전한 것은 기적 중의 기적이라 할 수 있습니다. 이러한 일은 이전에 없었던 일입니다. 남한 정부의 승리는 하나님의 법을 지키는 백성이 종국에 가서는 어떻게 된다는 사실을 단적으로 나타낸 예라고 할 수 있습니다.

오늘날은 하나님의 법칙을 인정하는 나라와 하나님의 존재를 거부하는 나라 사이에 평화협정이 맺어지고 있는 상황입니다. 더 나아가 과거에 하나님의 법칙을 인정했던 나라들 가운데서 하나님으로부터 벗어나 타락의 길로 접어든 나라도 있습니다. 유엔은 인간의 권리를 명시한 대목 중에서 토지의 권리를 삭제해 버렸습니다. 그러나 생각해 봅시다. 인간이 토지(땅)가 없으면 땅을 소유한 자의 노예가 됩니다. 땅이 없으면 인간은 농사도 못 짓고 집도 세울 수 없으며 땅을 소유한 자와 계약을 맺지 않고는 그 어떤 것도 할 수 없습니다. 설사 바다로 나가 배에서 거주한다 할지라도 머지않아 배를 정박할 곳을 찾아야 할 텐데 배를 정박하는 곳은 땅을 의미합니다.

성경에 의하면 땅의 소유주인 하나님은 모든 가족들이 남에게 매이지 않고 스스로 자립해 살아갈 수 있을 정도의 땅을 소유하라고 명령하셨습니다. 만약 어떤 사람이 땅을 잃게 되면 희년이 되는 해에 돌려받도록 했습니다. 예수님도 희년에 대해 언급하셨습니다(눅 4:18~19). 그는 "정부를 기다리지 말고 자발적으로 희년의 정신을 실천하라."라고 말씀하시는 것입니다. 사도행전 4장 32절에서 37절에는 이 같은 사실이 상세히 기록되어 있습니다.

자, 그러면 북한에 관한 문제를 검토해 봅시다. 북한은 비효과적인 경제정책을 도입했기 때문에 소련과 마찬가지로 생존에 필요한 자금을 일본이나 미국으로부터 엄청나게 빌려 쓰고 있습니다. 그들의 생활수준은 남한의 7분의 1에 불과합니다. 북한은 웃음을 잃은 땅입니다. 거리에 다니는 사람들은 믿을 수 없을 만큼 근엄하고 조용하며 일터로 갈 때도 생기가 없고 가벼운 대화도 없습니다.

남한 정부가 그들을 위해 할 수 있는 일이란 무엇이겠습니까. 첫째,

우리가 살고 있는 한반도에 가난에 허덕이는 사람이 없도록 우리가 할 수 있는 일이라면 무엇이든지 다 해야 할 것입니다. 둘째, 북한과의 대화를 통해 그들이 합리적인 경제시스템을 도입하도록 그들을 설득해야 할 것입니다. 셋째, 북한 정부와 국민들에게 예수 그리스도를 전하면서 남북한 정부가 성경의 희년 정신을 실천하도록 설득해야 합니다. 우리가 1950년에 토지개혁을 한 번 했기 때문에 2000년까지는 성경의 원리에 입각해서 또 한번의 토지개혁을 단행해야 합니다. 우리가 이를 거부한다면 하나님의 토지법을 거부했던 나라들처럼 전쟁의 소용돌이에 휩싸일지 모릅니다.

하나님은 공의의 하나님이시며 그분의 인내에는 한계가 있습니다. 크리스천들은 자국의 국가와 국민들이 회개하고 하나님을 알아 하나님의 법칙에 순종하도록 진실된 마음으로 기도해야 합니다. 기도가 곧 시작입니다. 우리가 기도하기 시작하면 하나님께선 우리가 구체적으로 어떤 행동을 취해야 할지를 가르쳐 주실 것입니다. 우리가 행동을 취할 때도 기도를 계속해야 합니다. 우리의 지도자들에게 지혜를 주사 하나님의 초자연적인 역사가 이루어지도록 계속해서 기도해야 합니다.

저의 이 말이 형제님께 도움이 됐을지 모르겠습니다. 형제님, 형제님도 이 나라를 위해서 계속 기도해 주시기 바랍니다.

한국전쟁에 나타난 하나님의 섭리

존경하는 대천덕 신부님.

지난 번 신부님께서 저희 교회를 방문해 주셨을 때 저는 정말 기뻤습니다. 주님께서는 저에게 신부님을 통해 성경의 역사에 대한 새로운 안목을 갖게 해 주셨습니다. 그리고 교회 안에서 특히 우리 남선교회에는 진정한 코이노니아가 이루어지고 있습니다.

우리 남선교회에는 한국전쟁에 참전했던 사람들이 저를 비롯하여 몇 명 됩니다. 그 당시 우리는 전쟁터에 투입되었기 때문에 싸워야 한다는 것과 그것이 하나님의 뜻을 따르는 것이라는 생각 이외에 아무런 의문도 품지 않았습니다. 그러나 그후 월남전 등 크고 작은 전쟁들을 겪으면서 사람들은 냉소적으로 변해갔고 오늘에 와서 대개의 미국인들은 저마다 한국전쟁과 월남전에 대해 크나큰 실책이며 생명의 낭비에 불과했다는 평을 내리고 있습니다. 지난 번 신부님을 뵈었을 때 뭔가 다른 생각을 갖고 계실지 모른다는 느낌을 받았습니다. 그러나 그때는 개인적으로 만나 질문할 시간이 없었기에 지면으로 신부님의 견해를 구합니다. 당시 미국과 한국은 정말 귀한 생명을 헛되이 버린 것인지. 그렇다면 도대체 우리가 싸운 목적과 의미가 무엇인지. 신부님의 생각을 듣고 싶습니다.

- 주 안에서 보브 맥 스미스 올림

사랑하는 보브 형제에게.

편지 잘 받았습니다. 저 역시 형제의 교회를 방문했던 것을 큰 기쁨으로 여깁니다. 형제의 교회에는 기도하는 참신자들이 많다는 것과 훌륭한 목사님을 모시고 있다는 것을 느낄 수 있었습니다.

한국전쟁에 관해 이야기해 봅시다. 한국의 퇴역군인들도 형제와 마찬가지의 생각을 갖고 있습니다. 전쟁에는 정당한 전쟁과 부당한 전쟁이 있다고 대부분의 크리스천들은 믿고 있습니다. 그러나 그러한 판단의 근거를 제공해 주는 교육기관이나 교회는 없습니다.

나는 정당한 전쟁은 없다고 믿었습니다. 그러나 좀더 나이가 들게 되면서 세상은 너무나 복잡해서 한마디로 간단하게 설명할 수 있는 일은 없다는 것을 알게 되었습니다.

정의와 자비는 구약에 잘 나와 있습니다. 성경은 이 두 가지를 우리에게 교훈하고 있습니다. 그러나 예수님은 우리가 이것을 실천하리라고 기대하지는 않았습니다. 예수님은 우리가 스스로를 희생하여 타인을 위한 정의와 자비를 실천하는 십자가를 기꺼이 질 수 있도록 우리의 마음을 변화시키기 위하여 역사상 가장 부당한 죽임을 당하셨습니다.

전쟁의 정당성과 부당성에 대한 판단은 매우 신중하게 내려져야 합니다. 그러나 어느 정도까지는 하나님의 정의가 실현되도록 하나님 자신이 함께 하시는 전쟁도 있는 것은 사실입니다.

역사는 흐릅니다. 우리는 결코 역사의 끝에 도달하지는 못합니다. 역사의 매순간은 미래로 가기 위한 준비단계입니다. 그러나 미래로 이어지면서 과거의 정의가 타락될 수도 있습니다. 자유를 얻기 위해 생명과 재산의 엄청난 손실을 치른 사람들이 세월이 감에 따라 차츰 변하여 탐욕을 채우기 위한 수단으로 그들이 얻은 자유를 악용하거나 나아가 자기 동료를 교묘하면서도 무자비하게 착취하기도 합니다.

우리 미국인들도 예외는 아닙니다. 미국 도처에서 부당한 일들이 엄청나게 많이 벌어지고 있습니다. 선조들이 미국독립과 남북전쟁을 치르면서까지 고수한 대의는 탐욕스럽고 무자비한 후손들에 의해 타락되어 왔습니다. 탐욕은 무신론이 아닙니다. 성경에서 보면 탐욕은 우상숭배입니다(골 3:5).

다시 한국전쟁에 관한 이야기로 돌아갑시다. 한국전쟁은 한마디로 말해 필연적이며 정의로운 전쟁이었다고 말할 수 있습니다. 한국인들은-너 나 할 것 없이 모두-자신들의 토지를 지키기 위해 싸웠습니다. 수세기 동안 토지는 탐욕스러운 지주들-그들이 한국인이든 일본인이든-에 의해 악용되어 왔습니다. 그 후 토지개혁이 단행되어 골고루 토지를 나누어 소유할 수 있는 기회가 모든 사람들에게 제공되었습니다.

그러나 이러한 토지개혁이 성경의 원리에 따라 이루어진 것임을 아는 사람은 많지 않습니다. 토지개혁과 더불어 공정경제가 시작되었습니다. 가족단위로 공평하게 토지를 소유하게 되면 직접적이든 간접적이든 노예처럼 예속되는 일은 결코 없습니다. 부자는 못 되더라도 개인 소유의 주택을 가지고 식량과 의복을 자급하며 독립적인 생활을 할 수가 있는 것입니다.

토지가 없는 사람은 토지를 소유한 사람에게 자신을 고용해 줄 것을 호소해야 합니다. 그는 노예보다도 못한 생활을 할지 모릅니다. 왜냐하면 노예는 주인으로부터 일할 능력이 있든 없든 상관없이 살 집과 식량 의복 의약품 등을 공급받을 수가 있습니다. 하지만 토지가 없는 '자유인'은 아무도 그에게 일자리를 주지 않거나 자급능력이 없을 때는 굶어죽을 수도 있기 때문입니다.

오늘날 미국에서는 정부가 운용하는 사회안정보장제도를 통하여 이런 문제를 해결하기 위해 노력하고 있습니다. 그러나 이것은 개인의 자존심을 해치고 결국 국가의 노예로 예속시키는 별로 좋지 못한 제도입니다. 하나님께서는 토지소유권을 만민에게 골고루 부여하셨습니다. 우리가 하나님의 뜻을 실현할 방법을 찾으려 노력한다면 우리나라는 보다 건전한 국가가 될 것입니다.

레위기 25장에는 희년 즉 '토지의 해'에 관해 자세히 설명되어 있습니다. 예수님은 주의 은혜의 해를 전파하기 위해 오셨습니다. 그분은 강제로 안식년을 지키게 하기 위해 정치적인 세력을 행사하러 오신 것이 아닙니다. 자발적으로 지킬 수 있도록 마음을 변화시키기 위해 오셨습니다.

기독교 국가가 아닌데도 하나님의 율법을 바탕으로 토지개혁을 시행한 나라들이 있습니다. 대만의 손일선은 이 법의 실현가능성을 믿고 자국에 실시한 결과 오늘날의 대만은 물질의 축복을 누리고 있습니다. 맥아더 장군 역시 같은 확신하에 일본에 토지개혁을 단행하여 일본의 눈부신 번영의 기틀을 놓았습니다.

그가 토지개혁을 실시할 수 없었던 필리핀에는 현재 극심한 가난으로 비참한 삶을 살아가는 국민들이 많습니다. 방글라데시아 그 밖에 지주들이 토지분배를 거부한 여러 나라들도 마찬가지 상황에 놓여 있습니다. 그들은 아무 생각 없이 "이 땅은 내것이다."라고 했겠지만 그것은 결국 하나님 앞에 죄였습니다. 왜냐하면 토지는 하나님께 속하였고 인간은 단지 청지기로서 그분의 법에 따라 토지를 올바르게 사용해야 함을 성경이 분명하게 제시하고 있기 때문입니다.

1950년 4월, 이승만 대통령은 맥아더 장군의 조언에 힘입어 토지개혁을 공포하여 국회에 통과시켰습니다. 토지등록을 위해 사람들이 몰려든지 두 달 후 전쟁이 일어났습니다. 그때까지 토지등록에 참여하지 못한 사람들은 땅 한 조각이라도 얻을 수 있는 유일한 방법은 공산당을 몰아내는 것이라고 믿고 전쟁의 승패에 자신의 사활을 걸었습니다. 결국 전쟁이 끝나고 토지개혁은 제대로 시행되었습니다.

한국전쟁에서 하나님의 섭리가 있었음을 느끼십니까? 유엔 안전보장이사회에 공산국 대표들이 불참한 가운데 때맞춰 북한이 침공한 것은 정말 기적이었습니다. 공산국 대표들이 항의퇴장을 한 뒤에 전쟁이 발발한 것입니다. 주일에 안전보장이사회는 긴급회의를 소집하고 한반도의 정의를 위하여 유엔군의 참전을 만장일치로 결의했습니다. 뒤늦게 공산국가들은 더 이상 그들의 거부권이 안전보장이사회에서 효력을 발휘할 수 없다는 것을 알아야 했습니다.

전쟁 중에도 기적과 같은 일들이 많이 있었습니다. 부산에서 중국 국경까지 진격하여 비무장지대를 회복했을 때 남북한은 주거지 선택의 기회를 갖게 되었습니다. 전쟁이 끝나고 북한 주민의 반수가 남한으로 이동했습니다. 남한이나 일본은 둘 다 경작지에 비해 인구밀도가 상당히 높습니다. 그러나 남한은 북한 피란민을 차별 없이 받아들였습니다. 남한 사람들은 또한 토지의 균등분배를 실시하여 형제애를 발휘했습니다. 따라서 하나님은 한국에 복을 주셨습니다.

그러나 베트남 전쟁에서 미국은 지주들 편에서 싸웠습니다. 베트남 정부는 토지개혁을 끝까지 거부했습니다. 미국은 정의를 위해 싸운 것이 아닙니다. 미국의 언론들은 광고주들의 압력 때문에 다음과 같은 사실에 대한 언급을 회피하고 있습니다. 즉 합법적인 토지 주인은 하나님이며 우리가 토지개혁을 제대로 시행하면 복을 받고, 계속 지주제도를 의지하면 하나님의 분노를 불러일으킨다. 토지의 불균등한 분배로 인해 굶어 죽어가는 사람들의 부르짖음이 주인되신 하나님의 귀를 울리고 있음을 알아야 하겠습니다.

'해방'이라는 말의 본래 의미는 아주 좋은 것입니다. 그러나 누가 누구로부터 해방되는 것입니까? 모든 사람들이 자신의 토지를 갖고 새로운 삶을 시작할 수 있도록 해방되는 것입니까? 그러나 소위 '해방전쟁'이라는 것이 지주들의 해방에 불과했습니다. 일반사람들을 위해서 변화된 것은 아무것도 없습니다. 외국인들에 의해 착취당하는 것보다 더 비참한 것은 같은 동포들에게 착취당하는 것입니다.

미국은 '해방'이나 '자유'라는 말을 악한 사람들이 전쟁을 일으켜 땅을 자기 것이라고 주장하고 다른 사람들을 노예화하기 위한 명분으로 사용하지 못하도록 감시해야 할 것입니다. 사람들에게 진정한 해방을 얻게 해주었더라도 그들이 자유의 참의미를 깨닫고 정당하게 누릴 수 있도록 기도해야 합니다. 탐욕을 대수롭지 않게 생각하면 머지않아 더 큰 탐욕으로 인해 약하고 선량한 사람들이 자유를 강탈당하는 사태가 초래되고 말 것입니다. 해방을 얻고 토지개혁을 단행하여 번영을 누리고 있는 나라들을 지켜보면서 우리는 물질이 그들의 하나님이 되거나 우상이 되지 않고, 또한 그들이 얻은 자유를 타락시키지 않도록 기도해야 하겠습니다.

보브 형제, 다음 세 가지를 기도해 주시기 바랍니다. 첫째로 토지개혁을 통해 번영을 누리고 있는 나라가 탐욕스러워져서 하나님께서 허락하신 복된 땅을(이스라엘처럼) 파괴시키지 않고, 둘째로 한국정부와 미국정부가 항상 토지개혁을 지지하는 입장에 서고, 셋째로 교회가 하나님의 대변자가 되어 각 나라에 정의와 절제 이웃사랑 하나님께 절대 순종을 외칠 수 있도록 기도해 주십시오.

보브 형제, 한국 크리스천들이 사랑으로 성결되어 매순간 하나님의 뜻을 아는 지혜와 성령의 능력을 받아 탐욕을 물리치는 데 도움을 줄 수 있도록 다시 한국에 올 의향은 없으십니까? 그렇게 되면 미국은 한국에서 신앙을 배워 본래의 비전을 회복할 수 있으리라 생각합니다.

국가지도자가 취해야 할 정강(政綱)정책 12가지

존경하는 신부님께.

　예수원에는 지난 연휴 동안 많은 방문객들이 몰려왔겠지요. 지금은 좀 조용해졌습니까? 요즈음 저의 주변은 온통 선거 이야기들뿐인 것 같아 짜증스러울 정도입니다. 문제는 모든 말들이 쓸데없는 탁상공론이라는 데 있습니다. 우리나라에 가장 필요한 인물을 결정할 수가 없습니다.

　신부님, 한국과 같은 나라에 꼭 맞는 기독교적인 제도는 없습니까? 성경 속에 실제적인 교훈이 있는지요? 구약을 보면 정치에 관한 것이 많이 나와 있는데 이에 공통점이 있습니까? 목회자들은 모든 문제를 '영적인 것'으로 한정지을 뿐 실제적인 문제의 해답을 주지 못합니다. 성경은 실제문제와 상관이 없습니까? 이 땅에서는 거듭되는 시행착오만 있을 뿐 완전한 정부는 천국에서만 접할 수 있는 것입니까? 아니면 예수님이 완전한 정부를 세우기 위해 이 땅에 재림하실 때까지 마냥 기다려야 하는 것입니까?

　신부님이 하나님의 음성을 들으시는지는 잘 모르겠습니다만 적어도 성경을 통해 한국에 대한 하나님의 뜻이 무엇인지 말씀해 주실 수는 있다고 봅니다. 신부님의 견해를 구합니다.

- 주 안에서 남군지 올림

사랑하는 남 형제에게.

편지는 잘 받았습니다. 연휴 동안 예년에 없는 많은 방문객들이 이곳을 찾아 주었습니다. 어떻게 감당했는지 모르겠습니다. 아무런 준비도 없었던 우리들에 대해 그들이 어떤 인상을 받고 돌아갔는지가 걱정스럽습니다. 주님의 이름으로 두세 사람이 모이면 그분은 함께 하십니다. 그러므로 우리가 아닌 예수님을 찾아온 사람이라면 그분을 만나고 그분의 응답을 들을 수 있습니다.

왜 많은 사람들이 예수님 만나기를 망설이는지 모르겠습니다. 그들은 아마 예수님의 이 말씀을 깨닫지 못하는 것 같습니다. "자기 십자가를 지고 세상의 모든 것을 등지며 돈과 쾌락을 꾀하지 말고 타인의 삶을 위해 죽으라." 사람들이 과연 이러한 말씀에 귀기울이고자 할까요? 하지만 우리 예수원에서 들을 수 있는 말씀이 바로 이 말씀입니다.

정부의 존재가 인간의 이득을 위한 것이라고 생각하는 한 하나님의 뜻은 알 수 없으며 어떤한 정책이라도 재앙으로 끝을 맺을 것입니다. 하나님께서는 가난하고 고통받으며 압제받는 사람들을 우선적으로 생각하는 정부가 가장 이상적인 정부라고 말씀하십니다. 성경에 나오는 '왕정'이나 지금의 정부나 그 형태가 어떠하든지 같은 의미로 볼 수 있습니다. 시편 72편을 보면 하나님이 원하시는 바가 명백히 제시되어 있습니다. 첫째 관심사는 가난하고 억눌린 자들입니다.

세상에는 권력을 잡을 목적으로 사람들의 귀를 솔깃하게 할 만한 말들로 가득 찬 슬로건을 내거는 정치가들이 많습니다. 그들은 일단 권력을 갖게 되면 가까운 사람들과 자신에게 이득되는 일만을 생각합니다. 그들은 자신들이 그렇게도 큰소리로 옹호했던 억눌린 사람들에게 더 이상 관심을 갖지 않습니다. 그들에 대한 관심을 표시할 수 있는 간단하면서 실제적인 계획이 있어도 말입니다.

성경은 실제문제와 관련되어 있습니다. '영적'이라는 말로 성경말씀 전부를 제한시킬 수는 없습니다. 성경에서 이 단어는 '초자연적인' 경우에 사용되는 것으로 자연의 문제를 다루는 하나님의 지혜와 능력을 받는 일에 적용되는 말입니다. 철학에서는 문제 자체를 악하게 보는 경우가 있는 반면 성경은 하나님이 창조하신 모든 것-전체 자연계의 질서-은 '매우 선한 것'이라 말씀합니다. 우리가 사는 세상을 훼손시키는 것은 죄입니다. 죄의 문제를 먼저 다룰 때 다른 문제도 해결의 길이 열리는 것입니다. 성경은 문제의 근본원인에 관해 매우 분명하고도 실제적인 해답을 줍니다.

만일 한국의 대통령 후보가 성서적인 정치계획에 관해 질문한다면 나는 12가지를 제시하겠습니다.

나는 우선 시편 72편과 82편에 나온 대로 궁핍한 자들에 관한 하나님의 관심과 그들을 돌보지 않는 국가들에게 아모스 5장의 재앙이 쏟아지리라는 하나님의 경고를 상기시킬 것입니다. 그러나 하나님의 기본계획은 가난을 바로 잡는 것이 아니라 그것을 억제하는 것으로 그 방법은 토지에서 비롯됩니다.

각 가정은 그들 소유의 토지를 갖고 자신들의 일(농업 공업 혹은 무역과 같은)을 할 수 있는 영역과 집을 소유해야 합니다. 농촌에서나 도시에서나 토지를 갖지 못한 사람들은 자유로울 수가 없습니다. 토지가 없는데 무슨 자유가 있겠습니까? 토지를 갖지 못한 사람은 토지 주인에게 가서 그의 요구가 무엇이든 일을 구할 수밖에 없습니다. 그 사람은 아무 때나 파면될 수 있기에 항상 불안하고 노예보다도 못한 삶이라는 것을 알게 됩니다. 그나마 노예에게는 누울 자리와 세 끼의 양식 그리고 옷가지는 주어지기 때문입니다.

유엔에서 제정한 '인간의 권리' 30개 조항은 노예의 권리입니다. 인간의 권리는 생명 자유 토지입니다. 이 세 가지를 모두 가질 때 진정한 평안이 있습니다. 이들 중 어느 한 가지라도 잘못되면 훌륭한 경제제도나 정부 혹은 이웃들이 해결책을 쉽게 찾을 수 있다 하더라도 가난을 쉽게 면할 수가 없는 것입니다. 토지소유문제를 해결하지 못하는 상황에서 가난문제를 해결하려 하는 것은 비실제적이고 무책임하며 윤리에도 어긋나는 것입니다.

'토지세'나 '토지 임대세' 같은 것이 있습니다. 토지는 제조될 수 없습니다. 하나님은 땅을 만드셨지만 이제 더 이상 만들지 않고 계십니다. 그분은 각 가정에 골고루 토지가 분배되도록 국가들에게 맡기셨습니다. 부동산 투기는 노예나 여자를 팔고 사는 자유시장만큼이나 악한 행위입니다. 이것은 레위기 25장에 상술되어 있으며 부동산에 대한 자유시장은 이사야 5장 8절에 보면 죄악으로 규정되어 있습니다. 투기꾼이 토지를 모두 매입해 버리면 사람들은 살 곳을 잃어 버립니다.

미국의 피츠버그시에서는 약간의 토지세를 징수해서 슬럼가를 점차 없애 나갔습니다. 오히려 미국 중앙정부는 '슬럼가 퇴치'에 수십억 달러를 허비했지만 문제만 더 악화시켰습니다. 하나님의 방법이 효과적입니다. 손일선은 하나님의 방법에 근거해서 대만의 번영을 이루었습니다.

토지에 대한 자유시장이 통제되면 비로소 온전한 자유무역을 할 수 있습니다. 요한계시록 13장 16절에서 17절을 보면 자유무역의 억제는 종말의 징조들 중 하나입니다. 올바르게 정립된 토지경제제도를 실시하면 국내 상거래는 물론 국제무역도 자유롭게 할 수 있습니다. 이것은 정부를 점점 힘들게 하는 각종 규율이나 세금 등의 부담을 줄여 줍니다.

북한은 토지소유권에 대한 투기가 금지되어 있습니다. 만약 통일이 되면 토지개혁의 똑같은 원칙 즉 토지세가 양쪽 모두에게 적용되어야 합니다. 이것은 북한의 버려진 땅의 재개발이 활발히 이루어지는 데 큰 도움이 될 것입니다.

성경에 보면 대출이자에 관한 것이 있습니다. 은행이자에 대해서는 어떤 입장을 취해야 할지 잘 모르겠지만 가난한 사람들에게 낮은 이자(봉사료 정도의 매우 낮은 비율)로 대부하도록 하는 특별한 규정이 마련되어야 하는 것은 분명합니다. 다른 나라에서는 벌써 이런 일이 행해지고 있으며 기독교 실업인들도 가난한 사람들에게 돈을 대출해 줄 수 있도록 저축대부조합이나 신용조합을 운영하고 있습니다. 정부는 이러한 단체들을 직접 간섭함 없이 활성화시켜야 합니다. 만일 정부가 직접 개입하게 되면 효과는 없어지고 부정이권이나 타락의 길을 열어 놓게 될 뿐입니다. 정부는 이러한 사업을 활성화시키는 법을 제정하고 크리스천들이 이에 적극 참여해야 합니다.

일단 건전한 토지정책이 정립되면 '인구문제'가 있을 수 없습니다. 세계는 인구가 부족합니다. 북한도 마찬가지이며 가장 인구밀도가 높은 나라가(농산물 재배기간과 농토의 수적인 면에서) 가장 번영된 곳입니다. 사람은 번성해야 합니다. 하나님께서는 땅에 충만하라고 명하셨습니다(창 1:28, 9:1). 그분은 또한 자녀는 하나님의 선물이며 자녀가 많은 가정은 매우 자랑스러운 것이라고 말씀하셨습니다(시 115:14, 127:3~4). 정부는 대가족제도를 적극 권장해야 합니다.

동시에 낙태는 무고한 피를 흘리는 것이며(시 106:38), 하나님은 무고한 피를 흘린 나라를 멸망시키신다는 것을 명심해야 합니다. 주님은 이렇게 말씀하십니다. "옳은 일을 행하라. 압제자에게 착취당하는 사람을 구해 내며 고아와 타국인 그리고 과부에게 해를 끼치거나 학대하지 말며 무죄한 피를 흘리지 말라…그러나 네 눈과 마음은 부당이득과 무죄한 피를 흘리는 행위와 압제와 착취에 가 있구나."

우리도 알고 있듯 하나님은 이 말을 받은 나라를 멸망시키셨습니다. 행악으로부터 돌이키지 않으면 한국도 마찬가지 신세가 될 것입니다. 우리는 좋은 법을 갖고 있습니다. 이 법을 마음대로 변경시키지 말고 이 법대로 나가야 할 것입니다.

예레미야에 나온 '착취'라는 단어를 봅시다. 관원들이 관직을 악용해서 사람들의 봉사를 요구했습니다. 하나님께서는 공의를 굽게 하고 가난한 사람들의 권리를 빼앗는 뇌물을 싫어하신다고 성경은 분명히 말씀하십니다(출 23:8; 삼상 12:3; 암 5:12을 참고하십시오). 다시 말하지만 하나님은 이런 행위를 묵인하는 나라를 멸하십니다.

경찰이나 교사 혹은 목회자들조차도 선물이나 뇌물을 받는다는 것은 충격적인 일입니다. 정부는 이것을 저지해 나가는 데 이중적인 대책을 세워 적극 나서야 합니다. 먼저 국민에 대한 완전한 재교육이 있어야 하고 이러한 관행의 악덕을 노출시키는 효과적인 계획을 세워야 합니다. 이러한 악행이 국가를 파손시키기 전에 병폐의 근본원인을 드러내 제거하는 제도적 장치가 수반되어야 할 것입니다.

예레미야를 비롯한 다른 많은 성경 구절을 보면 하나님은 국내인은 물론 이주민이나 난민들에 대한 책임을 상기시키고 있습니다. 예수님이 심판하시기 위해 다시 오실 때 심판 내용 중의 하나는 집 없는 사람들과 객들을 잘 돌보아 주었는지 하는 것입니다. 그분은 "내가 나그네 되었을 때에 영접하지 아니하였다."라고 말씀하십니다.

국가의 심판에 대한 구절들은 마태복음 25장 35절부터 45절에 나와 있습니다. 우리는 이민해 오는 사람들에게 용기를 줄 수 있는 적극적인 정책을 마련하고 "본토인에게나 이방인에게나"(출 12:49) 똑같이 대우해야 할 것입니다. 해외이주나 국외개발을 권장함과 동시에 국내의 공간을 이주해 오는 사람들로 채울 필요가 있습니다.

우리는 다른 국가가 공의를 행하도록 강요할 수는 없지만 불의에 희생당하는 사람들에게 문을 열어 줄 수는 있습니다. 하나님은 우리에게 감당할 수 없을 만큼 은총을 쏟아 부어 주실 것입니다. 미국의 부강한 권력은 외국에서 이주해 온 사람들을 받아들인 덕분입니다. 비록 백인들이 이주하기 이전에 살았던 미국 원주민들에 관한 기록들이 많은 미국인들로 하여금 참회하게 하는 일이기는 하지만 말입니다.

끝으로 우리가 직면해 있는 보다 큰 문제가 있습니다. 포르노와 더러움입니다. 스바냐 3장 1절에 보면 "패역하고 더러운 곳 포학한 그 성읍이 화 있을진저."라고 나와 있습니다. 패역과 더러움이 곳곳에 널려 있습니다. 골로새서 3장 8절은 이렇게 말씀합니다. "이제는 너희가 이 모든 것을 벗어 버리라…너희 입의 부끄러운 말이라." 우리는 불건전한 광고와 포르노에 대해 강경한 입장을 취해야 할 것입니다. 이제 12가지 내용을 요약해 봅시다.

1. 정부의 기본 수입이 됨과 동시에 모든 시민들이 토지를 유용하게 사용하도록 하고 부동산 투기를 근절시킬 수 있는 토지임대세제도를 세울 것.
2. 토지와 인신매매를 제외한 자유시장.
3. 자유무역.
4. 북한 토지에 대한 투기 금지.
5. 저축과 대출에 낮은 이자.
6. 토지위탁조합의 설립과 각 가정이 자신의 집을 소유할 수 있도록 할 것.
7. 유기농업과 인구의 지방분산정책.

8. 해외이주와 개발.

9. 대가족제도의 권장과 무죄한 피를 흘리는 행위(낙태)에 대한 지속적인 금지.

10. 각계각층에 뇌물 안 받기 운동 전개.

11. 국내이민의 권장과 난민수용.

12. 광고개선과 포르노 금지.

하나님은 "이렇게 하면 너희가 살리라."라고 말씀하십니다. 이러한 일을 확신하고 실천에 옮길 만한 용기를 가진 후보자를 찾을 수 있을까요? 우리는 사탄의 능력과 한 나라를 불의와 더러움에 몰아 넣으려는 악한 힘을 과소평가해서는 안됩니다. 이러한 힘은 다수의 투표에 의해 쉽게 꺾이는 것이 아닙니다. 집중적인 기도와 영적 전쟁에 의해서만 좌절될 것입니다. 한국의 크리스쳔들이 크리스쳔 정부를 원한다면 기도와 금식이 필요합니다. "내 이름으로 일컫는 내 백성이 그 악한 길에는 떠나 스스로 겸비하고 기도하여 내 얼굴을 구하면 내가 하늘에서 듣고 그 죄를 사하고 그 땅을 고칠지라"(대하 7:14).

크리스쳔 친구들과 함께 이런 일을 위한 기도를 시작하는 것이 어떻습니까? 하나님은 기도의 물결 위에서 기적을 행하십니다.

신유기도에 관한 성서적, 과학적 근거

산골짜기에서 온 편지

한국의 추석과 유대교의 초막절

존경하는 대천덕 신부님.

제가 신부님께 여쭙고자 하는 내용은 두 가지인데 첫째가 한국의 명절 중의 하나인 추석이 성서적인 축제냐 하는 것입니다. 둘째는 좀 복잡한 문제에 속합니다. 한국의 교회 가운데 어떤 교회는 영적인 것에만 신경을 쓰고 있고 또 어떤 교회는 정신적인 문제에만 관심을 기울이고 있는 반면 소수이긴 하나 소위 급진적인 교회는 세상의 현상적인(또는 물질적인) 문제 즉 정치적 사회적인 사항에만 몰두하고 있습니다. 제가 알기로 성경은 영적인 것, 정신적인 것, 물질적인 것 모두를 포괄하고 있다고 여겨집니다. 그러나 이 세 가지 사항을 조화 있게 운영하는 교회는 찾아보기 힘든 현실입니다.

신부님, 이러한 세 가지 사항이 어떻게 서로 연관되어 있나를 알려 주는 성서적 가르침은 없는 것인지요. 저는 우리 크리스천들이 이와 관련된 그 어떤 중요한 교훈을 이해하지 못하고 있거나 아니면 이해하려는 시도조차도 하고 있지 않다고 생각합니다. 신부님의 의견을 듣고 싶습니다.

　　　　　　　　　　　　－ 주님의 사랑 안에서 성호 올림

사랑하는 성호 형제에게.

형제가 제기한 질문에 대해 목장에서 일하는 예수원 식구들과 사회사업 선교사업에 종사하는 예수원 방문객들은 며칠 전 진지한 토의의 시간을 가졌습니다. 한국 교회가 이러한 문제를 안고 있다는 사실이 저에게는 이상하게 여겨집니다. 왜냐하면 한국의 고전건축물의 치장 가운데 가장 중요한 요소인 태극무늬는 세 가지 색으로 되어 있는데 이것은 가장 두드러진 한국문화의 상징이기 때문에 그렇습니다. 태극무늬는 기독교의 성삼위일체와 어느 정도 연관이 있다고 보이며 한국사람들로 하여금 사물을 세 가지 방향에서 관찰하도록 하는 데 크게 기여했다고 생각됩니다.

저는 한국 교회가 사물을 세 가지 방향에서 바라보지 못한 데에는 (또는 다양하게 바라보지 못한 데에는) 기독교가 아직도 토착화되지 못하고 외국종교로 남아 있기 때문이 아닌가 생각합니다. 한국 교회가 추석에 대해 관심을 전혀 나타내지 않고 있는 것이 그 대표적인 사례라 하겠습니다. 그렇습니다.

저는 여러 기회를 통해 대부분의 크리스천들이 사용하고 있는 양력은 로마시대에 만들어진 것으로 성경과 무관하다는 사실을 지적한 바 있습니다. 성경에 나오는 달은 항상 음력을 지칭합니다. 그리고 한국에서 통용되고 있는 음력과 성경의 음력에는 두 가지의 차이점이 있습니다.

첫번째 차이점은 이렇습니다. 히브리민족이 모세의 인도로 애굽을 빠져나온 것은 2월이었습니다. 그리고 그들은 '출애굽(Exodus)'을 기념하기 위해 그들이 애굽을 탈출했던 시기인 2월을 해가 시작되는 1월로 바꿨습니다. 그들이 애굽을 떠난 그날 밤은 유월절의 어린 양을 잡은 날이며 보름밤이었습니다. 한편 동양에서는 달이 뜨지 않은 날을

월(月)의 첫째 날로 삼고, 유대인들은 새로운 달이 나타나기 시작하는 날부터 날짜를 계산하기 때문에, 동양과 이스라엘 사이에는 하루 정도 차이가 납니다. 그러므로 유대인에게는 14일이 보름입니다.

다른 차이점 하나는 윤달(평년보다 한 달이 많은 달)에 관한 것입니다. 유대인들은 윤달을 13월로 처리하지만 동양에서는 별도로 취급하지 않고 달에 끼워서 사용합니다. 한국의 음력이 유대인의 음력에 비해 숫자상 뒤떨어지는 것은 바로 이러한 이유에서입니다.

우리가 주목해야 할 또 하나의 큰 차이점은 유대인들은 유대인의 축제, 즉 초막절을 한국과는 달리 8일간 지낸다는 점입니다. 한국의 추석에 해당하는 초막절이 한국 크리스천들이 생각하고 있는 것 이상으로 성경에서는 아주 중요하게 취급되고 있다는 것입니다. 그러므로 한국의 교회들이 이 중요한 절기인 추석을 왜 지키지 않고 있는지 이해가 가지 않습니다.

성호 형제, 용서하시기 바랍니다. 제가 너무 추석에 대해 장황히 설명한 것 같군요. 그만큼 추석이란 명절은 아주 중요한 의미를 담고 있습니다. 우리 크리스천들은 그리스도의 탄생 죽음 부활을 대단히 경축하고 있으며 개중에는 오순절 성령강림에 큰 의미를 두고 있기도 합니다. 그러나 추석 때인 초막절은 그냥 지나칩니다. 아무 행사도 하지 않습니다. 그렇다면 초막절에는 어떤 영적인 의미가 담겨 있는 것일까요. 이에 앞서 유월절과 오순절의 영적 의미를 먼저 짚고 넘어가는 것이 좋을 것 같습니다.

유월절은 애굽 종살이에서 벗어난 것을 기념하는 과거에 대한 축제입니다. 이를 영적으로 해석하면 그리스도의 죽음과 부활로 죄의 속박에서 구원함을 받은 것을 뜻합니다. 반면 오순절은 유대인에게 있어서는 현재에 대한 축제입니다. 왜냐하면 그날 유대인들은 시내산에서 율법을 받았으며 지금까지 그 율법 아래 살고 있기 때문입니다. 하나님이 오순절날에 성령을 보내 주시어 우리를 옛 율법에서 건지시고 우리의 마음에 새로운 율법을 새겨 주신 것은 우연이 아닙니다. 오순절은 오늘날의 크리스천에게 있어서도 현재에 대한 축제로 존재합니다. 오순절날에 교회가 세워졌기 때문에 그렇습니다. 이 날은 교회의 탄생일이며 우리는 교회시대에 살고 있습니다.

반면 한국의 추석에 해당하는 초막절은 미래에 대한 축제입니다. 이때는 수확의 시기입니다. 따라서 초막절은 그리스도가 이 땅에 재림해 우리를 그의 영원한 왕국으로 인도하는 때인, 즉 마지막 시대를 가리키는 영적인 의미를 갖고 있습니다.

성공회에서는 이러한 의미에서 비록 거창하지는 않지만 크리스마스 전 4주간을 강림절(降臨節)로 지키고 있습니다. 로마시대의 기독교인들은 기독교가 공인되기 전에는 하나님 왕국의 도래를 간절히 기다리고 있었습니다. 제 판단으로 그들은 그들 가족과 함께 추석을 지냈으리라고 생각됩니다(이 부분에 대해서 여건상 충분한 조사는 하지 못했으나). 그러나 기독교가 공인화되자 로마정부는 하나님 왕국의 도래에 대해 언급하는 행위를 못마땅하게 여겼습니다. 그러한 행위기 반정부적인 의도로 비쳤기 때문이었습니다. 차츰 교회는 하나님 왕국을 죽어서 가는 천국으로만 생각하게 됐고 추석에 대한 관심은 시들어갔습니다. 저는 이러한 의미에서 '추석을 지키고 기념할 것'을 한국 교회에 당부하고 싶습니다.

성호 형제, 형제의 질문에 대한 제 답변이 간략하다면 좋으련만 이러한 문제가 제기될 때마다 긴 설명을 하지 않을 수 없게 됩니다. 저는 성경에 나타난 과거 현재 미래에 관한 세 절기와 신학의 세 흐름-복음주의신학, 오순절신학, 자유주의신학-사이에는 어떤 연관성이 있다고 생각합니다.

과거 가톨릭에서는 이 세 가지 신학적 흐름을 포용하려고 했으나 도중에 뭔가 잘못되어 현재는 그러지 못하고 있습니다('가톨릭'이란 단어의 뜻에는 '보편적인'이란 의미가 있음). 저는 다시 한번 태극무늬를 바탕으로 사물을 세 가지 관점에서 바라봤던 한국의 전통을 상기코자 합니다. 한국에서 토착적인 한국신학이 자라났다면 신학의 세 가지 흐름을 모두 포용하지 않았나 생각됩니다.

이 문제에 관해 요한복음 1장 1절에서 14절까지는 중요한 단서를 제공해 줍니다. 특별히 14절 말씀이 강조됩니다. "말씀이 육신이 되어 우리 가운데 거하시매…."

하나님은 인간이 되셨습니다. 이것은 기독교만이 갖는 독특한 가르침입니다. 예수는 단순히 구세주나 선생이나 위대한 인물이나 좋은 삶의 본보기가 아니었습니다. 그는 신이 된 인간도 아니었습니다. 예수는 육신이 된 '말씀'이었습니다.

이 말씀을 통해 세상이 창조됐고 이 말씀으로 모든 선지자들은 예언을 했던 것입니다. 하나님의 말씀이 영, 혼, 육을 지닌 전형적인 한 인간이 되었습니다. 이것이 성경의 열쇠입니다. 이 뜻은 하나님의 말씀인 예수가 인간이 됐다는 것이며 인간 예수가 하나님이란 의미입니다. 즉 예수도 우리들과 같은 영적 심정적 육체적 성품을 지녔다는 뜻입니다. 그도 여느 인간들처럼 희로애락을 느꼈습니다. 30세가 되기 전까지 그는 노동자(목수)였으며 추위와 배고픔과 피곤함과 괴로움을 알았습니다. 또한 세상의 불의를 보았으며 가난하고 억눌린 자들에게 깊은 관심을 나타냈습니다.

인간과 하나가 됨 외에 예수는 그의 생애 내내 성부, 성령과 교통을 했습니다(성령의 외부사역과 내부사역을 언급한 눅 2:40, 3:22,

4:1, 4:14 참조). 말씀이 육신이 된 것을 신학적 전문용어로 성육신(incarnation)이라 합니다. 성육신은 유일무이한 진리로 이것이 무시되면 다른 모든 신학적 이론은 무용지물이 됩니다. 어떤 사람들은 오늘날 교회가 여러 교파들로 나뉘어진 것은 성육신의 의미를 제대로 파악하지 못한 결과라고 해석하기도 합니다. 그렇다면 성육신이 우리의 삶 속에 던져 주는 의미는 무엇일까요.

빌립보서 2장 5절에서 11절을 보시기 바랍니다. 인간이 되기 위해 예수는 자기 자신을 비웠습니다. 우리도 이와 같이 돼야 합니다. 예수는 세 가지 면에서, 즉 육체적 정신적 영적인 면에서 인간이 되었습니다. 그는 우리 인간과 동일함을 나타냈습니다. 그러므로 그리스도의 지체인 교회는 이런 인간의 세 가지 문제를 조화 있게 풀어나가야 완전한 공동체가 됩니다.

사회의 문제만 바라보고 그 일에 모든 신경을 쏟아붓는 교회는 실패하고 맙니다. 왜냐하면 교회란 현상적인 문제 이상의 것들을 처리할 수 있는 영적인 능력을 갖고 있어야 하기 때문입니다.

죄와 구원의 문제에만 관심을 기울여 '죄사함 받고 죽어서 천국에 간다'는 수준에 머물고 있는 교회 역시 실패로 끝날 것입니다. 그렇게 하면 이기적인 크리스쳔만 배출되기 때문에 그렇습니다.

또한 인간의 감성에 호소하는 교회도 인간의 육체적 정신적 영적인 욕구를 충족시키지 못할 것입니다. 교회가 온전한 인간을 양성하기 위해선 인간의 모든 면(개인적 사회적 물질적 영적인 면을 포함한)에 관심을 쏟았던 예수처럼 돼야 합니다.

복음주의파 오순절파 자유주의파 등은 당신의 교회를 향한 하나님 계획의 일부분들입니다. 이 세 가지의 신학적 흐름은 그리스도 안에서 잘 조화돼야 하는데 이런 하나님의 뜻이 바로 성육신이란 신학이론에 잘 나타나 있습니다.

어떤 교회에서는 사도신경 대신 니케아신경(Nicene Creed)이 주일날 암송됩니다. 니케아신경에는 흥미로운 부분이 있습니다. 내용은 사도신경과 다를 바 없으나 사도신경보다 자세히 기록되어 있고 사도신경에는 '내가 믿사오니'라고 적혀 있는 반면 이 신경에는 '우리가 믿사오니'로 적혀 있습니다.

니케아신경은 서기 325년 니케아 종교회의에서 작성되었습니다. 제작 연대 미상인 사도신경은 예수를 "성령으로 잉태하사 동정녀 마리아에게 나시고 본디오 빌라도에게 고난을 받으사."라고 설명하고 있습니다. 그러나 니케아신경은 "천지가 있기 전 신(神)이요 빛이신 아버지로부터 탄생되어 아버지와 한 본체가 되셨으며(이것은 니케아종교회의의 핵심사항임) 그로 말미암아 만물이 지은 바 되었고 우리를 구원하기 위해 하늘에서 내려와 성령으로 동정녀 마리아 몸에 성육되어 인간이 되사 십자가에 못 박히셨던" 분으로 예수를 묘사하고 있습니다. 오늘날 니케아신경을 사용하는 교회성도들은 니케아신경 암송 도중 "말씀이 육신이 되어"라는 부분에 이르러서는 모두 무릎을 꿇어 성육신이 그들 신앙의 핵심임을 보이고 있습니다.

성호 형제, 형제는 영적인 것 정신적인 것 육체적인 것 모두를 포괄하고 있는 성서적 가르침(이론)이 있는지에 대해 물으셨는데 성육신이 바로 그것입니다. 기독교인들이 성육신이란 신학이론을 진지하게 받아들여 그 의미를 이해하신다면 기독교나 가톨릭은 말할 것도 없고 기독교의 복음주의신학 오순절신학 자유주의신학은 각각 상호 보완적인 관계에 있다는 사실을 깨닫게 될 것입니다.

우리들이 성령의 도우심으로 서로의 존재를 인정하고 진정으로 사랑하지 못한다면 우리가 추진하는 사업은 그것이 아무리 위대한 일일지라도 성공으로 매듭지어질 수 없을 것입니다. 우리들은 모두 그리스도의 지체들이나 현 상태는 불구의 몸과 다를 바 없습니다. 불구의 상태가 된 그리스도의 지체가 건강을 되찾아 보다 능률적이고 효과적인 일을 할 수 있도록 우리 모두 기도해야 합니다. 우리 모두 예수 그리스도의 기도에 동참하여(요 17:20~21) 하나가 되도록 합시다. 그래서 세상이 믿도록 합시다.

신유기도에 관한 성서적, 과학적 근거

존경하는 대천덕 신부님께.

제가 이 글을 쓰는 건 예수원에 머물 당시 작은 사건 때문입니다. 한 청년이 모임 가운데서 기도를 받겠다고 나왔습니다. 청년은 말할 수 없는 깊은 절망 속에 빠져 있는 사람 같았습니다. 그는 종종 자신의 목숨을 스스로 끊으려는 충동을 느낀다고 털어놓고 자유토론시간에 모였던 형제들은 그 청년을 위해 기도해 주었습니다.

기도를 하는 가운데 그가 어머니 뱃속에 있었을 당시 그의 아버지가 그의 어머니에게 극악한 욕을 해 그로 인해 그가 현재와 같은 고통에 시달리게 됐다는 것을 알아냈습니다. 예수원 형제들은 그 청년의 머릿속의 나쁜 기억을 제거해 주시고, 그가 그의 아버지의 죄를 용서할 수 있게끔 인도해 달라고 합심기도를 드렸습니다.

저는 최근 그 청년을 우연히도 제가 살고 있는 서울에서 만났습니다. 그는 이제 어떤 심리적인 압박 상태에서도 자살 충동을 느끼지 않는다며 자신의 병을 온전히 치료하신 하나님께 감사를 드린다고 했습니다. 그러나 한 가지 의문사항이 생겼습니다. 제가 소속해 있는 기도모임에서도 그 청년에게 임했던 치료(신유)의 능력이 나타날 수 있다고 저는 믿고 있는데 안타깝게도 현실은 그렇지 못합니다. 신부님, 왜 저희 기도모임과 같은 일반적인 크리스천 기도모임에서는 신유의 능력은 고사하고 그런 기도조차 행해지지 않고 있는 것일까요.

— 주 안에서 김인삼 올림

사랑하는 인삼 형제에게.

　형제가 가족을 데리고 예수원을 찾아오셨을 때에 제가 부재중이라 만나 뵙지 못한 점, 정말 아쉽게 생각합니다. 그러나 저희 예수원의 공동체 모임에 직접 참가해 신앙공동체를 통해 역사하는 하나님의 능력을 깨닫고 향후 형제의 기도모임이 내적 치료와 중보기도에 효과적으로 쓰임받을 수 있는 가능성을 발견하셨다니 기쁘기 그지 없습니다.

　내적 치료를 언급하고 있는 성서적 근거는 아주 명확합니다. 하나님은 치료하시는 하나님이십니다. 출애굽기 15장 26절은 "나는 너희를 치료하는 여호와임이니라."라고 말하고 있고, 이사야 61장 1절은 "주 여호와의 신이 내게 임하셨으니 이는…상한 자를 고치시며."라고 언급합니다. 상한 심령과 상처받은 마음은 병든 자와 마찬가지로 그분의 주된 관심사입니다.

　시편 139편 13절에서 16절까지의 말씀은 우리가 태중에 있었을 때부터 하나님이 우리에게 얼마나 깊은 관심을 기울이고 있는지를 잘 나타내 주고 있는 구절입니다. 그분은 우리가 태중에서 어떤 충격을 받지나 않을까 염려하시는 분입니다.

　그러나 태중에 있을 당시 심리적인 피해를 입고 태어나는 사람도 있다고 성경은 말씀합니다. 이사야 48장 8절의 "너는 모태에서부터 패역한 자라."는 말씀에 유의하시기 바랍니다. 우리는 이 말씀이 단지 은유적인 표현에 지나지 않을 것이라고 생각할 수 있습니다. 그러나 이는 현실 속에서 일어날 수 있는 사실입니다. 태중에서 심리적 충격을 받아 반항하는(또는 슬퍼하는, 열등감에 싸여 있는, 자살하려는) 기질을 지니고 태어나는 사람이 있을 수 있다는 이야기입니다.

　물론 이사야 49장 1절의 "여호와께서 내가 태에서 나옴으로부터 나를 부르셨다."는 말씀처럼 이와는 정반대의 경우도 있습니다.

우리들 대부분은 하나님이 자신을 미워하는 자의 죄값을 갚되 아비로부터 아들에게로 삼사 대까지 이르게 하신다(출 20:5)는 말씀에 관심을 기울이지 않고 있습니다. 그러나 우리가 내적 치료를 위해 기도를 하면서 깨닫게 되는 한 가지 사실은 이러한 일이 현실 속에서 일어날 수 있다는 점입니다.

우리는 환자를 위해 기도하면서 그 사람의 문제가 그가 태어나기 몇 세대 전의 어느 사건과 연관되어 있다는 실례를 종종 발견해 낼 수 있었습니다. 예를 들어 술주정뱅이인 아버지가 임신 중인 어머니에게 극악한 욕을 퍼부어 대는 경우인데 이럴 경우 욕의 내용이 태중에 있는 아기의 뇌에 입력됩니다. 이 아기는 태어나 어른이 되어서 그의 아버지로 인해 그의 뇌에 입력된 나쁜 욕설들을 그의 아들에게 되풀이 하고, 그 아들은 또 그의 아들에게…. 이렇게 해서 4대에까지 쉽게 이어집니다. 그 사람은 그의 뇌 속의 나쁜 생각에 어쩔 수 없이 끌려가는 자신의 모습을 발견할 수 있을 것입니다. 또한 비이성적으로 행동하는 자신의 모습을 보고 자신이 정신병자이거나 극도로 사악한 존재라고 생각하는 사람도 있습니다. 물론 그렇게 판단해도 틀린 것은 아닙니다.

그러나 여기 해결책이 있습니다. 예수께서 십자가에 달리심으로 우리의 죄와 질병을 담당하셨고 치료의 능력도 풀어 놓으셨습니다. 그는 또한 그리스도인들에게 성령을 보내시어 절제의 능력을 허락하셨습니다. 저는 예수원 형제들이 그날 밤 내적 치료에 관해 구체적으로 기도했듯이 구체적인 기도를 통해 엄청난 내적 치료의 능력이 나타날 수 있다고 확신합니다.

우리가 생물학적 지식을 조금만 갖고 있더라도 이해의 폭을 다소 넓힐 수 있을 것입니다. 성경은 과학적 해답을 제시하고 있지 않으나 무엇을 위해 기도하고 어떻게 기도할 것인가에 대해선 좋은 안내자 역할을 해 줍니다. 하나님은 태아가 외부의 여러 충격으로부터 보호받도록 산모의 태(자궁)를 지혜롭게 만드셨습니다.

　태아는 스스로 커갈 수 있게끔, 독립된 개체로 만들어진 생명입니다. 태아가 외부로부터 필요로 하는 것은 산소와 영양분이며 이것은 산모의 핏속에 있는 유체를 통해 공급됩니다. 태아의 피는 산모의 피와는 다른, 태아 자신의 것이며 따라서 태아의 혈액형이 산모와 전혀 다르게 나타날 수도 있습니다. 태아의 혈액과 산모의 혈액은 전혀 섞이지 않습니다. 그러나 산모의 혈액 내의 영양분과 산소는 태반을 통해 태아의 혈액으로 공급되어 태아의 건강을 유지시킵니다.

　산모의 혈액에서 태아의 혈액으로 흘러들어갈 수 있는 물질 가운데는 아드레날린이란 호르몬이 있습니다. 이것은 한 쌍으로 되어 있습니다. 하나의 호르몬은 사람이 달아날 필요가 있을 때 분비되는 호르몬으로 이때 장(腸)을 자극해 당분이 나와 근육이 움직일 수 있는 충분한 에너지가 공급됩니다. 다른 하나는 싸울 필요가 있을 때 분비되는 호르몬으로 이때도 역시 필요한 에너지의 양이 공급됩니다.

　이러한 호르몬들은 정글과 같은 위험한 지역에서 살고 있는 사람들이나 군인 또는 화재가 발생한 빌딩에서 물건을 건져 내야만 하는 등 위급한 환경에 처한 사람들에게 절대적으로 필요한 효소들입니다.

　생전의 저의 아버지는 화재가 난 건물의 3층에 있었던 어느 교수에 대해 말씀하신 적이 있었습니다. 그 교수는 불이 나자 주요 서류가 들어 있는 책상을 1층으로 옮겼습니다. 다른 사람의 도움 없이 혼자의 힘으로 말입니다. 화재가 진압된 후 그 노 교수 혼자 끌고 내려왔던 책상을 원래의 위치로 옮기는 데는 네 명의 젊은 학생의 도움이 필요했습니다.

이것은 아드레날린 호르몬이 위급한 상황에 직면했을 때 우리 몸에서 어떻게 작용하는가를 잘 나타내 주는 예입니다. 그러나 위급한 상황에 처해 있을 때 달아나거나 싸우지 않으면 어떤 일이 생길까요. 그렇게 되면 그 사람은 극도의 긴장감에 싸일 것이고 매우 불안할 것이며 체내의 당분을 사용하지 않음으로 인해 여러 육체적인 고통을 느낄 것입니다. 저는 많은 질병이 우리들이 알고 있는 것 이상으로 이러한 원인에 연유되어 있을 것이라고 확신합니다. 암의 발생 원인도 이와 무관하지 않을 것이라고 생각합니다.

그러면 어머니 뱃속에 있는 태아에 관한 이야기를 다시 해 봅시다. 남편이 술에 취해 집으로 돌아왔습니다. 그는 도박으로 갖고 있던 돈을 전부 날렸습니다. 그는 산모인 그의 부인이 부탁한 한약을 사오지 않았습니다. 그는 죄책감에 사로잡혀 자신에 대해 심한 분노를 느꼈습니다. 그러나 그는 부인이 자신을 질책하는 것을 용납하지 않았습니다. 그의 부인 또한 분개했으나 그녀의 분노는 두려움으로 변했습니다. 그녀의 남편으로부터 폭력의 위협을 느꼈기 때문입니다. 그는 부인을 향해 고함을 치기 시작했습니다.

"너는 쓸모없는 여편네야. 아주 못됐어. 당장 강물에 빠져 죽어 버려. 내가 새장가갈 수 있게끔 말이야." 그는 맨정신으로 그런 욕설을 퍼부은 것은 아니었습니다. 술 취하지 않은 상태에선 상냥하게 말을 하며 그녀에게 용서까지 빕니다. 그러나 이러한 소동에 대한 민감한 반응을 보이는, 이들 부부가 전혀 예상치 못한 제3자가 있습니다. 그 제3자가 바로 엄마(산모)의 태중에 있는 아이입니다.

태아는 물론 이들 부부가 주고받는 이야기를 이해하지 못합니다. 그러나 저희가 알기로는 불행하게도 부모가 하는 말 중 좋은 말은 태아의 뇌 속에 기억되지 않습니다. 그러나 부부 사이에 심한 욕설이 오갔을 경우 혹은 남편이나 부인측에서 심한 욕을 했을 경우 어머니의 혈액 속의 아드레날린이 태아의 혈액으로 흘러들어가 태아는 두려움(또는 분노)에 떨게 됩니다. 태아는 그 이유를 알지 못합니다. 최면에 걸리는 것처럼 욕설은 태아의 뇌 속으로 자연스럽게 입력되는 것입니다.

세월이 흐른 후 아이가 자라 어른이 되었을 때 사고가 발생합니다. 그가 저항할 수 없는 어떤 충격이 왔을 경우 아드레날린이 그의 혈액 속으로 흐르기 시작하며 그의 이성의 능력은 마비되고 태아 때 그의 뇌 속에 입력됐던 "강물에 빠져 죽어 버려."라는 말이 갑자기 그의 뇌리에 떠오릅니다. 그가 여자였다면 "너는 쓸모없는 계집애야. 아주 못됐어."의 기억이 나타났을 것입니다. 그녀는 이러한 말들이 어디서 왔는지 이해하지 못합니다. 그녀는 그런 생각들이 그녀 자신으로부터 비롯됐다고 생각할지 모르겠습니다. 또는 신의 목소리일지도 모른다고 생각할 수 있고 어쩌면 이런저런 연유를 따지지 않고 지낼지 모르겠습니다. 그러나 몇 년의 세월이 지난 뒤에도 그러한 생각은 그녀의 의식 속에 강렬히 남아 있어 마침내 그녀의 삶 전체를 지배하고 말 것입니다. 그녀는 끝내 정신병원으로 옮겨지지만 아무도 그녀가 왜 그렇게 이상하게 변했는지 그 이유를 알지 못했습니다.

만약 정신과 의사들이 충분한 시간적 여유가 있어 조사해 본다면 이런 문제의 원인을 추적해 낼 수 있을 것입니다(시간은 1천 시간 정도 걸릴 겁니다). 그러나 그들이 할 수 있는 일이란 그녀에게 문제의 원인을 설명해 주고 이성적 판단을 하도록 권유하는 것이 고작입니다. 그들은 치료할 능력이 없습니다.

인삼 형제, 하나님을 찬양합시다. 성령께선 우리에게 지혜를 주사 한 영혼의 삶을 파멸시킨 원인이 무엇인지 알게 해 주실 수 있습니다. 그러면 우리는 성령께서 인도하시는 대로 기도할 수 있습니다. 성령은 우리의 기도를 돕고 우리의 기도를 사용하사 당신의 내적 치료의 능력을 나타내십니다. 이럴 때 정신병 환자가 치료를 받고 변화되는 것입니다. 이것은 순식간에 일어날 수도 있습니다. 또한 어떤 때에는 환자 스스로가 자신의 병에서 벗어나야만 하는 경우도 있습니다. 혹은 아무 일도 일어나지 않을 때도 있습니다.

인삼 형제, 우리 크리스천들은 단지 심리적인 고통과 육체적인 문제만 다루지는 않습니다. 사람은 하나님처럼 영적인 존재입니다. 그 사람이 다른 사람을 미워하건 아니면 자신을 미워하건 일단 누구를 증오하게 되면 자신을 파멸시키는 것과 다름이 없습니다. 하나님은 예수를 통해 그 자신이 용서하시는 하나님이라는 것과 그분의 형상대로 지음 받은 우리 인간 역시 남의 죄를 용서해야 하는 존재라는 사실을 알려 주셨습니다. 하나님의 치료의 능력을 찬미하십시다.

산골짜기에서 온 편지

회교는 왜 급속히 성장하고 있는가

존경하는 대천덕 신부님.

신부님께서 매사에 성령님의 인도를 따라 행동하고 또 그렇게 예수원을 운영하고 계시기 때문에 예수원 일은 아무 사고 없이 하나님의 은혜 가운데서 순탄하게 진행되고 있다고 믿습니다.

저는 회교권 국가에서 3년간 해외근무를 마치고 돌아온 사람입니다. 평신도로서 저는 그곳의 회교도들에게 그 어떤 기독교적인 영향을 끼치지 못했으며 그곳에서 사역하는 기독교 선교사들도 큰 성과를 거두지 못하고 있는 것으로 알고 있습니다. 크리스천 중에서 일부는 회교도들을 개종시키는 데 별 관심이 없으며 회교도들도 그들의 신을 믿고 있는 이상 그들의 신앙을 존중해야 할 것이라고 말하고 있습니다. 그러나 저는 회교도들이 비기독교인들보다 더 행복한 삶을 누리고 있다고는 생각지 않습니다. 회교국가들 역시 자국민의 삶에 별다른 행복을 주지 못하고 있는 것으로 판단됩니다.

제가 알기로 회교는 세계에서 두 번째로 큰 종교이며 가장 빠른 성장을 보이는 종교로서 그 성장속도는 가히 기독교를 능가할 정도라고 합니다. 신부님께서는 이런 이유가 어디에 있다고 보시는지, 그리고 이에 관한 대비책은 어떠해야 하는지를 알려 주시기 바랍니다.

— 주 안에서 문송주 올림

사랑하는 송주 형제에게.

주신 편지와 회교권 국가에 관한 형제의 설명 감사했습니다. 저는 회교권 국가에서 살아 본 적이 없기 때문에 저의 견해는 다소 이론적으로 흐를 수밖에 없습니다. 따라서 직접적인 조사는 할 수 없었고 많은 기도와 묵상에 의존했습니다.

기독교가 회교나 다른 종교에 비해 뒤처지고 있다는 것은 새삼 놀라운 사실이 아닙니다. 다른 종교가 번성할 수밖에 없었던 이유는 초기 크리스천들의 행동에서부터 발단이 되었습니다. 우리는 성경을 통해 초대 크리스천들이 어떠했는가를 알 수 있습니다.

바울은 빌립보서 3장 10절과 11절에서 그의 삶의 목적은 그리스도와 그의 부활의 능력을 알고 그의 고난에 동참하는 것이라고 밝혔습니다. "내가 그리스도와 그 부활의 권능과 그 고난에 참예함을 알려하여 그의 죽으심을 본받아 어찌하든지 죽은 자 가운데서 부활에 이르려 하노니." 형제는 형제가 알고 있는 많은 기독교 신자들, 소위 크리스천이라고 불리는 사람들이 과연 개인적으로 그리스도를 알고 있으며 그분의 부활에 동참하기를 원하고 있는 사람일 것이라고 생각하십니까? 저는 많은 수의 사람들이 예수는 알고 있으나 개인적으로 그분을 만난 경험은 없을 것이라고 생각합니다.

그들은 죽으면 천국에 들어갈 수 있다고 생각하고 있으나 예수의 재림을 기대하지 않을 뿐더러 죽은 자들의 부활을 가능하다고 보지 않는 사람들입니다. 그들은 바울이 말한 그리스도의 부활의 능력을 아는 것과 고난에 동참하는 것은 자신들의 생활과는 무관한 것으로 취급하고 있습니다. 반면 그들은 물질적인 축복과 그리스도인이 되는 데 따르는 이점에만 관심을 기울이고 그리스도인이 되는 것이 예수와 그의 제자들이 그랬던 것처럼 박해받고 가난한 생활을 의미하는 것이라면 기꺼이 그리스도인이라는 자격을 포기할 정도입니다.

사도행전 2장 44절부터 45절 이하의 말씀에 유의하시기 바랍니다. "믿는 사람이 다 함께 있어 모든 물건을 서로 통용하고 또 재산과 소유를 팔아 각 사람의 필요를 따라 나눠 주고."

교회사를 면밀히 훑어보면 교회는 콘스탄틴 황제의 집권시기 전까지 근 3백 년 동안 이러한 공동체 생활을 영위해 왔다는 사실을 알 수 있습니다. 그러나 콘스탄틴 황제 이후 교회는 변질되기 시작했고 이는 회교 출현의 원인이 되기도 했습니다. 오늘날 회교가 급속한 성장을 보이고 있는 원인에는 이러한 역사적 사회적인 이유가 있는 것입니다.

콘스탄틴 황제의 집권 시기까지 교회 구성원의 대다수는 가난한 사람들이었습니다. 데오빌로(눅 1:1; 행 1:1)나 바나바(행 4:32~37) 같은 부유층 사람들이 교회에 들어왔을 때에도 그들은 그들이 갖고 있는 모든 것을 가난한 사람들과 나누었습니다. 그들은 당시 기독교인의 주류를 이루고 있었던 가난한 사람들이나 노동자 계층 사람들과 교제하는 것을 부끄럽게 여기지 않았습니다.

당시에 권력자나 귀족들 가운데서 극소수의 사람들만이 교회에 오게 된 것은 아마도 그들이 빈곤계층의 사람들과 빈번한 접촉을 해야 하는 부담감 때문이 아니었나 싶습니다. 고린도전서 1장 26절에서 31절을 보면 고린도 교회가 억압받고 가난한 사람이 많았음에도 불구하고 큰 성장을 보였던 이유가 나옵니다.

콘스탄틴 황제는 4세기경 그가 만약 계속해서 권좌에 앉아 있게 된다면 억압받는 대중의 권익을 보호해 줄 것이라 공언했습니다. 그리고 그 자신이 기독교로 개종할 것과 기독교를 합법화할 것을 선언했습니다. 드디어 기독교가 로마의 국교가 되고 황제가 기독교인이 되겠다고 나서자 대지주들과 권력 있는 사람들이 교회에 합류하기 시작했습니다.

　이들이 바나바의 본을 따라 그리스도를 아는 일에 힘쓰고 땅을 재분배하는 일에 앞장섰다면, 그들이 진정으로 성령에 이끌려 성령 안에서 성도와의 교제에 관심을 기울였다면, 정말 아름다운 교회 공동체의 모습이 나타났을 것입니다. 그러나 그들은 교회를 인수하는 일에 적극 참여해 교회 운영을 자신들의 방법대로 이끌어 나갔습니다. 죽은 다음에 천국에 간다는 사실만 신도들에게 강조하였던 이들은 이전과 조금도 다름없이 소작인들과 가난한 자들을 착취했습니다.

　구약성서는 50년마다 토지를 재분배할 것을 언급하고 있고 예수님도 '자발적인 토지개혁(voluntary land reform)'을 강조하셨음에도 이들 지주와 권력자들은 정반대로 나갔던 것입니다.

　로마의 저개발지역에서는 복음이 빈곤계층 속으로 급속히 파고 들어갔습니다만 대도시 지역에서는 부유층과 권력층들이 교회를 휘어잡고 있었습니다. 가난한 사람들은 예수가 이 땅에 다시 와 정의와 공의를 세워 천년 왕국이 속히 오기를 바랐습니다.

　로마제국의 지배하에 있던 지역 중에 북아프리카 땅은 로마의 식민지가 되기 이전에는 거대한 제국이었습니다. 카르타고라고 불렸던 이 제국은 엘리야 시대 때 아합 왕을 부추겨 바알이란 우상을 숭배토록 했던 이세벨의 아버지와 타르와 시돈 사람들이 세운 나라였습니다(바알이란 뜻은 '주인(lord)'이라는 의미입니다).

　북아프리카에 정착하기 시작했던 바알 숭배자들은 이곳에 소작제도를 도입해 이곳 원주민들을 소작농으로 전락시켰습니다. 졸지에 빈곤에 빠져버린 원주민들은 분노와 적개심으로 가득 찼습니다. 로마제국이 군사들을 보내 이 지역을 평정했을 때도 소작제도는 여전히 남아 있었습니다. 슬프게도 기독교를 국교로 내세웠던 로마는 이곳에 희년

(50년이 되는 해에 토지를 원주민에게 돌려 주는 제도)과 같은 공정한 토지제도를 도입하지 않았습니다. 로마의 소작제도가 북아프리카 전 지역에 퍼졌던 것입니다.

그러나 로마에서 볼 수 없었던 일이 이곳 북아프리카에서 일어났는데 그것은 저소득 계층들이 자신들 소유의 교회를 만들었다는 사실입니다. 이 교회는 이곳의 주교로 출마했던 사람의 이름을 따 도나투스 교회라 불렀습니다.

그런데 당대의 유명한 신학자였던 히포의 어거스틴(Augustine of Hippo)은 도나투스 교회의 지도자들에게 논쟁을 제의했습니다. 그는 그들과 논쟁에서 그들이 세운 교회를 포기하고 로마교회의 권위 아래로 들어오라고 권했습니다. 그는 로마가 북아프리카 지역의 저소득층 사람들을 핍박한 사실에 대해 사과하지 않았으며 소작제도와 같은 경제제도를 바꾸겠다는 제안도 하지 않았습니다. 그는 현실적인 문제와 전혀 관계가 없는 진부한 신학적 토론으로 일관했습니다.

도나투스 교회 사람들은 로마 교회 수하에 있으라는 제안을 거부했고 이로 인해 그 교회는 성경과 성령의 가르침에 위배되게 지주계층의 수중에 들어가고 말았습니다. 교회들이 지주들의 수중에 들어간 상황은 콘스탄틴 황제 사후 3백 년이 지난 마호메트의 출현 때까지 지속됐습니다. 오늘날 많은 사람들이 이러한 사실을 모르고 있습니다. 마호메트는 '토지는 알라신의 것이다'라는 슬로건을 내걸고 포교활동에 나섰습니다. 그의 슬로건은 경제정의를 자세히 언급한 레위기 25장에서 인용된 것입니다. 북아프리카의 저소득층들이 그의 슬로건에 동참했으며 다른 지역의 많은 소작인들도 그를 추종했습니다. 이들은 지주였던 기독교인들을 몰아냈습니다. 단기간 내에 12개의 기독교 국가가 회교국으로 변했습니다.

오늘날 중동 국가들이 소작제도로 인해 심각한 갈등을 겪고 있는 것을 보면 이슬람교가 레위기 25장의 가르침을 실행하지는 않았던 것 같습니다. 현재의 중동지역의 부(富)는 소수의 지주들에게 몰려 있으며 이 같은 사실은 회교도들이 지주들과 싸우는 원인이 되고 있습니다.

어쨌든 이러한 상황을 놓고 볼 때 가장 안타까운 사실은 우리 크리스천들이 '사죄하라'는 예수의 가르침을 따르지 않고 있다는 점입니다. 마태복음 5장 23절에서 24절은 우리가 하나님께 예물을 드릴 때에 형제에게 원망 들을 만한 일이 있는데도 그 형제와 먼저 화목하지 않는다면 우리의 예물은 아무 소용이 없다고 가르치고 있습니다. 잘못한 일이 있으면 당사자를 찾아가 먼저 사과해야 합니다.

1989년 미국 인디애나폴리스의 국제회의에 참석했던 어느 대표는 제 친구에게 이렇게 말했습니다. "오늘날 대부분의 서구 신학자들이 안고 있는 문제가 무엇인지 알고 있습니까? 그들은 단지 토론(대화)에만 열중해 있다는 점입니다."

토론은 나쁜 것이 아닙니다. 좋은 것입니다. 그러나 예수와 성령께서는 두 가지 사항을 강조하셨습니다. 그것은 다름아닌 죄와 빈곤이었습니다. 공산주의자들은 빈곤의 문제를 해결하기 위해 노력해 왔으나 그들의 정부는 빈곤에 빠졌으며 미국이나 일본 등의 경제대국에게 손을 벌리는 꼴이 되고 말았습니다.

인디애나폴리스 국제회의에서는 성령이 충만한 기독교인들이 자발적으로 나서서 빈곤의 문제를 해결하고 있다는 보고가 있었습니다. 미국 성공회 주교인 데이비드 콜린스 씨는 "인디애나폴리스 의회는 하루 저녁을 복음 전도하는 일에 온전히 바치며 가난한 사람들에 대한 하나님의 계획을 말과 행동으로써 실천해 가고 있다."라고 전했습니다. 그는 또한 힘 없고 병든 자들에게 도움을 주고 집 없는 사람들에게 거주지를 제공해 주며 배고픈 자들에게 음식을 공급해 주는 등 구체적인 사례 몇 가지를 들며 설명하기도 했습니다.

　제 판단으로는 기독교인들이 가난하고 소외된 사람들을 도와 주고 있다는 소문이 널리 퍼지기 전까지 거짓 종교들은 가난하고 억압받는 소외된 사람들을 향해 여전히 호소력을 갖게 될 것입니다.

　현재 이슬람교의 주된 포교 대상은 백인을 제외한 모든 인종으로 규정되어 있습니다. 이는 그동안 백인들이 교회 구성원의 주류를 이루어 왔던 사실에 대해 항거하는 표시로 해석할 수 있습니다.

　백인의 한 사람으로서 또한 성직자의 한 사람으로서 저는 우리 조상들이 과거 수백년 동안 가난한 이웃들에게 복음을 전하지 못했던 점에 대해 깊은 사죄를 드리고 싶습니다.

　송주 형제, 우리 모두 가난한 이웃에 대해 관심을 기울이지 않았던 사실을 하나님께 고백하고 회개합시다. 그리고 앞으로는 옳은 일을 하도록 합시다.

산골짜기에서 온 편지

서로에게 '죄'를 고백합니다

존경하는 대천덕 신부님.

안식년은 어떻게 보내시는지 궁금합니다. 제가 듣기에는 안식년 휴가에도 불구하고 미국과 캐나다의 한국인 교회들을 방문하며 강연하기에 바쁘시다니 신부님께선 안식할 틈도 없는 것 같군요.

제가 신부님께 여쭙고자 하는 내용은 고백(또는 자백)에 대한 문제입니다. 요한일서 1장 9절의 말씀을 신부님께선 어떻게 해석하실지 궁금합니다. "만일 우리가 우리 죄를 자백하면 저는 미쁘시고 의로우사 우리 죄를 사하시며 모든 불의에서 우리를 깨끗케 하실 것이오."

어떤 사람은 '자백'의 의미를 하나님께 개인적으로 고백하는 뜻으로 파악하는가 하면, 목회자에게 고백하라는 의미로 해석하는 사람도 있고, 또 어떤 사람들은 교회에 고백하라는 뜻으로 이해하는 분들도 있어 상당히 혼란스럽습니다. 우리가 자백의 의미를 제대로 파악하지 못한다면 자백하는 사람의 죄가 용서함을 받는지의 여부를 어떻게 알 수 있겠습니까. 신부님, 이에 대해 명쾌한 방향을 잡아 주시기 바랍니다.

— 주 안에서 박포동 올림

사랑하는 포동 형제에게.

주신 편지와 제 선교여행에 관한 형제의 각별한 관심에 대해 감사를 드립니다. 저는 북미의 여러 교회들을 방문하면서 그곳에 계신 한인 교우들의 따뜻한 보필을 받을 수 있었습니다.

몸은 비록 오랜 선교여행으로 피로가 겹친 상태이나 하나님께서 힘을 더욱 주시어 당신의 도구로 사용하시기를 간절히 바라는 마음뿐입니다.

형제께서 질문한 내용은 16세기 종교개혁 당시 논란이 되었던 종교적 쟁점 가운데 하나이며 신학자들도 의견의 일치를 보지 못한 부분입니다. 형제께서는 저에게 신학적으로 난감한 문제에 대해 대답을 요구한 셈입니다. 그러나 저는 기쁜 마음으로 제가 성서에서 발견한 지식을 알려드리고자 하는데 형제는 이를 통해 우리 주님께서 의도하셨던 '자백'이라는 어휘의 의미를 이해하게 될 줄 믿습니다.

포동 형제에게 "당신의 할 일은 이런 것이오."라고 말하는 것은 제가 할 일이 아닙니다. 저의 의무는 성서에 써 있는 내용을 사람들에게 알리는 일입니다. 성서의 내용을 삶에 어떻게 적용시키느냐는 문제는 성서의 내용을 들은 사람이 알아서 처리해야 할 일인 것입니다.

한국어 성경판에 '자백'이라고 번역된 단어가 영어 성경에는 '고백(confess)'이라고 되어 있는데 이 단어는 신약성서에 16번 나옵니다 (이 단어의 헬라 원어는 '호모로게오(homologeo)'로 '같은 말을 한다' '동의한다'라는 뜻임). 이 단어는 또한 '감사합니다'의 뜻으로 한 번, '공언하다'로 세 번, '약속하다'로 한 번 번역되어 있습니다. 이 세 가지 단어들은 다른 사람에게 큰소리로 말을 한다는 공통적인 뜻을 갖고 있습니다. 구약성서에 '고백'이라고 번역된 히브리 원어의 뜻은 '손을 펼쳐들다'라는 의미로 '탁 털어 놓고 이야기하다'라는 뜻입니다. 즉 자리에서 벌떡 일어나 손을 펼치며 "여러분들, 여기 서 있는 제가 하나도 숨김 없이 진실을 말하고자 합니다."라고 고백하는 의미로 해석됩니다.

　재미있는 현상은 이 단어가 성경 구절 속에서 어떻게 사용되었느냐 하는 점입니다. 가까운 예가 마태복음 10장 32절에 나타나 있습니다. "누구든지 사람 앞에서 나를 시인하면 나도 하늘에 계신 내 아버지 앞에서 저를 시인할 것이요." 한국어 성경에는 '자백' 대신에 '시인'이라고 번역되어 있으나 원어는 같은 의미를 담고 있습니다. 이와 관련된 성경 구절들을 다음과 같이 소개하니 참고하기 바랍니다.

　눅 12:8(2번); 요 1:20(2번), 9:22, 12:42; 행 24:14; 롬 10:9; 히 11:13; 요일 4:1(쟁점이 되고 있는 자백이란 단어를 요한이 어떻게 사용하고 있는지를 이해한다는 것은 매우 중요한 일입니다), 4:3, 15.

　한국어 성경판에는 '자백'이라는 말과 같은 의미로 '시인' '드러내어 말하다' '~이 있다고 하다' '고백' 등의 단어가 기록되어 있습니다. 로마서 10장 9절의 말씀을 주목하기 바랍니다. 이 구절은 마음으로 믿는 것과 그것을 입으로 고백하는 행위를 대조적으로 보여 주고 있습니다. 앞에서 열거한 '자백' '고백' '드러내어 말하다' 등의 단어는 어떤 사실을 1~2명 이상의 증인들 앞에서 큰소리로 말한다는 의미를 갖고 있습니다. 저는 이 문제에 관해 오랫동안 연구를 해왔으나 입으로 시인하지 않은, 마음속의 회개는 불충분하다는 사실을 알았습니다.

　그렇다면 한국어 성경을 번역한 사람들은 어째서 한 단어를 가지고 여러 의미로 번역해 놓아 혼란을 일으키게 했을까요. 새로 번역된 성경에는 어떻게 번역되어 있는지 잘 모르지만 제가 알기로는 한국어 성경번역을 맡았던 초창기 선교사들도 이 문제에 관해 종교개혁 당시와 마찬가지로 극심한 논쟁에 휘말리지 않았나 생각됩니다. 이 쟁점에 관한 역사적 배경을 검토해 보는 것이 유익할 것 같다는 생각이 듭니다.

초대 교회 시절에는 잘못을 저지른 사람이 회중 앞에서 잘못을 고백하고 공적 사죄함을 받는 행위가 일반적 관행으로 인식되고 있었습니다. 그러나 시간이 흐르면서 그렇게 하면 시간이 많이 소요되고 당사자에게 심적인 짐이 되고 있다는 지적이 제기되어 잘못을 범한 자는 목회자를 찾아가 그에게 잘못을 고백하고 목회자가 "당신의 죄가 사해졌습니다."라고 판단을 내리면 당사자는 목회자의 판단을 진실로 받아들이자는 방법이 제기되었습니다.

이 방법은 어느덧 일반화 되었고 차츰 사람들은 본래의 전통을 잊어버리게 됐습니다. 그러나 목회자들이 부자들의 죄는 쉽게 사해 주면서 가난한 자의 죄는 까다롭게 대하는 폐단이 생겨났으며 심지어는 공갈 협박하는 악습도 있었습니다. 이렇게 해서 고백은 의미 없는 형식적 고백으로 변질되었고 급기야 성직자들만이 죄를 사해 줄 수 있다는 이야기가 돌 정도였습니다. 그러나 이에 관한 대안이 없었습니다.

몇 년 전에 저의 오랜 영적 조언자이자 일단의 젊은이들에게 성경의 올바른 삶의 자세를 가르쳐왔던 목회자 한 분이 저에게 이제부터는 좀 더 엄격한 성서적 규치하에서 생활하도록 권유해 왔습니다. 그는 규칙적으로 그리고 자주(한 달에 한 번 정도) 다른 성직자에게 나의 잘못을 고백할 것을 강요했습니다. 저는 겸허한 마음으로 이 딱딱한 규칙을 받아들이기로 결심했으나 공개적 고백에 대해 경험이 많이 없었던 터라 마음이 언짢았습니다.

저는 어떤 이론에 대해서 논쟁을 벌이기보다는 먼저 시험(테스트)해 보는 과학적 사고방식을 어려서부터 익혀왔기 때문에 그 목회자의 조언대로 테스트해 보기로 결정했습니다. 그런데 놀랍게도 그러한 시도는 제 삶에 변화를 일으켰습니다. 저는 같은 죄를 반복해서 고백해야 한다는 사실에 대해 부끄럽게 생각하고 있었습니다. 저는 진심으로 죄를 이기려고 시도했고 하나님께서 도와 주시기를 간구했습니다. 하나님께서는 그렇게 하셨습니다. 그러나 제 죄가 사함을 받았다는 감화 감동 같은 것이 없었습니다.

한번은 재미있는 경험을 하게 됐습니다. 저는 제가 오랫동안 어떤 불안에 의해 지배를 받아왔으며 그로 인해 기쁨이 없어지고 건강과 일에까지 영향을 받고 있다는 사실을 발견했습니다. 저는 그 이유가 믿음과 사랑의 부족 때문이라는 것을 깨달았습니다. 요한일서 4장 18절은 "사랑 안에 두려움이 없고 온전한 사랑이 두려움을 내어 쫓나니."라고 말씀하고 있습니다. 이러한 이유를 깨달은 저는 즉시 하나님께 죄를 회개하고 더 이상의 불안이 없도록 완전한 사랑 안에 거하게 해달라고 간구했습니다. 저는 하나님께서 용서해 주신 줄 믿고 그 일에 대해서는 더 이상 생각하지 않았습니다.

그로부터 2주일이 지난 후 저의 월례 고백시간이 돌아왔습니다. 애초의 계획에는 이 사실을 고백하려고 하지 않았으나 마음을 돌려 "저번에 지은 죄 이후로 저는 다음과 같은 죄를 저질렀습니다."라고 고백 명목에 이 사실을 포함시켜 공적인 석상에서 고백했습니다. 그런데 놀라운 변화가 일어났습니다. 전에 경험하지 못했던 감화 감동을 느꼈습니다. 고백이 다 끝나고나자 마치 공중에 나는 것 같은 기분이 들었습니다. 2~3톤 가량의 짐이 어깨에서 사라지는 것 같았습니다. 놀라운 경험이었습니다. 하나님은 저도 모르는 사이 제 몸을 짓누르고 있었던 중압감에서 저를 해방시켜 주셨을 뿐만 아니라 고백의 의미와 가치를 가르쳐 주셨던 것입니다.

이와 같이 개인적인 사례 외에도 우리는 다른 사람이나 모임에 대해 죄를 범한 경우가 있을 것입니다. 이때에 우리는 하나님뿐만 아니라 우리가 잘못을 저지른 당사자를 찾아가 용서를 구해야 합니다.

하나님께서는 우리가 하나님께 예물을 드릴 때 주위의 형제에게 잘못을 저지른 사실이 생각나거든 예물을 드리기 전에 먼저 그 형제에게 찾아가 화해하라고 권고하십니다. 먼저 화해를 하고 난 후 하나님께 예물을 드리라는 것입니다. 우리는 '좀더 편리한 시간'을 찾기 위해 주위 형제에게 사과하는 일을 미루는 경우가 있습니다. 그러나 좀더 편리한 시간이란 찾아오지 않는다는 사실을 기억하기 바랍니다. 생각날 때 당사자를 찾아가 먼저 용서를 구하십시오. 그러면 그 죄책감에서 즉시 해방될 수 있습니다.

또 다른 중요한 문제는 우리가 공식적인 자리에서 다른 형제에게 상처를 입혀 그의 체면을 손상시킨 경우입니다. 이럴 경우 그 형제의 자존심과 명예를 회복시켜 주어야 합니다. 우리가 상대방의 자존심을 긁고 체면을 손상시키는 일을 하고 있다면 상대방을 내 몸과 같이 사랑하고 있지 않다는 증거인 것입니다. 하나님은 우리에게 이웃을 네 몸과 같이 사랑하라고 하셨는데 말입니다. 제가 이렇게 말하면 아마 도대체 누가 요한이 권고한 것처럼 자신의 죄를 공식적으로 고백할 정도로 그렇게 큰 사랑과 겸손을 소유할 수 있겠느냐고 반문할지 모르겠습니다.

요한일서 7장의 말씀을 보기 바랍니다. 핵심 단어인 '사귐'이란 말을 발견하게 될 것입니다. 이 뜻은 '코이노니아'란 의미로 성서에만 나오는 유일하고도 놀라운 말입니다. 크리스천이 아닌 다른 사람들은 이같은 사실을 모릅니다. 이것은 하나님과 주 안에서 한 몸된 형제들과의 영적 교제입니다. '사귐'이란 단어가 고린도후서 13장 13절에는 '교통'이라고 번역돼 있는데 이 말은 성서 속에 나오는 단어 중에서 무척 중요한 단어 가운데 하나입니다. 오직 그리스도인들만이 성령의 내적 사역으로 인해 이 같은 교제를 나눌 수 있습니다. 요한은 이것을 가리켜 "빛 가운데 행한다."라고 설명합니다. 그는 형제들과의 사귐에 있어 솔직하고 진실된 자세를 권면하고 있고 우리가 이러한 자세로 교제에 임한다면 그리스도의 피가 우리를 모든 죄에서 깨끗케 하실 것이라고 강조하고 있습니다.

이것은 사람의 가르침이 아닙니다. 정말로 진실된 교제가 교회에서 사라져 버린 현실 속에서 우리는 살고 있습니다. 사람들은 상호간의 교제는 하려고 하지 않고 형제와의 진정한 교제 없이 하나님하고만 교제하는 척하고 있습니다. 이러한 모습은 성경의 가르침이 아닙니다. 우리가 진정으로 우리의 형제들과 빛 가운데서 함께 거하기 원한다면 우리는 서로에게 각각의 죄를 고백해야 합니다. 그래야 참된 교제인 것입니다. 그렇게 함으로써 점점 겸손해져서 더욱더 하나님과 그의 아들 예수 그리스도께 가까이 나아가게 되는 것입니다. 이 세상에는 이만한 놀라운 교훈은 존재하지 않습니다. 예수 그리스도는 우리가 하나님과 교제하고 우리 형제들과 교통을 나누도록 하기 위해 십자가에서 피흘려 죽으셨습니다. 우리 다같이 이와 같은 값진 특권에 동참합시다.

산골짜기에서 온 편지

온 인류에 대한 죄도 용서를 구해야만 합니까

존경하는 대천덕 신부님.

바쁘신 미국 선교여행 가운데 휴식은 제대로 취하시는지 궁금하군요. 꽉 짜여진 스케줄로 한가한 틈이 없는 신부님께 질문드릴 것이 있습니다.

우리가 '용서(forgiveness)'를 위한 기도를 할 경우 우리 자신의 죄는 물론 전 인류의 죄까지 포함하는 것이라면 걸프전과 같은 인류의 참사에 대한 책임도 함께 져야 되는 것이라고 생각합니다. 우리는 인류의 한부분이기에 우리 자신뿐만 아니라 온 인류의 죄에 대한 용서를 반드시 구해야 되지 않을까요?

"내 원수를 용서한다."라고 말하기는 쉬울지 몰라도 "내 원수가 저지른 행위에 대해 나도 책임을 진다."라고 말하기는 매우 어렵다고 봅니다. 그러나 우리는 인류 속에 살고 있음으로 이에 대한 책임을 부분적이나마 져야 되지 않을까 생각합니다. 신부님의 고견을 듣고 싶습니다.

－ 주 안에서 마거릿 올림

사랑하는 마거릿 자매에게.

　미국 성도로부터 편지를 받으니 매우 반갑습니다. 아마 한국 성도들도 같은 기분일 것이라 생각합니다. 사실 동양문화는 인도주의(humanism)를 근간으로 삼고 있으며 특히 유교의 정신이 주류를 이루고 있습니다. 동양문화에 인도주의 정신이 담겨 있다는 점 때문에 많은 크리스천들이 때때로 혼란에 빠지기도 합니다. 우리는 종종 인류 또는 우리 민족과 우리 자신과의 관계에 대해 망각할 때가 있습니다. 그러나 하나님과의 관계와 인간과의 관계를 어떻게 성서적으로 조화시켜 나갈지를 이해한다는 것은 매우 중요합니다.

　이에 대한 가장 기본적인 가르침은 마태복음 22장 37절에서 40절까지 나오는 주님의 말씀입니다. "예수께서 가라사대 네 마음을 다하고 목숨을 다하고 뜻을 다하여 주 너의 하나님을 사랑하라 하셨으니 이것이 크고 첫째 되는 계명이요 둘째는 그와 같으니 네 이웃을 네 몸과 같이 사랑하라고 하셨으니 이 두 계명이 온 율법과 선지자의 강령이니라."

　예수께서는 이 말씀에서 우리 크리스천들은 자신에게 갖는 관심과 똑같은 성도의 관심을 우리 이웃에게 보이라고 분명히 밝히고 있습니다. 인본주의의 문제는 이러한 점을 이론으로는 받아들이지만 실천하는 힘이 없다는 데 있습니다. 인간은 근원이 자아중심입니다. 하나님을 마음을 다하고 목숨을 다하고 뜻을 다하여 사랑하지 않으면 인간은 어쩔 수 없는 자아중심적인 존재로 남습니다. 그러나 하나님을 사랑할 수 있도록 한 힘은 이웃을 사랑하게끔 인도할 수 있습니다.

　이런 힘이란 과연 무엇일까요. 이 힘을 알지 못한다면 정치와 경제를 개선하려는 인간의 노력은 파국으로 치닫고 말 것입니다. 이 힘은 인간으로 하여금 연대책임(mutual responsibility)에 대해 좋게 말하도록 유도하는 것이 아니라, 소위 말하는 '관심'이나 '책임'의 스크린 뒤에 가려진 '탐욕'과의 처절한 전쟁에 참여하는 힘입니다. '관심'이나 '책임'의 스크린을 사용하는 사람들은 철저히 정직하지 못한 사람들입니다. 그들은 긴 옷을 걸치고 무대에 올라 연극하는 배우와 같습니다. 성경에 기록된 '위선자(hypocrite)'의 희랍어는 연극하는 배우를 지칭하는 말입니다. 우리가 신문에서 보는 많은 내용들은 따지고 보면 연극과도 같은 것입니다. 사람들은 자신들의 이웃에게 많은 관심을 기울이지 못한 점에 대해 부끄럽게 생각하면서도 자신은 최선을 다하고 있는 것처럼 말하고 행동합니다.

인간의 자아중심적인 경향을 성경은 '죄'라고 부르는데 이는 첫 사람인 아담으로 말미암아 전 인류에 파급된 것입니다. 그러나 이 자아중심적인 태도는 고쳐질 수 있는 것입니다. 이것을 고칠 수 있는 힘은 십자가상에서 흘리신 그리스도의 피로 비롯됩니다. 하지만 불행하게도 많은 교회와 크리스천들은 인간의 자아중심적인 성향을 고치는 힘에 대해 무관심합니다. 제가 얘기할 '자아를 고치는 대가'에 주의하시기 바랍니다.

어떤 사람이 큰 죄를 지었다고 가정합시다. 그런데 하나님이 십자가 공로와 성령의 교통하심으로 당신은 변화받을 수 있다고 얘기할 수 있는 사람을 그에게 보내지 않는다면 그는 죄인의 상태에서 벗어날 수 없습니다.

하나님의 은혜는 값없는 선물로서 우리를 변화시키는 성령의 역사하심입니다. 우리의 입장에서 봤을 때 하나님의 은혜는 거저 준 것이지만 하나님의 입장에서는 그의 외아들 예수가 불공경하고 완악한 세상 사람들에게 수치를 겪고 결국 십자가에서 비참히 죽으심으로 대가를 치른 것입니다. 하나님께서 내게 베푼 이런 은혜를 생각해 본다면 그가 베푼 대가를 값있게 하기 위해서라도 하나님과 이웃을 위한 생활에 내 한평생을 바치지 않을 수 없는 것입니다.

따라서 우리는 인간으로서 우리 형제들이 저지른 잘못에 대해 책임을 져야 합니다. 우리는 미국에서 수백만의 태아들이 낙태로 죽어가고 있는 행위에 대해 부끄러워해야 할 것입니다.

우리는 세계 도처에서 가난한 사람들을 착취하며, 빈익빈 부익부를 초래하는 불공평한 경제정책에 대해서도 책임의식을 느껴야 할 것입니다. 우리는 또한 자신을 크리스천이라 하면서도 이기적인 마음을 감추려 애쓰는 사람들에 대해서도 마땅히 부끄러워해야 할 것입니다.

요한일서 4장 20절에는 "누구든지 하나님을 사랑하노라 하고 그 형제를 미워하면 이는 거짓말하는 자니 보는바 그 형제를 사랑치 아니하는 자가 보지 못하는바 하나님을 사랑할 수가 없느니라."라고 말씀하고 있습니다.

걸프전(Persian War)사태에 대해서도 당연한 책임의식을 느껴야 합니다.

걸프전을 바라보는 시각에는 크게 두 가지가 있을 수 있습니다. 하나는 경제적인 것이고 다른 하나는 종교적인 것입니다. 경제적인 측면에서 고찰했을 때 여러 해 전에 미국과 영국은 이미 쿠웨이트에서 석유를 생산하는 권리를 갖고 있었습니다. 이들 나라들은 쿠웨이트 땅을 산 것이 아니라 석유개발권을 조차한 것입니다. 석유는 그들 나라의 것입니다. 이것은 사소한 일이 아닙니다. 쿠웨이트는 영국 브리태니커 사전에 의하면 가장 많은 석유 매장량을 갖고 있으며 세계 2위의 석유 수출 국가입니다. 따라서 이 전쟁은 애당초 국지전이 될 수 없었습니다. 거대한 재산이 개입된 것입니다.

이번 전쟁을 일으킨 사람들 가운데는 이슬람 민족을 통일시키기 위해 크리스천과 전쟁을 벌인 사람들이 있습니다. 우리 크리스천들이 이슬람과의 관계를 생각해 본다면 회개하고 하나님의 용서함을 구해야 할 것입니다. 오늘날 이슬람 국가라 불리는 나라에서 과거 크리스천들이 위선적이지 않았다면 이들 국가들은 현재 크리스천 국가로 남아 있었을 것입니다.

나는 기독교 역사책이 이슬람의 출현시 교회가 어떤 역할을 했는지 밝히지 않고 있다고 생각합니다. 성경은 하나님은 정의의 하나님이시며 그는 가난한 사람이 보호받고 가난의 원인이 고쳐지기를 고대하고 계신다고 기록하고 있습니다.

또한 성경은 하나님은 지주제도를 용서하지 않는다는 점을 분명히 하고 있습니다. 땅은 50년마다 재분배되어져야 합니다. 인간은 땅에 대한 권리가 없으면 존재가치를 잃게 됩니다. 사람이 그가 갖고 있는 땅을 팔면 그 땅은 팔렸지만 그의 자손에게 소유권이 남아 있기 때문에 50년이 되는 희년에 돌려 줘야 하는 것입니다.

교회 역사를 살펴보면 교회는 크리스천이 이웃을 사랑한다면 법을 지킬 것이며 모세가 가르친 지주제도에 대해 따질 필요가 없다고 주장해왔습니다. 사실 내 이웃을 사랑한다는 주장은 교회의 묵인하에 자행되어 온 부정과 착취에 의해 철저히 왜곡되었습니다.

4세기부터 8세기까지의 북아프리카 지역은 그 권력이 크리스천 지주들에 의해 장악된 상태였는데 시돈의 왕인 엣바알(Ethbaal)이 신하들의 자손에게서 땅을 빼앗았던 것입니다. 엣바알 왕은 아합(Ahab)왕-하나님을 대적해 하나님의 종인 엘리야와 엘리사를 죽이려 했던 인물-의 부인인 이세벨(Jezebel)의 아버지였습니다.

북아프리카에 있었던 크리스천들은 4백 년간 그곳에서 생활하면서 엣바알의 제도를 고치고 하나님의 뜻에 맞는 제도를 도입할 충분한 시간이 있었음에도 불구하고 그렇게 하지 못했습니다. 만약 그랬더라면 성령께서 지혜를 주셨을 텐데 말입니다.

그 대신 크리스천 지주들은 정부와 교회를 지배하고 반대세력을 탄압하는 데 힘썼습니다. 그들에게 반기를 든 세력 중에 가장 규모가 큰 집단이 도나투스 그룹이었는데 그들은 크리스천 지주들의 행동에 너무나 격분해 하나님을 떠나고 말았습니다.

마호메트가 레위기 25장 23절의 말씀을 인용해 "땅은 알라에게"라는 슬로건을 걸고 나타나자 땅이 없는 많은 사람들이 그를 추종했고 결국 위선적인 크리스천 지주들이 그들을 내몰아 버렸습니다.

그러나 1천2백 년이 지난 지금에 와서도 우리 크리스천들은 이슬람 민족에 대해 공개사과 한마디도 없었으며 배상하려는 의지도 보이지 않고 있습니다. 반면에 걸프전에서 보듯 소위 십자군이란 미명 아래 수백 년 동안 이슬람 민족과 싸움을 벌여왔습니다.

오늘날에 와서도 흐름은 변하지 않고 있습니다. 가난한 사람들을 대변하는 자들은 교회가 이웃 사랑을 포기했다고 비난하며 인본주의로 돌아갈 것을 외치고 있습니다. 그러나 이러한 혼란이 계속되고 있는데도 우리 크리스천들은 철저한 회개를 안 하고 있습니다.

제가 말하고자 하는 내용은 우리의 적의 행동에 대해 나는 인간으로서뿐만 아니라 크리스천의 한 사람으로서 책임을 느껴야 한다는 것입니다. 나는 이기적이고 변화받지 못한 사람을 위해 회개해야 합니다. 뿐만 아니라 동료 크리스천들의 부정과 약하고 가난한 자를 돌보지 못한 행위에 대해서도 회개를 해야 하는 것입니다.

나는 크리스천과 교회가 그리스도의 죽으심으로 오신 성령의 능력과 지혜와 그리스도의 부활의 능력에 의지해 살아가기를 간절히 바라며, 이를 위해서는 어떠한 일도 해야 한다고 생각합니다. 우리는 하나님의 자녀로서 다시 태어날 수 있습니다. 우리는 하나님의 아들답게 살아갈 수 있는 능력을 소유할 수 있습니다. 다시 죄로 돌아갈 필요는 없습니다.

　마거릿 자매님, 도전적인 질문을 주셔서 감사합니다. 그리스도의 지혜를 얻도록 기도합시다. 동료 크리스천과 교회를 위해 기도합시다. 우리 모두 서로를 위해 기도합시다.

산골짜기에서 온 편지

성찬의 참의미

존경하는 대천덕 신부님.

신부님은 미국에서 어떻게 생활하고 계십니까? 신부님을 뵙기 위해 최근에 예수원을 다녀온 일이 있는데 안 계시더군요. 1년간 미국에서 머무르실 거라고 들었습니다. 안식년을 잘 보내시기 바랍니다. 저는 예수원에서 받은 하나님의 은혜에 감사를 드립니다. 또한 성령 안에서 교제를 나누었던 그곳 형제자매님들께도 감사를 드립니다. 신부님이 부재중이신데도 하나님께서 기꺼이 쓰임받고자 하는 사람들을 통해 역사하시는 것을 보면서 제 마음은 무척 기뻤습니다.

주일 아침에 가졌던 예수원의 성찬식에서도 저는 큰 은혜를 받았습니다.

그런데 제가 성장하면서 주의 성찬에 관해 의문이 생기기 시작했습니다. 제가 알기론 오래 전에 유럽의 교회들은 성찬의 의미에 대해 의견을 통일하지 못한 일이 있었습니다. 성찬은 기념하는 것이라고 배웠습니다만 가톨릭에서는 희생제사를 의미하더군요. 그런데 예수원에서는 두 가지 의미를 다 포함하고 있다는 느낌을 받았습니다. 성찬에 대한 신부님의 견해는 어떤지 알고 싶습니다.

- 김기철 올림

사랑하는 기철 형제에게.

　형제님도 잘 알고 있겠지만 주의 성찬은 교회마다 미사 성체 등 각각 다른 이름으로 불리어지고 있습니다. 물론 각 교회마다 누가복음 22장 19절에 나오는 예수님의 말씀을 잘 행하고 있다고 말들을 합니다. 어떻게 성경 한 구절이 그렇게 다르게 이해될 수 있을까요? 그리고 어째서 크리스천들이 그 문제를 놓고 서로 다른 의견으로 대립했을까요? 단언하건대, 그러한 논쟁은 실제문제와 관련이 없는 탁상공론에 불과하며 그에 대한 신학적인 주장도 논쟁을 정당화시키기 위한 구실들에 불과합니다. 우리가 정말 관심을 가져야 할 것은 봉건주의에서 자본주의로 넘어가는 과정에서 생긴 경제적 정치적 문제입니다. 우리는 또 다른 거대한 변화기에 놓여 있습니다. 꼭 종교적인 입장에 서지 않더라도 이러한 것에 관심을 가질 필요가 있습니다.

　경제나 정치 문제는 별도로 하고 성찬에 관해서만 이야기합시다. 유럽에서 교회가 분열되던 당시 순수한 신앙심을 가진 사람들이 누가복음 22장 19절의 "너희가 이를 행하여 나를 기념하라."는 예수님의 말씀에 대해 의문을 갖기 시작했습니다. 크리스천들이 주장만을 내세우는 대신 대화를 충분히 했다면 그들의 의견이 옳기도 하며 틀리기도 하다는 것을 알았을 것입니다. 하지만 당시에는 함께 의논하는 것은 반역행위로 간주되어 매우 위험스러웠기 때문에 대충 얼버무려졌습니다. 5백 년이 지난 지금 우리는 그 문제에 관해 좀더 차분하게 생각할 필요가 있습니다.

　옳기도 하고 틀리기도 하다는 말이 무슨 뜻인지 이해하겠습니까? 그 의미는 이렇습니다. 예수님의 말씀을 긍정적으로 이해했다면 그것은 옳은 것이고, 각자 자신의 해석만이 옳고 다른 사람의 것은 틀렸다고 주장한다면 그것은 잘못되었다는 뜻입니다.

누가복음 22장 19절의 말씀 중에서 '기념'이라는 단어는 매우 특별한 세 가지 의미를 지닙니다. 성경을 잘 모르거나 그 단어가 쓰여진 다른 구절을 읽지 않으면, 구체적인 해석 없는 그 뜻을 알 수가 없습니다.

첫째 의미는 다음 세대가 기억할 수 있도록 기념식을 하거나 기념물 같은 것을 만드는 행위를 말합니다. 성찬을 통해 우리는 주님이 배신당했던 날 밤에 그분이 하신 일을 기억하게 됩니다. 주님은 제자들의 발을 씻겨 주시면서 그들에게 서로의 발을 씻겨 주라고 말씀하셨습니다. 그리고 떡과 잔을 가지고 사례하시고 제자들에게 떼어 주시면서 이를 행하여 나를 '기념'할 것을 말씀하셨습니다. 그분은 잔을 받으시면서도 우리와 세상을 위해 기도하셨습니다. 그분은 세상 죄를 짊어지고 가는 하나님의 어린 양으로서 우리를 위해 십자가에서 죽으셨습니다. 이 모든 것들을 우리는 감사하며 마음에 새기고 우리의 감사하는 마음을 생활 속의 언행을 통해서 주님께 보여드릴 수 있도록 기도해야 합니다. 우리는 이 일을 기억해야 합니다.

'기념'이라는 단어의 두 번째 의미를 성경에서 살펴보면 이것은 하나님께 간구하여 하나님의 관심을 끌기 위한 것으로 사용되었습니다. 출애굽기 28장 12절에 아론이 여호와 앞에서 이스라엘 열두 지파의 이름을 두 어깨에 메어 기념이 되도록 하라는 말씀이 있습니다. 민수기 5장 15절에서는 이 단어가 여호와 앞에서 죄악을 생각하게 하는 소제의 의미로 쓰였습니다. 레위기 23장 24절과 민수기 10장 10절에서도 하나님이 그의 백성들과 그들의 기도와 제물을 '기억'할 수 있도록 나팔을 불라고 되어 있습니다. 그리고 사도행전 10장 4절에 보면 고넬료의 구제와 기도가 하나님 앞에 상달되어 '기억'하신 바가 되었다고 쓰여 있습니다. 이처럼 우리는 주의 성찬에 참여함으로써 예수께서 우리를 위해 하신 일을 하나님이 기억하시어 우리를 굽어살피시고 우리의 모습을 이대로 받아 주시기를 간구하는 것입니다.

'기념'의 세번째 의미는 셋 중에서 가장 흥미롭다고 생각합니다. 이것은 레위기의 제사에 관한 율법에 나오는 것으로 전체를 대신하는 부분의 의미를 가집니다. 고운 가루를 여호와께 예물로 드릴 때에는 가루 한 줌만 단 위에서 불사르고 나머지는 거룩하게 되어 제사장의 몫이 됩니다. 이때 단 위에 불사르는 가루는 '기념물'이 된다고 레위기 2장 2절, 9절, 16절, 5장 12절, 6장 15절, 24장 7절, 민수기 5장 26절에 각각 나와 있습니다. 이것은 성찬과 매우 관련이 깊다고 생각되지 않습니까? 그렇습니다. 우리가 떼는 떡과 마시는 잔이 예수께서 말씀하신 '기념'이라면 그것은 전체를 나타내는 부분을 의미합니다. 이것은 우리 삶의 일부를 전체의 표시로서 하나님께 드린다는 뜻입니다. 떡과 잔은 우리가 진정으로 그분께 드리는 아주 작은 부분입니다.

예수님은 하나님의 어린 양입니다. 사람은 어린 양을 만들지 못합니다. 오직 하나님만이 만들 수 있습니다. 하나님은 우리의 죄를 예수께 담당시키셨습니다. 우리는 감사하는 마음으로 하나님께 우리 자신을 드리고 그분께 속해야 합니다. 떡과 잔으로 그분께 속하였음을 나타내는 것입니다.

성찬은 감사제라고도 합니다. 구약에 보면 감사제에서 드리는 제물은 동물이 아니고 곡식 가루와 포도주입니다. 성찬이 희생제사인지 아닌지에 대한 오랜 논란은 논란 그 자체가 요점을 벗어난 잘못된 것입니다. 우리가 우리 자신을 하나님께 산 제사로 드리는 것이 감사제입니다. 로마서 12장 1절에 보면 "그러므로 형제들아 내가 하나님의 모든 자비하심으로 너희를 권하노니 너희 몸을 하나님이 기뻐하시는 거룩한 산 제사로 드리라 이는 너희의 드릴 영적 예배니라."라고 말씀합니다.

성찬의식에 관한 논쟁은 그만두어야 합니다. 의식은 우리의 육신적인 예배입니다. 의식은 장엄하면서 아름다운 음악이 흐르는 무엇인가 의미 있는 행위입니다. 그러나 하나님께서는 그러한 육신적인 예배 의식에 숨어 있는 영적 예배를 원하십니다. 영적 예배란 우리 자신을 그분께 온전히 드리는 것을 말합니다.

스스로를 크리스천이라고 믿고 있는 사람들이 정말 하나님께 온전히 헌신된 삶을 사는지 묻고 싶군요. 형제님은 어떤 환경에서 자랐는지 모르겠습니다. 내가 자랄 때는 어떤 사람이 하나님께 헌신하는 것을 볼 때에 그것은 매우 훌륭한 일이기는 하지만 그런 일은 오직 목사나 선교사만이 하는 것이요 일반 크리스천들에게는 해당되지 않는다고 생각했습니다.

내가 알기로 대부분의 크리스천들은 예수님께서 우리의 죄를 지고 죽으셨으며 그로 말미암아 죄사함을 받고 죽으면 천국 간다는 것을 믿고 있습니다. 그러나 세례 받고 천국으로 가기까지 그 동안의 삶에서는 하고 싶은 대로 다 하며 살 수 있다고 생각합니다. 그들은 담배나 술을 하지 않으며 성적인 부도덕을 저지르지도 않습니다. 그러나 사업이나 정치활동 등 매일의 생활 속에서 자신들이 당연하다고 생각하는 것을 하고 싶은 대로 하며 살고 있습니다. 그들은 절도나 사기죄도 저지르지 않고 가난한 사람들을 핍박하지도 않으며 교회에 십일조도 냅니다. 하지만 그들 삶의 나머지 10분의 9는 자신들에게 속해 있습니다.

이러한 생각을 가지고 교회에 가면 헌금을 드리는 것과 성찬은 전혀 관계 없는 별개의 행위가 되어 버립니다. 그리고 목사님이 "하나님께 우리의 영과 육을 산 제사로 드립니다."라고 기도할 때에도 우리는 신중하게 받아들이지 않습니다. 로마서 12장 1절의 말씀은 모든 크리스천에게 해당됩니다. 하나님 보시기에 선교사나 사업가, 농부나 노동자들은 모두 똑같습니다.

그렇습니다. 하나님은 크리스천 개개인마다 예외 없이 산 제사로 드려질 것을 원하고 계십니다. 예수님은 우리의 죄를 대신 짊어지고 죽으셨으며 우리가 성령을 받아 이기심을 버리고 하나님의 뜻에 전적으로 맡길 수 있도록 우리를 위해 부활하셨습니다. 우리는 하나님이 우리에게 무엇을 원하고 계시는지 알 수 있는 지혜와 그것을 행할 수 있는 능력을 성령께 받아야 합니다.

아마 성령께서 주시는 지혜에 관해 이야기하는 것을 싫어하는 사람도 있을 것입니다. 정말 당황스러울 때도 있습니다. 성령은 나에게 귀에 거슬리는 말을 하실지도 모릅니다. 그러나 내가 하고 싶은 것만을 하기보다는 하나님께서 나에게 원하시는 것이 무언인지 찾아야 합니다. "이것은 너무 어렵다."라고 말할 수도 없습니다. 왜냐하면 성령이 능력을 주시기 때문입니다.

"너희가 이를 행하여 나를 기념하라."는 말씀의 의미는 무엇입니까? 그분은 우리가 값 주고 사신 바 되었다는 것을 잊지 않고 행동으로 감사를 표시하며 헌신을 통한 진정한 경배를 드릴 것을 원하고 계십니다. 이러한 의식을 통해서 예수님은 우리에게 불가피한 도전의식을 반복해서 주십니다. 이러한 도전의식이 매우 당혹스럽기에 형식이나 의식에 관해 그것이 기념이나 희생제사냐 혹은 감사제사냐를 놓고 논쟁함으로써 중화시키려 하는 것입니다.

우리가 분명히 깨달아야 할 것은 예수님이 우리를 그분의 피로 값 주고 사셨다는 것과 우리는 그분께 속하였다는 사실입니다. 우리는 흔히 목회자들을 '풀 타임(full time) 사역자'라고 부릅니다. 그러나 모든 하나님의 자녀들은 진정 크리스천이라면, 믿는 자라면('믿는 자'라는 단어의 의미는 그리스어로 '충성된 자'라는 뜻입니다) 모두가 풀 타임 사역자로서 하나님께 부르심을 받은 것입니다.

그분은 우리가 공장이나 농장에서 일하든지 사업이나 전문직에 종사하든지 어디서나 사랑스러운 아들과 아내로서 또 덕 있는 장모나 가장으로서 그분을 위해 자신의 역할을 하도록 말씀하십니다. 하나님을 위해 일하는 것이 예수께서 우리에게 원하시는 것입니다. 주님이 고난과 죽음을 겪고 부활하시어 성령을 보내 주심으로써 우리가 그분을 위해 일할 수 있는 능력을 얻게 된 것입니다.

우리는 형제 자매들이 모여 이룬 공동체를 통해 하나님의 큰 은혜를 받습니다. 성찬이 상징하는 것이 '거룩한 교제'이며 이것은 우리가 주님 안에서 형제로서, 가족으로서, 공동체로서 하나가 됨을 보여 줍니다. '성찬'은 그리스어로 '코이노니아'입니다. 그러므로 우리는 성찬을 '거룩한 코이노니아' 혹은 '거룩한 공동체'라고 말할 수 있습니다. 그것은 저녁식사를 함께 하는 한 가족이라는 뜻입니다. 우리가 주님과 함께 식탁에 앉을 때 우리는 한 가족입니다. 성령께서 사랑을 통해 우리로 하여금 하나님께 헌신된 삶을 살 수 있도록 능력을 주시며 가족의 유대관계를 지속시켜 주십니다. 모든 교회들이 성령 안에서 진정한 공동체가 되도록 성찬이 진정한 가족의 식사가 될 수 있도록 더욱더 힘써 기도합시다.

성령세례의 필요성은 무엇입니까

산골짜기에서 온 편지

성령세례의 필요성은 무엇입니까

존경하는 대천덕 신부님께.

그곳 태백산 기슭에도 봄꽃은 피고 있겠지요? 이곳 경상남도 남쪽 끝의 바닷가 수평선 근처에는 봄이 온 지 오래 되어 이제 새 봄의 신기함이 점차 사라지고 있답니다. 언젠가 신부님께서 예수원에는 겨울이 다섯 달인 반면 여름은 겨우 한 달밖에 안된다고 하신 말씀이 생각납니다. 겨울을 보내신 후 맞으시는 봄의 진귀함이란 어느 정도일까 생각해 봅니다.

신부님께 '성령'에 대해서 여쭙고자 합니다. 제가 성령으로 세례(baptising in the Holy Spirit) 받았을 때 길고 긴 겨울 뒤에 오는 봄과 같은 느낌을 받았던 것이 기억납니다.

사실 저는 그때까지 신앙생활을 해왔음에도 불구하고 성령님이 거하지 아니했던 겨울과 같은 삶을 살았습니다. 아마 제 친구들도 성령세례의 필요성을 느끼지 못한다면 제가 경험한 비슷한 종류의 겨울을 보내고 있지 않을까 하는 생각이 듭니다.

신부님, 물론 제 경험을 지나치게 일반화시키고 있지 않나 하는 생각이 듭니다만, 제가 어떻게 하면 동료 그리스도인으로 하여금 싸늘한 교리(율법)주의의 겨울로부터 꽃 피고 새롭게 성장하는 봄으로 나올 수 있도록 도울 수 있을까요? 신부님의 말씀을 듣고 싶습니다.

— 김성진 드림

사랑하는 성진 형제에게.

친절한 형제의 편지에 감사를 드립니다. 형제의 말대로 봄이 막 태백산맥을 타고 내려와 이곳에 시작되었고, 그 사실이 우리를 흥분시키고 있습니다. 나는 형제의 성령에 대한 경험이 봄처럼 항상 계속 되기를 바라며, 결코 이전의 상태를 당연한 것인 양 받아들이지 마시기를 당부드립니다. 또 성령의 계절에는 가을도 있음을 아시기 바랍니다.

가을이란 어떤 계절일까요? 가을에는 열매를 수확합니다. 그렇습니다. 우리는 마치 봄에 꽃을 기대하는 것처럼 가을에는 우리의 삶에서 성령의 열매들을 계속하여 수확하기를 원해야 하는 것입니다.

형제는 너무 긴 성령의 겨울 속에 지내고 있는 동료 그리스도인에 대해 어떻게 했으면 좋겠느냐고 물어왔습니다. 지체없이 이 사실을 알려 주기를 원하는 형제의 생각은 매우 옳습니다. 하나님은 당신의 자녀가 되도록이면 빨리 성령의 경험 속으로 들어오기를 원하시는 것입니다. 이것은 교회, 그리고 그들 자신 모두의 유익을 위해서입니다. 교회는 교회가 마땅히 감당해야 할 사역들을 위해 성령이 충만한 그리스도인들을 원합니다.

그러면 먼저 '성령충만'이란 말에 대한 몇 가지 의미들을 상기시켜 드리겠습니다. 내가 알고 있는 한 이 말에 대한 구별은 오직 헬라어 성경으로만 가능합니다. 나는 성경번역선교회 소속의 선교사들과 바로 이 문제에 대한 서신교환을 해왔습니다. 나는 그들이 이 말을 번역할 때 좀더 정확한 뜻을 나타내 주기 바랐던 것인데 아마 그렇게 될 줄 믿습니다.

헬라어의 '핌플레미' 또는 '플레토(pletho)'란 말은 선지자들이 예언의 말씀을 전하거나 혹은 하나님의 말씀을 대언하기 위해 하나님께서 일시적으로 성령을 보내어 선지자들을 충만케 할 때 사용됩니다. 그리고 그것은 또한 베드로와 요한과 같이 거듭난 그리스도인들을 일컬을 때도 사용되었습니다. 다른 구약의 선지자들을 포함한 이 모든 사람들은 예수님이 부활하신 후 성도들이 모일 교회를 위해 성령이 오기 전에 살았던 사람들입니다.

나는 이것을 소위 성령의 양적(陽的) 기능이라고 부릅니다. 이것은 신약 성경에서 '성령으로 옷 입다' '성령으로 기름 붓다' '~위에 성령이 임하다'라는 말들과 동일시되고 있습니다. 이 말들은 우리 마음속에 거하시는 성령과는 전혀 관련이 지어지지 않습니다.

이 표현들은 모두 '능력(power)'과 관계되어집니다. 사도행전 1장 8절의 예수님의 말씀 "성령이 너희에게 임하시면 너희가 권능을 받고… 내 증인이 되리라."한 경우도 마찬가지입니다. 우리는 능력 있게 복음을 전하기 위해 성령의 외적(outside) 기능, 다시 말해 양적 기능이 필요한 것입니다.

반면 성령의 내적, 음적(陰的) 기능도 있습니다. 에베소서 5장 18절에 바로 이 기능이 언급됩니다. 그런데 이때의 성령에 대한 단어는 플레루(pleroo)인데 이것은 지속적, 영구적 상태(permanent condition)를 가리킵니다. 마치 나무에 수액이 늘 흐르고 있는 상태와 같습니다.

이 단어는 성경의 인물 중 바나바와 스데반과 같은 사람들에 대해 묘사할 때 사용되어집니다. 물론 이들도 이적 행함의 능력을 가졌었지만, 이들은 사랑과 동정심을 가졌던 인물로 더 부각됩니다. 나는 이들이 성령의 음적, 양적 기능을 모두 가졌다고 믿습니다.

그러나 사도행전의 저자는 그가 성령에 대해 말할 때 그 기능상 무엇이 더 중요했던가에 따라 외적, 내적 기능 들을 차례로 서술한 것 같습니다. 성령의 내적 역사가 사도들을 위해 시작될 때는 예수님이 부활하신 날이었습니다. "성령을 받아라." 이후로 50일이 지나기까지 그들은 성령의 외적 은사는 받지 못했습니다. 그러다가 바로 오순절에 베드로가 한 말을 보면 그때에 비로소 내적, 외적 사역을 받았다는 사실을 알 수 있습니다.

"너희가 회개하여 각각 예수 그리스도의 이름으로 세례를 받고 죄 사함을 얻으라 그리하면 성령을 선물로 받으리니"(행 2:38).

그들은 거듭난 상태로 있다가 오순절에 이르러 외적 능력을 받으므로 비로소 성령의 내적, 외적 은사(사역)를 다 갖게 된 것입니다.

그러면 우리는 그들이 거듭났다는 사실을 어떻게 알 수 있을까요? 그들은 서로 사랑했습니다. 그들은 너무나 사랑한 나머지 모든 소유를 함께 공유(共有)했고 그 결과 그들 중에는 핍절한 사람이 아무도 없었습니다. 동시에 그들은 방언을 말하고 예언을 했으며 사도들이 떠났을 때는 그들이 직접 병자를 고치며 능력을 행했습니다. 이것으로 볼 때 우리는 그들이 능력까지 받았음을 알 수 있습니다.

이제 형제가 던진 질문을 생각해 봅시다. 어떻게 하면 내 친구들로 하여금 성령세례를 받게 할 수 있을까요? 아마 당신의 친구들은 오랫동안 믿어 왔지만 성령의 권능에 있어서는 결핍되어 있을 것입니다. 바로 그 점입니다.

형제는 일단 그들이 거듭난 신자들인 점을 확신시켜 주는 것이 좋습니다. 그들은 예수님을 주로 영접했으며 그들의 죄를 회개했습니다. 그리고 성령님이 마음속에 들어오시도록 초청했으며 고상한 기독교인의 삶을 살게 해달라고 구했으며 또한 죄를 이기게 해달라고 구했습니다.

다시 말하면 죄를 지으면 회개하고 그리스도의 보혈로 죄 씻음을 받게 해달라고 성령께 도움을 구한 것이 사실입니다. 이러한 성령의 내적 사역은 다른 것에 우선되어야 할 성령사역의 근본입니다. 이것 없이 성령으로 세례를 받음(능력을 소유함)은 그로 하여금 교만하게 만들고 내적인 사역을 무시하도록 만들 것입니다. 그리하여 그들은 결국 예수님께서 말씀하신 바 "내가 너희를 도무지 모른다."라고 말씀하신 그들 중의 하나가 되고 말 것입니다(마 7:21~23).

그러므로 형제는 친구들이 성령을 마음속에 모셨다는 사실을 알게 하십시오. 성령께서는 그들로 하여금 예수께서 구원자(죄로부터의)일 뿐 아니라 '주(Lord)'이신 것도 깨닫게 하여 영접케 하실 것입니다. 예수가 그에게 주(主)가 된다는 것은 그에 대한 무조건적인 복종을 의미합니다. 불행하게도 많은 교인들이 예수를 주라 부르면서도 그의 뜻을 묻고자 하는 생각도 없고, 따라서 순종이라는 면도 볼 수 없습니다(약 1:7~8 참조).

예수가 구원자(savior)요 나아가 주님(Lord))인 것을 알고 나면 이제 그들은 성령의 외적 은사(사역)를 얻고자 채비를 갖출 것이고 그 결과로 증인으로서 병자를 위해 기도하고, 방언을 말하며, 형제들을 권면하고, 다른 은사들을 활용하는 삶을 살게 될 것입니다(고전 12:4, 7, 11 참조).

이렇게 성령의 세례, 성령의 은사, 성령의 외적 사역을 얻고 나면, 이제 우리의 동기를 살펴보는 것이 바람직합니다. 만약 우리가 어떤 감화나 감동을 받기 원한다면 그것은 이기적인 생각입니다. 또 성령의 세례로 말미암아 그저 감성적 도취감, 봄에 얻을 수 있는 기분 정도를 맛보고자 한다면 그것도 이기적인 생각입니다. 그러므로 먼저 우리는 우리 속에 있는 이기적 동기들을 제하고 단순히 성령께서 우리를 주장하게 해달라고 기도해야 합니다.

주님께선 우리가 성령의 능력을 갖기 원한다는 사실을 알고 있습니다. 그는 또 우리가 그를 위한 능력 있는 사역자가 되기를 원하십니다. 우리가 바로 이 같은 동기와 목적을 가지고 구하면 그분은 반드시 그 능력을 주시는 분이십니다. 우리가 그것을 받고 나면 우리의 심령에 봄이 온 것을 알게 되는 것이지, 봄 기운을 얻기 위해 그것을 구하는 것은 아닙니다. 우리는 하나님의 뜻이 이루어지도록 하기 위해 성령의 세례를 구하는 것입니다.

이제 요한일서 5장 14절을 한번 봅시다. "그를 향하여 우리의 가진 바 담대한 것이 이것이니 그의 뜻대로 무엇을 구하면 들으심이라." 이 말씀은 당신과 당신의 친구가 성령의 세례를 구하면 그것은 하나님의 뜻에 따른 것이며 따라서 하나님께서 그것을 들으셨다는 것입니다.

성경에서 '그가 들으신다'는 표현은 '구하는 대로 행하신다(he does what is asked)' '그가 응답하신다(he answers)'는 뜻을 가집니다. 주님께서는 당신의 친구가 주님을 영접하려는 마음 이상으로 그에게 성령의 은사를 주기 원하십니다.

이제 다시 15절을 봅시다. "우리가 무엇이든지 구하는 바를 들으시는 줄을 안즉 우리가 그에게 구한 그것을 얻은 줄을 또한 아느니라." 이제 아시겠습니까? 구한 것은 이미 받은 것입니다. 그러나 친구는 이렇게 말하겠지요. "나는 느껴지는 것이 아무것도 없는 걸. 방언도 터지지 않았고 말이야." 그러나 성경에는 그가 무엇을 느껴야 한다고 말한 곳은 아무 데도 없습니다.

많은 사람들이 성령의 권능을 받습니다. 그리고 하나님이 함께하시는 일들이 그들을 통해서 나타남을 볼 때 그 증거도 보입니다. 그러나 그들이 느끼는 것이라고는 하나님의 일에 충실해야겠다는 조용한 의무감 외에는 아무것도 없습니다.

그리고 성경에는 방언을 해야 한다고 말하는 곳도 아무 데도 없습니다. 방언으로 기도하거나 성령 안에서 기도하는 것이 좋다고 말한 곳은 있습니다(고전 14:14~15). 그러나 성령으로 세례를 받은 표시로서 방언을 해야 한다는 기록은 그 어느 곳에도 볼 수 없습니다. 그렇게 가르치는 분들에게는 죄송스러운 일이지만 저는 그런 가르침을 성경에서 찾을 수 없답니다. 나는 이 문제를 너무 부각시킴으로 성경 중심의 신앙을 가진다는 성도들과 불화가 생기지는 않을까 매우 염려가 됩니다.

그러나 내 개인적으로는 주님께서 당신의 백성들이 방언과 예언(대언)을 하기 원하신다고 믿습니다(롬 8:26~27; 고전 14:5; 엡 6:18; 유 1:20). 그러므로 친구가 원하면 방언으로 기도하도록 권하십시오. 내가 개인적인 경험에서 얻은 이론은 신자가 성령으로 세례를 받으면 기도의 언어(prayer language)도 받게 된다는 것입니다. 그러나 성경이 그렇다고 분명히 밝히지 않는 고로 내 개인의 이론이라고만 말하고 싶습니다.

아무튼 형제는 친구의 손을 잡고 주님께 친구에게 기도의 언어를 달라고 기도하십시오. 그리고 친구에게 그의 혀를 주님께 의탁하라고 부탁하십시오. 자유롭게 그의 입술이 움직여지는 대로 입술을 움직이고, 의미 없는 소리일지라도 소리를 내라고 하십시오. 소리가 의미 없는 것처럼 들려도 사실은 그렇지 않습니다. 그 의미 없는 소리를 통해서 뭔가를 말씀해 주시는 분은 성령님이시기 때문입니다. 우리에게는 의미 있는 소리가 아닐지라도 하나님께서는 우리가 하는 말을 들으십니다.

물론 친구는 이렇게 되물을 것입니다. "그러나 그렇게 하는 것은 나지, 성령이 아니잖는가?" 그러나 방송국의 예를 들어 봅시다. 만약 가수가 노래를 불러도, 엔지니어가 전파(반송파)를 내보내지 않으면 가수의 목소리는 나가지 않을 것입니다. 그러므로 방송국에서 나가는 반송파는 두 사람의 역할이 다 있어야 하는 것입니다.

방언의 경우도 마찬가지입니다. 나와 성령님이 함께하는 것입니다. 실제로 내가 한국어를 말하면 그렇게 말하는 이는 나입니다. 만약 내가 이상한 소리를 말하면 성령님께 기회를 드림으로 성령님이 뭔가를 하시도록 만드는 것입니다. 나는 성령님께 소위 내가 말한 라디오 방송파를 맡겨 드리는 것입니다. 기도의 언어들을 체험할 때, 예기치 않은 가운데서 마치 터지듯 하는 경험이 있는가 하면 사람들이 의도적으로 하려 하여 성대와 혀와 입술을 주님께서 주장하시도록 맡기는 가운데 얻게 되는 경우가 있습니다. 나는 이것을 내 경험을 통해 증명해 드릴 수 있습니다.

내 아내의 방언은 예기치 않은 가운데, 말 그대로 터져 나온 경우입니다. 그러나 주님께서는 내가 그것을 사용하기까지 무려 20년 동안이나 냉담하게 기다리게 하셨습니다. 그래서 나는 매우 낙심했었습니다. 그러나 사실은 그것이 아니었습니다. 주님께서는 이미 오래 전 나에게 그 은사를 주셨는데도 내가 그것을 충분히 활용치 아니한 것이었습니다. 주님께서는 은혜스럽게도 여러 방법으로, 내가 이전에 의미 없이 입술을 움직여 했던 기도가 바로 기도의 언어였다는 사실을 알게 해 주셨습니다.

그 이후로 나는 그 기도로 말미암아 튼튼히 세움을 받고 있으며(유 1:20), 주님께서 이미 허락하셨던 능력을 훨씬 더 맛보게 되었으며 좀 더 효과 있는 사역을 감당하고 있습니다. 그리고 그의 다른 은사들을 사용할 수 있는 새로운 자유로 인해 그야말로 봄과 같은 기분을 느끼고 있다는 것, 형제도 잘 아실 것입니다.

나는 이러한 사실들이 형제가 친구들을 섬기고 돕는 데 좋은 자료가 되기를 바라며, 새로운 언어로 주님을 찬양하게 하는 자유를 주게 되기를 바랍니다. 그리고 주님께서 그들에게 무슨 일을 맡기시든지 그 일을 효과적으로 감당할 뿐 아니라 그들 스스로를 튼튼하게 세워갈 수 있도록 되기를 바랍니다.

산골짜기에서 온 편지

하나님이 인도하시는 방법

존경하는 대천덕 신부님께.

오랜 겨울 끝에 찾아온 산골짜기의 봄을 맞이하는 기쁨이란 얼마나 클까요? 이곳 평지에서도 그러하니까 말입니다. 물론 그 동안 주님께서 연탄이라든지 그 밖에 필요한 연료들을 공급해 주셨으리라 믿습니다. 제가 이번에 여쭙고 싶은 질문도 바로 이 '주님의 공급하심(Lord's supply)'에 대한 문제입니다.

저는 언젠가 조지 뮬러와 허드슨 테일러에 대한 이야기, 그리고 그들이 주님의 공급하심에 대한 믿음을 어떻게 그들의 사역에 적용시켜 나갔는가에 대한 이야기를 들은 적이 있습니다. 그리고 저는 신부님께서도 똑같은 믿음의 원리들을 예수원 사역에 적용하고 계시다는 말을 들었습니다.

제가 알고 싶은 것은 바로 이 점입니다. 즉 그러한 믿음의 원리들은 어떤 때에 적용할 수 있으며 또 어떻게 그 결과가 나타나는지 알고 싶습니다.

— 김태식 올림

사랑하는 태식 형제에게.

주신 편지와 지난 겨울 동안의 난방문제에 대한 따뜻한 관심에 감사를 드립니다. 사실 우리는 연탄, 나무, 석유, 전기, 가스 등 우리의 충분한 연료를 위해 매일 기도하고 있습니다.

사실 우리가 난방을 위해 사용치 않는 방법은 거의 없다고 해도 과언이 아닙니다. 그러나 주님은 날이면 날마다 모든 것을 가동시키기에 필요한 것들을 공급하시는 일에 늘 신실하셨습니다. 때로 우리는 준비된 것이 매우 부족하여 쓰다 남은 연탄 나무 석유 등을 다시 모아 쓸 때도 있지만 그러나 그것이 다 떨어지기 전에 주님은 돈을 보내 주시거나 그것들을 더 구할 수 있는 방도를 마련해 주십니다. 그리고 문제가 꼭 돈 때문만이 아닙니다. 수송(운반)문제가 더 까다로울 때도 있습니다. 특별히 눈이 많이 쌓여 트럭이 다니지 못할 때는 더욱 그렇습니다. 이럴 때를 대비해서 우리는 충분한 양을 미리 준비해 두어야 하는 것입니다.

우리 예수원은 24년 동안 이 '믿음의 방법(the faith method)'대로 운영되어 왔습니다. 때때로 믿음이 약해져서 믿음의 원리대로 살지 못하여 어려움을 겪었던 적도 몇 번 있었습니다. 그러나 대부분의 경우 우리는 진실로 주님만을 의지해 왔고, 주님은 신실하게 우리의 필요들을 채워 주셨습니다. 그러나 이 믿음의 방법을 마치 어떤 제도(system)인 것처럼 생각한다면 그것은 큰 오해입니다. 그것은 제도와는 대단히 거리가 멉니다.

잘 알다시피 우리가 하나의 제도를 가지게 되면 우리는 그 제도에 의존하려는 경향이 있고, 그럴 경우 그 제도는 쉽게 하나의 우상이 될 수가 있는 것입니다. '믿음의 방법'은 하나님 외에는 다른 어떤 제도나 방법에도 의지하지 않는 것을 말합니다. 물론 여기에 대해서도 오해가 생겨날 수 있습니다. 모든 크리스천들은 모든 면에서 주님만을 의지해야 합니다. 그러나 때때로 주님은 우리가 따라야만 하는 어떤 제도를 주신다는 사실입니다. 사실상 이 세상에서의 주님의 일이란 것도 여러 가지 합리적, 상식적 제도를 따를 때에 이루어집니다. 그러나 문제는 우리가 그 제도만을 바라보고 제도를 세우신 주님을 바라보지 못할 때입니다. 그때 그 제도는 우리에게 또 하나의 우상으로 변해버리고 마는 것입니다.

대부분의 교회 일은 거기에 관계되는 일의 형태와 관련되는 사람에 맞게 도입되어 합리적인 제도(운영)에 의하여 이루어집니다. 가장 보편적이고 자연적인 교회 제도는 각 지교회(local church)인데 이곳은 하나님이 무슨 일을 하기 원하시는지 결정하고 그 일을 행함에 있어 소요되는 경비를 합리적인 방법으로 조달하는 기관입니다.

교회가 일을 결정하는 과정은 성령의 인도하심을 받는 것이어야 하며 거기에 필요한 재정을 조성하는 일 역시 모든 성도가 다 참여하는 과정이어야 합니다.

조지 뮬러가 믿음의 방법에 눈을 뜨게 된 것도 하나님이 그에게 하도록 원하시는 일을 그가 다니던 작은 교회가 감당해 내지 못하게 될 때였습니다. 당시 그 교회 성도들이 가진 것을 모두 주님께 바쳤을지라도 역시 그것으로는 조지 뮬러가 하고자 원했던 하나님의 일을 지원할 수가 없었던 것입니다.

허드슨 테일러가 조지 뮬러의 모범을 따르기로 결정하게 된 이유도 그가 바로 같은 환경에 처했었기 때문입니다. 테일러는 중국 내지로 들어가 선교하는 것이 꿈이었습니다. 물론 그 당시 그가 속했던 영국교회는 선교할 수 있는 많은 재원이 확보되어 있었습니다. 그러나 영국교회의 공식 결정은 테일러가 가고자 원했던 지역(중국 내지)은 포함시키지 않고 있었습니다.

　사실 교회는 총회적으로나 개교회적으로나 선교에 대한 책임을 져야 하고 그 책임은 모든 개체 성도들에게도 있다는 것을 계속적으로 일깨워 주어야 하는 것입니다. 바로 이 일 중의 하나가 선교를 위해 헌금하는 일입니다. 그러므로 성도들에게 선교헌금은 그들의 마땅한 책무라고 일깨워 주어야 합니다.

　각 지교회는 성령의 인도하심을 받는 예산결정 기구를 가져야만 합니다. 그곳에서 일단 결정이 내려지면 교회는 제도적으로 그 사실이 성도들에게 기억되도록 해야 하고 또 정기적으로 거기에 대한 헌금이 걷히도록 해야 합니다. 때때로 교회는 하나의 예산에 모든 것을 다 포함시켜 특별헌금을 따로 하지 않기도 합니다. 그러나 이 모든 것은 성령의 인도 속에 두 가지 목적을 가지고 이루어져야만 합니다.

　첫째는 주님께서 각 교회에 부여해 주신 각종 사업과 교회교육의 성취를 위해, 또 하나는 선교와 관련된 성도 개인의 책임완수를 위해서입니다.

　이런 과정들은 각 단계마다 믿음이 수반되지 않으면 안 됩니다. 하나님의 인도에 대한 믿음과, 하나님은 교회와 교단에 대해 원하시는 사업이 있다면 그것이 무엇인지를 우리에게 알게 하신다는 데 대한 믿음입니다. 또한 주님께서는 부과해 주신 그 일을 반드시 이루게 해 주신다는 데 대해서도 믿음이 있어야 할 것입니다. 그러므로 믿음의 원리를 오해해서는 안될 것입니다. 그것은 제도 그 자체까지를 부인하는 것이 아닙니다. 다만 하나님을 바라보는 대신 제도라는 메커니즘에 빠져 버리게 되면 그것이 우상이 될 수 있다는 것입니다.

　허드슨 테일러가 발견한 것은 당시 어떤 영국교회도 생각하지 못하고 있던 선교사역의 한부분을 하나님께서 그로 하여금 이루기 원하신다는 사실이었습니다. 사람들은 그들이 성령의 인도하심을 받아왔고 또 그들에게 부여된 책무에 충실하고 있다고 믿었습니다.

그러나 테일러는 기존의 교단 선교사들이 일하고 있지 않은 곳에 부르심을 받았다고 확신하고 있었습니다. 그리고 그는 자신이 여러 교회를 다니며 선교비를 요청하였을 때 상당한 금액을 모금할 수 있을 것이란 사실도 알았습니다. 그러나 그렇게 할 경우 이미 지불하기로 약속된 선교사들에게 헌금이 적게 돌아갈 것이고 그러면 결국 그가 기존의 선교부와 선교사들에게 피해를 보게 할 것이 뻔했습니다. 그럴 경우 교회의 지도부는 그가 교회일을 망치게 하는 인물이라고 비난할 것입니다.

그래서 주님께서는 그에게 다른 종류의 자금조달 방법을 보여 주신 것입니다. 즉 조지 뮬러의 교회가 뮬러의 사업을 지원할 수 없게 되자 하나님 자신이 그의 사업을 지원한다는 그 방법 말입니다. 그때 그가 좀더 근본적으로 깨닫게 된 원칙은 바로 이것입니다. 하나님의 시간에, 하나님의 방법으로 시도되는 하나님의 일은 하나님이 채워 주신다는 것입니다. 만약 이것을 '믿음의 원리'의 골자라고 할 때, 우리가 바라보게 되는 것은 제도가 아니라 하나님 자신인 것입니다.

제도란 것은 성령의 도우심으로 하나님이 원하시는 일이 무엇이며, 또 그 일을 어떻게 하기를 원하시며, 그리고 언제 그 일을 하기 원하시는지를 발견하는 방법에 불과한 것입니다.

때때로 우리는 일은 바로 찾지만 방법을 잘못 택할 수 있습니다. 그런가 하면 때론 일과 방법을 다 바로 찾았으나 시간을 잘못 맞추어 일을 그르칠 때도 있습니다. 어느 경우든지간에, 비록 우리가 주님을 위해 일을 하고자 한 것이 사실일지라도 우리의 잘못된 방법, 잘못 찾은 시간으로 인하여 주님은 그 일을 축복해 주실 수 없는 것입니다.

내 자신의 경우에서 깨달은 것을 말씀드리면 나는 하나님이 무슨 일을 하기 원하시며 또 그 일을 어떻게 해야 하는가에 대해서는 잘 알았습니다. 그러나 자주 시간문제에 걸려 넘어지곤 했습니다. 나는 대부분의 경우 자주 서두르곤 했던 것입니다. 만약 그때 나 혼자서만 일을 벌었더라면 나는 계속 넘어지다 볼일 다 보았을 겁니다. 그러나 그때 주님께서 문제를 해결할 수 있는 방법을 보여 주셨습니다. "네 아내의 말을 들어보라."는 말씀이었습니다.

주님께서는 제 아내에게 아주 예민한 시간 감각을 주셨던 것입니다. 만약 아내가 "당신이 무엇을 하려는 것인지 도무지 알 수 없다."라고 말한 경우 그것은 내가 타이밍을 잘못 맞추었다는 표시였습니다. 반대로 그녀가 나의 일을 알고 그것에 동의하면 그것은 때를 제대로 맞추었다는 신호이기도 했습니다. 그러므로 이제 우리는 더 이상 단순한 '남편-아내'관계에만 머물지 않습니다. 우리 모두는 예수원의 한부분이며 우리 외에도 최종 결정에 도움을 주는 10명의 사람이 더 있습니다. 이 사람들이 모두 사업과 방법과 시간이 맞았다는 데 동의하면 우리는 일에 착수합니다. 그리고 그것을 위해 기도하면 일은 이루어지고 맙니다.

그러나 때때로 주님은 우리에게 시간을 알게 하시는 대신 공급을 연장시키기도 하십니다. 우리가 하나님을 앞서가려 할 때 주님은 자주 이런 단순한 방법을 쓰셔서 우리를 제재하십니다. 그래서 우리가 예수원에서 사용하고 있는 믿음의 원리에는 '자동시간제보'장치가 부착되어 있습니다.

기도의 응답으로 자금이 조달되기 전까지는 어떤 사업도 미리 시도되지 않기 때문입니다. 만약 돈이 들어오지 않으면 우리는 주님의 때가 이르지 아니한 줄로 압니다. 그러나 돈이 오면 그때는 하나님의 때로 받아들입니다. 그러므로 하나님의 시간은 나중에 가서야 분명해집니다. 그리고 우리는 혼신을 다해 그 일을 이루려고 했다는 사실도 나중에야 알게 됩니다. 만약 우리가 그 일을 밀고 나갔더라면 다른 계획은 망쳐 버리고 말았을 것입니다

예수원을 시작하였을 때 우리는 존 달리 주교의 관할하에 있었습니다. 그때 그분은 서울 담당 주교였다가 막 대전 지역 주교로 부임하실 때였습니다. 신부님은 우리에게 우리가 원하면 어느 곳에서나 모금을 할 수 있는 자유를 주셨습니다. 그러나 또 다른 한편으로는 우리가 믿음의 원리대로 살기를 원할 경우에는 이렇게 하라는 매우 강한 부담을 지워 주셨습니다.

즉 "여러분이 믿음의 원리대로 산다는 사실을 아무에게도 알리지 마십시오. 돈에 대해서는 누구에게 아무 말도 하지 마십시오. 만약 여러분이 '우리는 믿음으로만 삽니다.'라고 말하면 그것은 '돈을 주십시오.' 하는 것과 똑같은 것입니다. 그것은 일종의 구걸입니다. 아무에게도 여러분이 믿음의 원리를 적용하고 있다는 말을 하지 마십시오. 그러지 않으려면 아예 처음부터 정직하게 손을 내밀어 돈을 달라 하십시오."

나는 이것이 아주 지혜로운 충고라고 생각했습니다. 사실 누군가가 믿음에만 의존한다는 사실을 서면으로 누구에게 알린다는 것 뒤에는 무서운 유혹이 숨어 있는 것입니다. 우리는 이와 같은 류의 편지를 자주 받습니다. 참 신기한 것은 우리 예수원이 재정적으로 어떻게 운영되는가에 대해서는 묻는 사람이 거의 없다는 사실입니다. 아마 사람들은 다른 성공회 교회들이나 아니면 국제적인 선교단체들이 예수원을 도와 주는 것으로 생각하는지 모르겠습니다. 그러나 그런 단체들은 우리를 도와 주는 일에 조금도 심리적 부담을 느끼지 않습니다. 그들은 다만 가장 기본적일 정도의 지원만이라도 해 줘야 되겠다는 생각을 할

뿐이며 주님은 그들의 지원을 통해서 우리 '예수원 호(號)'가 최소한 뜰 수 있도록 해 주십니다.

우리가 믿음의 방법을 택한 것은 그것이 모금보다 더 거룩한 방법이라든지 또는 더 쉬운 방법인 까닭에 그렇게 한 것이 아닙니다. 우리는 허드슨 테일러가 생각했던 이유와 똑같은 이유로 그렇게 한 것입니다. 사실 그 돈은 주님께서 다른 교회들에게 하기를 원하시는 일들, 즉 좀 더 극적인 면은 없지만, 더욱 기본적이고 더 중요한 일들을 위해 쓰여야 하는 돈인 것입니다.

한국의 성공회 교회들은 여러 가지 이유 때문에 아직도 상당한 부분을 외국의 기부에 의존하고 있습니다. 그러할진대 우리에게 오는 돈은 틀림없는 것입니다. 그래서 이제 우리에게 다른 선택의 여지가 없게 되었습니다.

시간이 흐를수록 하나님께서는 해외로부터 보내 주시던 돈을 줄이는 반면 자급자족의 폭이 증가되도록 하셨습니다. 우리는 자급자족의 방법으로 처음에는 농장과 목장을 시작했고 그것이 머지않아 작은 공장처럼 되어 예수원의 생계수단이 될 것으로 생각했습니다. 그러나 주님께서는 우리가 계획했던 그 일에 필요한 사람들을 보내 주시지 않았습니다(이것도 사실은 우리의 판단 착오였으며 인도를 잘못 받았기 때문입니다). 반면 다른 사업에 맞는 사람들을 보내 주셨습니다. 그래서 처음 우리가 꿈꿨던 그 사업과는 전혀 다른 사업으로 자급자족이 되게 하셨습니다. 그리고 동시에 주님께서는 우리의 애초의 꿈보다 훨씬 크게 예수원이 확장되게 하셨습니다. 그와 함께 자급자족의 능력도 계속 증대되도록 하셨습니다.

그러므로 중요한 것은 우선 무슨 사업에 관한 것이든 주님의 인도하심에 대한 점검입니다. 만약 형제가 인도를 받았다고 생각되는 그 일이 진정 하나님으로부터 온 것이라면 주님은 함께 일할 수 있는 다른 동역자를 주실 것입니다. 그들과 함께 인도를 구하는 가운데 일의 분명한 성격이 결정되면 남은 문제는 방법입니다. 이를 위해서는 그 일이 시도될 수 있는 모든 방법을 다 생각해 보는 것입니다. 그리고 그 방법이 옳다는 것에 대한 동역자들의 공통된 확신 또한 중요합니다.

이제 글을 맺겠습니다. 일에 대한 하나님의 인도하심이 분명해지면 방법과 동역자에 대한 인도하심도 있어야 합니다. 그러고 난 후도 여전히 하나님의 때(시간)를 생각해야 합니다. 만약 시간까지도 맞추어지면 하나님께서는 정확하게 필요한 것들을 공급해 주실 것입니다.

'풍성히'라는 말은 우리가 필요로 하는 모든 것을 가리킵니다. 하나님은 그것을 약속하셨습니다. 그러므로 주실 것입니다. 하나님의 때에 하나님의 방법으로 시도되는 모든 일은 결코 무엇이 모자라지 않습니다. 주님께서 형제를 축복하시길 빕니다.

산골짜기에서 온 편지

성령의 사역에는 어떤 것이 있습니까

존경하는 대천덕 신부님.

신부님이 떠나 계시는 동안(안식년 휴가로) 예수원은 어떻게 운영되고 있는지 궁금하군요. 저는 장로교회 목사입니다. 신학교에 입학하기 전부터 성령의 사역에 대해 깊은 관심을 갖고 있었으나 신학교에서 배운 지식은 성령의 지식과는 거리가 멀었습니다.

저는 신학교 시절, 기적은 사도시대와 함께 막을 내렸다고 배웠습니다. 또한 제 주위에는 성령의 역사하심에 대해 강조하는 사람들이 몇몇 있었는데 그들은 하나님의 기대에 부응하는 삶을 살아가지 않고 있는 사람들이었습니다. 한마디로 그들에게는 성령의 열매가 없었습니다. 종종 제 주위에서 들려오는 성령에 대한 여러 가르침들은 저를 혼란에 빠뜨릴 때가 있었습니다.

성령의 여러 기능(역사)에는 어떤 것이 있는지요. 그리고 이것들은 서로 어떤 연관성이 있습니까. 신부님의 고견을 듣고 싶습니다.

— 주 안에서 존 조네스 목사 올림

사랑하는 조네스 목사님께.

주신 편지 감사합니다. 제가 해외에 있을 때에도 예수원의 모든 일은 성령님의 인도로 간부회원 협력회원 평회원의 도움으로 잘 진행되고 있습니다. 예수원은 결국 저의 예수원이 아니라 모든 사람의 예수원인 것입니다. 우리는 "두세 사람이 내 이름으로 모인 곳에는 나도 그들 중에 있느니라."는 주님의 약속을 25년간 믿어왔습니다. 그분은 신실하게 그 약속을 지켜왔으며 우리는 밤낮으로 그분의 역사하심을 즐겁게 지켜왔습니다.

우리는 종종 예수께서 예수원을 통해 어떤 사역을 하시는지를 발견하곤 했습니다. 이번에 해외여행을 하는 동안 저는 몇 해 전에 예수원에 와서 예수를 만나 자신의 삶이 변화받았다고 고백하는 사람을 몇 명 만날 수 있었습니다.

이분들 중에 장로교회 목사 한 분이 있었습니다. 그분은 '장로교인과 개혁선교'라는 선교사업에 종사하고 있었으며 최근 장로교회 교역자들을 초빙해 세미나를 가진 적이 있습니다. 저는 비록 장로교인은 아니지만(나는 아직까지도 장로교회를 존경합니다) 제가 그곳에 참석한 것은 큰 행운이었습니다. 저는 그곳에서 성령께서 역사하시는 모습을 보았습니다. 그 세미나에 참석했던 많은 목사님들도 조네스 목사님께서 제기하신 질문을 하는 것이었습니다. 우리는 성경을 함께 연구하고 서로의 경험을 비교하면서 성경의 가르침은 분명하고 일관성이 있는 교훈으로 하나님께선 그의 백성 모두가 성령과 동행하는 삶을 살기 원한다는 사실을 깨달을 수 있었습니다.

그렇습니다. 우리는 성령의 중요한 4가지 사역, 즉 힘을 주시고, 열매를 주시며, 지혜와 교제를 주시는 사역을 발견할 수 있었습니다. 성령의 교제는 나중에 설명하기로 하고 먼저 동양철학에서 온 교훈 하나를 설명해 드리겠습니다.

　한국의 국기인 태극기에는 빨간색과 파란색으로 그려진 '음, 양'의 상징이 있습니다. 한국의 많은 기독교인들은 이것을 이교도적인 상징물이라고 생각합니다만 실제로 음양은 창세기 1장 27절에서 온 것입니다. "하나님이 자기 형상 곧 하나님의 형상대로 사람을 창조하시되 남자와 여자를 창조하시고." 음양은 여자와 남자를 상징하는데 창세기는 이것이 하나님의 형상이라고 가르치고 있습니다.

　우리가 현실을 유심히 관찰해 본다면 많은 부분에 있어 이 음양의 법칙이 적용되고 있다는 것을 발견할 수 있습니다. 그 대표적인 예가 안과 밖이라고 할 수 있는데 이것은 상호불가분의 관계에 있습니다. 어느 한쪽이 없으면 다른 한쪽은 존재하지 않습니다. 한국에서는 남편을 '바깥사람' 아내는 '안사람'이라고 부르지 않습니까? 성령의 역사도 이와 유사한 점이 있습니다.

　성경은 성령의 내적 사역과 외적 사역을 분명히 구분하고 있습니다. 이들은 절대로 섞여 있지 않습니다. 외적 사역은 '기름 부음을 받다' '위에서 임하다' '세례를 받다' 등의 표현으로 나타나고 있습니다. 이런 표현들은 예언을 한다거나 병을 고친다거나 놀라운 역사를 행하는 성령의 역사와 연관되어 있습니다. 바울은 이 같은 성령의 외적 사역을 고린도전서 12장에 기록하고 있습니다. 우리는 성령의 외적 사역을 주변에서 목격할 수 있습니다.

　그러나 성령의 내적 사역도 바울이 고린도전서 13장과 갈라디아서 5장 22절부터 23절에서 강조했듯이 외적 사역과 마찬가지로 중요합니다. 내적 사역이란 열매를 뜻합니다. 그것은 사랑입니다. 그러나 우리는 보통 '채움을 받다'라는 단어와 '성령의 열매'를 동일하게 생각하는 경향이 있습니다.

그러나 장로교 세미나에 참석했던 학생들과 우리 목회자들은 여기에는 서로 의미가 다른 두 개의 헬라어가 있다는 사실에 의견의 일치를 보았습니다. 하나는 '프레데스(plethes)'고 다른 하나는 '프레레스(pleres)'인데 우리들은 이 두 가지 단어가 어떻게 사용되고 있는지를 비교해 봤습니다.

검토 결과 프레데스는 배터리를 충전한다는 의미의 '충전하다'였고 프레레스는 나무가 열매를 내기 위해 수액에 젖는다는 의미의 '흠뻑 젖다'라는 뜻이었습니다.

우리는 성령의 두 가지 사역인 외적인 힘과 내적인 열매 그리고 '성령의 채움을 받는다'는 의미의 중요성을 깨닫게 되었습니다. 그러나 불행하게도 많은 사람들은 성령의 외적 사역과 내적 사역 가운데 두 가지를 모두 갖고 있지 못하고 하나만 갖고 있습니다. 이 같은 현상은 과거에도 있었습니다.

크리스마스 트리와 열매 있는 나무를 생각해 보십시오. 열매 있는 나무는 살아 있고 뿌리가 박혀 있습니다. 반면 크리스마스 트리는 살아 있을 수도 있고 그렇지 못할 수도 있으나 화려한 장식물(또는 선물)로 장식돼 있습니다. 이런 이유로 해서 일부 사람들 중에는 능력으로는 충만되어 있으나 성결이 부족한 사람이 있습니다.

성령의 세 번째 사역은 '지혜'입니다. 88서울올림픽 당시 사용했던 로고는 빨강 파랑 노랑 3색이 조형된 무늬였습니다. 이 같은 3색 장식 무늬는 지혜가 성령의 두 가지 사역(외적·내적 사역)과 어떻게 연관되어 있는지를 설명해 주는 좋은 예라 할 수 있습니다.

즉 지혜는 성령의 두 가지 사역이 조화 있게 역사할 때 생겨나는 사역이라는 것입니다. 음양이 어머니와 아버지를 상징하듯이 성령의 내적 사역과 외적 사역이 모(母)와 부(父)를 나타내는 것이라면, 지혜는 이 부모의 자식을 뜻한다고 할 수 있습니다. 성령의 능력만 갖고 있거나 성령의 열매만 소유한 사람은 지혜의 은사를 갖지 못할 것입니다.

어떤 사람은 지혜란 많은 학식을 통해서만 얻을 수 있다고 생각합니다. 많은 사람들이 지혜(wisdom)와 지식(knowledge)을 혼돈하고 있습니다. 그들은 지식은 학식을 통해 얻을 수 있지만 지혜란 이런 지식을 실생활에 적용하는 것과 연관이 있다는 사실을 모르고 있습니다. 야고보서 1장 5절에서 8절까지 지혜는 다른 카리스마적인 은사처럼 값없이 주어지는 선물이라고 언급하고 있는데 거기에는 한 가지 조건이 따릅니다. 그것은 지혜를 구하는 자는 성령의 열매가 있는 사람이라야 하며 한마음으로 하나님을 사랑하는 자라야 하는 것입니다. 오늘날 많은 크리스천들이 지혜를 구하지 못하고 있는 현상은 얼마나 불행한 현실입니까!

성령의 네 번째 사역은 교제(코이노니아)입니다. 이것은 성령의 열매인 사랑의 명백한 표시입니다. 성령으로 충만한 두 명의 낯선 크리스천이 만났을 때 그들 속에 각각 역사하시는 성령의 교통하심으로 말미암아 금방 친해졌다는 사실을 아시는지요. 모든 크리스천들이 서로 사랑할 때 그들은 사도행전 2장에서 보듯 갖고 있는 것을 서로 나눌 수 있으며 또한 요한일서 1장에 나타난 것처럼 서로 죄를 고백하고 용서해 주는 삶을 누릴 수 있습니다.

나눔(share), 친교(fellowship), 간담(communion), 참여(partaking), 분배(distribution), 교통(communication), 기부(contribution), 벗(companion), 파트너(partner), 공통(common)이란 단어들은 그리스어인 '코이노니아'와 모두 관련 있는 어휘입니다.

코이노니아라는 단어는 교회를 묘사한 단어로 성령이 충만한 크리스천들의 교제를 뜻합니다. 코이노니아의 가장 강력한 모습은 '몸'으로, 바울은 교회를 지칭할 때 이 '몸'이란 단어를 가장 많이 사용했습니다. 몸 안의 각각 다른 지체와 기관들이 서로 온전히 의존하여 조화 있게 작용해야 몸이 건강해져 일할 수 있듯이 교인들도 각각 맡은 일을 온전히 해낼 때 교회가 온전히 설 수 있는 것입니다. 그래야 성령의 능력과 지혜로 맡은 업무를 바르고 효과적으로 행할 수 있습니다. 코이노니아는 성령의 사역 중 가장 중요한 부분입니다(고후 13:13 참조).

우리는 앞서 언급한 성령의 네 가지 사역이 규칙적이고 질서 있는 관계 속에서 함께 작용되고 있다는 사실을 발견했습니다.

목사님, 시무하시는 교회의 성도에게 하나님은 우리들을 위해 많은 것을 비축해 놓으셨다는 사실을 전하십시오. 그리고 그 같은 사실을 깨달은 많은 교인들이 다른 사람들에게 공포할 수 있게 하시기를 바랍니다. 성령의 네 가지 사역이 아름답게 역사할 수 있는 곳이란 교회밖에 없습니다.

성령의 네 가지 사역이 교회 안에서 나타날 때 사람들은 교회로 모이게 됩니다. 성령이 그곳에 계시고 사람들이 거듭나는 역사를 체험하기 때문입니다. 그들은 또 성령의 지혜를 얻고 성령의 능력으로 하나님이 땅 끝까지 그들을 보내 주실 것이라는 사실을 깨닫게 될 것입니다.

미국에 있는 장로교회와 제가 속해 있는 교단인 성공회 교인들은 대부분 중산층입니다. 예수께서는 "주의 성령이 내게 임하셨으니 이는 가난한 자에게 복음을 전하게 하려 하심이라."라고 말씀하셨습니다. 대부분의 교회들은 가난한 자를 위한 좋은 소식을 갖고 있지 못합니다. 가난한 자들에게 관심이 있는 사람들을 무시하고 현명하지도 않고 효과도 없는 인간적인 방법을 찾습니다. 성령께서는 가난한 자들에게 복음을 전할 뿐만 아니라 그것을 실천할 수 있는 지혜와 능력을 주시기 위해 우리에게 기름을 부어 주셨습니다.

목사님, 제가 이 글을 쓰면서 생각나는 한 가지 사실이 있습니다. 가난한 자를 위한 좋은 소식이란 무엇을 뜻하는 것인가 하는 질문입니다 (눅 4:18, 7:22 참조).

예수께서는 단지 가난한 자들에게 구제품을 주라고 하셨습니까? 아니면 구제 프로그램을 세우라고 하셨습니까? 몇몇 정부에서 급진세력들이 가난한 자들을 선동할까 두려워 이 같은 일을 하고 있기도 합니다. 그러나 과연 그러한 일들이 가난한 자를 위한 좋은 소식이 될 수 있을까요?

소련의 경우를 봅시다. 그곳에서는 가난한 자들이 부유한 사람들을 향해 봉기를 일으켜 가난이 없는 사회를 만들어 보려고 했습니다. 그러나 성령의 지혜와 능력 없이 행해졌습니다. 그 결과 현재 소련은 가난에 허덕이고 있습니다.

그렇다면 성령께서 주신 가난한 자들을 위한 복된 소식이란 무엇이겠습니까? 사도행전 2장부터 4장에서 그 해답을 찾을 수 있습니다. 핵심구절은 4장 34절입니다. "그중에 핍절한 사람이 없으니." 그들은 가난을 없앴습니다.

성령의 교통(코이노니아)이란 우리 모두가 손, 발, 눈, 가슴처럼 몸의 한 지체로서 서로 소속되어 있다는 것을 의미합니다. 뿐만 아니라 구체적인 실행을 통해서(필요하다면 집이나 땅을 팔아서까지) 가난한 사람을 교회의 교제 안에 들어오게 해서 더 이상 가난이 없게 하는 것입니다. 가난한 자들을 위한 좋은 소식은 그들에게 더 이상 가난할 필요가 없다는 사실을 알려 주는 것입니다.

초대 교회 시절에 전 교인이 가난에 처한 적이 있었습니다. 그러나 그들 중에는 아름다운 교제가 이루어졌습니다. 그들은 사도 바울과 함께 이렇게 외칠 수 있었습니다. "예수께서 부요하신 자로서 너희를 위하여 가난하게 되심은 그의 가난함을 인하여 너희로 부요케 하려 하심이니라"(고후 8:9). 이 얼마나 심오한 하나님의 지혜와 지식입니까. 성령의 역사하심은 각 지체(교인)들을 고치는 일이기도 하지만 사회를 치유하는 일도 포함됩니다.

그런데 왜 오늘날 일부 교회들은 성령의 열매나 은사만을 강조하거나 성령의 지혜와 능력이 개입되지 않은 사회개혁만 강조하며 서로 "당신네들은 잘못된 길을 가고 있소."라고 비방하고 있는 것일까요. 그것은 사탄의 공작에 빠진 잘못된 행동입니다. 사탄의 주된 일은 파괴하고 쪼개는 일입니다. 그는 성도들로 하여금 서로가 한 몸이라는 사실을 잊게 해 교회를 쪼개어 정복하려고 분주히 날뛰고 있습니다. 장로교인이건 오순절교인이건 가릴 것 없이 쪼개려고 음모하고 있습니다. 그러나 성령의 진정한 교제 안에서 우리는 느슨해진 모든 끈-이론과 실천의 끈-을 튼튼히 조여 맬 수 있습니다. 이 얼마나 위대한 하나님의 섭리입니까.

조네스 목사님, 예수원을 위해서 기도하시면서 목사님 교회에 있는 교인들이 하나님의 지혜와 지식의 풍성함과 성령의 교통을 나타내도록 그들을 위해 기도해 주시기를 바라겠습니다. 목사님 교회가 성령의 교제, 하나님의 사랑, 그리스도 예수의 은혜를 더욱 깨닫게 되기를 진정 바랍니다.

신앙상담, 어떻게 할 것인가

존경하는 대천덕 신부님께.

지난 번 목회자 모임에서 성령의 역사에 관한 신부님의 강연을 매우 관심 있게 들었습니다. 그러나 저의 목회사역 가운데서 가장 어렵게 생각되는 분야인 상담과 관련된 성령의 은사에 대한 내용은 거의 없었습니다. 내면에 많은 문제를 갖고 있는 사람들은 설교를 듣는 것만으로 문제해결을 할 수 없는 경우가 대부분입니다. 차라리 설교가 쉽지 상담은 저에게 있어 고역입니다. 그러나 목사인 제가 이 일을 하지 않으면 누가 하겠습니까. 성도들은 자신의 문제를 충분히 이야기하려 하지만 자상하게 들어 주고 기도해 줄 만한 시간이 없기 때문에 무척 곤란합니다.

내가 알기로는 정신과 의사들은 영적인 문제와 영적인 치료에 관한 훈련은 받지 않았습니다. 그들은 단지 잠재의식에 내재된 문제를 의식의 외부로 떠올려서 문제의 강도를 일시적으로 경감시켜 줄 뿐 완전한 치료는 할 수 없습니다.

신부님께서는 성령이 우리의 문제를 해결해 주고 상처를 치유해 준다고 말씀하셨습니다. 그에 관한 내용을 좀더 자세히 설명해 주시면 감사하겠습니다.

- 주 안에서 강비곤 올림

사랑하는 강 형제에게.

형제의 고민을 함께 나누게 되어 기쁘군요. 다른 많은 목회자들도 이러한 문제를 적극적으로 생각해 보고 주님의 해결을 구할 수 있기를 바랍니다. 신학대학에서 성령의 사역에 관한 충분한 지식을 공급해 주었다면 어려움을 겪지 않아도 되었을 것입니다. 상담분야도 선교인데 이것을 회피하게 하는 것은 무책임해서가 아니라 용기가 없기 때문입니다.

상담에 적용되는 성령의 은사가 있습니다. 그중 하나는 치유의 은사입니다. 상담을 요청하는 사람들 대부분이 내적인 치유, 잠재의식의 치유를 필요로 합니다.

치유의 은사를 구하기에 앞서 어떤 치유가 필요한지 알기 위해 먼저 지혜를 구해야 합니다. 누구든지 지혜가 부족할 때 하나님께 구하면 주십니다(약 1:5~8). 성경이 말하는 지혜는 얼마든지 구할 수 있습니다. 그러나 순수한 동기에 의해서만 구해질 수 있습니다. 하나님께서 주시는 지혜의 사용방법을 모르거나 하나님께 순종하는 데 방해요소가 되든지 아니면 이기적으로 사용하려 한다면 하나님은 지혜를 주시지 않습니다. 우리는 하나님께 무조건 순종에야 합니다. 야고보가 "오직 믿음으로 구하라."라고 말한 까닭이 여기에 있습니다.

목사만이 상담에 필요한 지혜를 얻을 수 있는 것은 아닙니다. 다른 성도들도 지혜를 구하면 받을 수 있으며 목사는 자신이 배운 것을 그들에게 가르쳐 줌으로써 상담의 어려움을 함께 나눌 수가 있습니다

하나님께서는 자신의 백성들 중 어느 누구에게도 너무 과중한 일을 부과하지는 않습니다. 해야 할 일이 너무 많은 경우에는 다른 사람들과 나누어서 하십시오. 하나님은 함께 짐을 나누어 질 만한 사람이 누구인지 또 이 일에 필요한 은사를 어떻게 가르쳐야 할지 지혜를 주십

니다.

이에 관련된 성령의 또 다른 은사는 '지식의 말씀'(고전 12:8)입니다. 피상담인이 가진 문제의 근원을 나는 물론 본인도 모릅니다. 그러나 성령은 문제의 본질을 정확하게 표출시킬 수 있는 말씀을 주십니다. 임의대로 추측한 것 같지만 종종 옳았다는 결론을 보게 됩니다. 이것은 문제의 원인을 찾기 위해 대화하고 숙고하는 시간을 절약해 줍니다. 문제의 근원은 인간의 잠재의식 속에 내재된 '망각'이나 '언급의 회피' 등의 제어기능에 의해 감추어져 있습니다. 때문에 최면술에 의지하지 않으면 그것을 기억해 낼 수가 없습니다. 그러나 지식의 말씀은 이것을 가능케 합니다.

바울은 지혜의 말씀에 대해서도 말했습니다. 이것은 우리가 지식의 말씀을 받은 후에 필요한 은사입니다. 피상담인이 자신이 가진 문제의 원인을 알고 있는 경우도 있습니다. 그러나 문제의 원인을 알고 있다 하더라도 그 문제를 다루는 방법을 알기 위해서는 지혜가 필요합니다.

성령의 중요한 은사들 중 상담과 관련이 있는 것은 지혜와 지혜의 말씀, 지식의 말씀, 치유의 은사, 영분별의 은사 등이 있습니다. 그러나 은사에는 성령의 열매가 따라야 합니다.

성령은 먼저 피상담인에 대해 초자연적인 사랑을 갖게 해 줍니다. 이것이 성경이 말하는 '아가페'입니다.

또한 인내가 필요합니다. 성령의 은사에 의지해서 상담시간을 줄여 볼 수는 있지만 그렇다고 서둘러서는 안됩니다. 편안한 마음을 갖고 필요하다는 시간을 얼마든지 들일 준비가 되어 있어야 합니다.

우리에게는 충성이 필요합니다. 하나님의 계획과 부르심에 대한 충성과 피상담인에 대한 충성은 그 사람의 문제를 타인에게 발설하여 당혹감에 빠트리는 실수를 막아 줍니다.

또한 상대방의 슬픔에 동화되어 쉽게 감정이 동요되지 않고 오히려 그 사람의 슬픔을 위로해 줄 수 있는 절제가 필요합니다.

조용히 앉아 차분하게 경청할 수 있기 위해서는 평강이 필요합니다. 성급한 마음은 주님이 정하신 때를 방해합니다. 주님의 때와 내가 생각하는 때가 일치할 수도 있겠지만 만일 내가 주님보다 1초라도 더 앞서 가면 하나님께서 주시는 중요한 정보를 놓치거나 상대방에게 조급한 인상을 주게 되어 실망을 안겨 줄 수도 있습니다.

그 다음에 온유가 필요합니다. 상대방의 태도가 마음에 들지 않더라도 그 사람은 마음에 깊은 상처를 받았으며 부드러운 말씀의 권고만을 받아들인다는 점을 알아야 합니다.

성령의 열매는 저절로 맺어지는 것이 아닙니다. 날마다 하나님께 기도하고 경청하며 순종해야만 영적인 성장을 할 수 있습니다. 또한 영적인 성숙이 이루어질수록 하나님께 많이 사용될 수가 있습니다.

그러면 상담을 어떻게 해야 하는지 말씀드리겠습니다. 하나님께서는 사람에게 초자연적인 재능도 주시지만 선천적인 재능도 주시기 때문에 시간이 흐르면 자신만의 독특한 방법을 터득하게 됩니다. 제한된 환경 속에서 상담을 효과적으로 하고자 할 때는 다양한 재능을 갖고 있는 사람들에게 상담을 맡길 수도 있습니다. 그들은 삶 속에서 성령의 열매가 있고 필요할 때마다 하나님께서 성령의 은사를 주실 것을 확신하는 사람들이어야 합니다. 그러면서도 각자에게 주어진 선천적인 재능과 후천적 경험을 토대로 독특한 상담방법을 개발해 나가야 합니다.

상담을 맡을 사람들의 대부분은 형제보다 더 많은 시간을 내야 합니다. 많은 사람들이 한두 가지의 상처만을 갖고 있는 것이 아니라 고통과 혼란 속에서 연쇄적으로 상처를 입었기 때문에 세심한 기도가 필요합니다. 피상담인이 어린 시절부터 받아 온 상처들을 하나하나 이야기할 수 있도록 하기 위해서는 시간을 여유 있게 낼 수 있어야 합니다.

목회자는 충분한 시간을 내기가 어렵기 때문에 30분을 하더라도 효과적인 상담이 될 수 있도록 하나님께 간구해야 합니다.

목사는 상담하기 전에 먼저 자신과 피상담인을 위해 성령의 도우심을 간구해야 합니다. "두세 사람이 내 이름으로 모인 곳에는 나도 그들 중에 있느니라."라고 하신 예수님의 말씀을 믿고 예수님만이 문제를 해결해 주신다는 것을 늘 기억해야 합니다. 그 다음에 평안한 마음으로 상대방의 말을 경청합니다.

바쁘더라도 주님이 원하시니 몇 시간이라도 들어 주겠다는 인상을 주어 상대방의 마음을 편안하게 해 주십시오. 말을 들으면서 주님께 지혜를 구하면 문제의 근원과 해결방법을 성령께서 가르쳐 줍니다. 권면해 줄 말의 요점이 잡히면 상대방에게 가장 문제의 배후에 있는 것이 무엇이며 왜 그 동안 해결방법을 찾을 수 없었는지 설명해 주십시오.

문제를 해결할 수 없는 이유는 문제의 원인이 잠재의식 속에 감추어져 있기 때문입니다. 그것은 지식의 말씀에 의해서 드러나게 됩니다. 문제의 근원이 무엇인가 대강 추측이 되면 그것을 상대방에게 부드러운 어조로 설명해 줍니다. 그때 상대방의 반응을 살펴 보면 그 추측이 옳은지 아닌지 알 수가 있습니다. 정확하게 파악하면 훨씬 적합한 기도를 할 수 있습니다.

그 다음에 지혜의 말씀을 구하면 간단명료한 권면을 해줄 수 있습니다. 그리고 그가 문제의 원인을 제공한 사람을 용서할 수 있도록 기도해 줍니다.

대개의 경우 용서가 가장 중요한 치유방법입니다. 영적, 심리적 문제를 갖고 있다는 것은 상처를 입었다는 뜻입니다. 상처를 치유하려면 먼저 상처를 준 사람을 용서해야 합니다. 결코 쉬운 일은 아닙니다. 오히려 분노가 더욱 깊어지고 자기 연민에 빠져 증오심이 커질 수도 있습니다. 비록 쉬운 일은 아니지만 예수님께 순종하여 저주하고 모욕하는 자를 위해 기도할 때 비로소 영적 승리를 얻게 됩니다(마 5:44; 눅 6:28).

분노와 자기 연민에 빠져들도록 유혹하는 사탄에게서 등을 돌리고 오직 하나님의 치유를 확신하고 맡겨야 된다는 것을 강조하고 싶습니다. 하나님께 진정으로 치유의 소망을 둔다면 용서해야 합니다. 용서와 동시에 치유가 시작됩니다. 우리는 예수께서 자신을 못 박은 사람들을 위해 "아버지여, 저희를 사하여 주옵소서 자기의 하는 것을 알지 못함이니이다"(눅 23:34)라고 하신 말씀을 기억해야 합니다. 예수님처럼 기도할 수 있도록 간구해야 합니다.

스데반 역시 돌에 맞아 죽으면서 "주여, 이 죄를 저들에게 돌리지 마옵소서"(행 7:6)라고 말했습니다. 그는 돌 던지는 사람의 행위를 죄라고 했지만 용서해 달라고 기도했습니다. 우리는 그들 가운데 몇 명이나 회개했는지는 모르지만 사울의 회개에 대해서는 잘 알고 있습니다. 하나님은 내게 관심을 두시는 것만큼 나에게 상처를 준 사람에게도 관심을 갖고 계시다는 것을 알아야 합니다.

상담을 원하는 사람들의 심리적 특성에는 두 가지 유형이 있습니다. 무의식이나 잠재의식 속에 가라앉은 상처를 기억해 낼 수는 없습니다. 심리적 문제의 본질 중 하나는 타인에게 말할 수도 없고 스스로 기억하기조차 고통스럽고 부끄러워 잠재의식 속 깊숙이 감추어 버린 것이 있습니다. 이런 것들은 본인이 좀처럼 문제의 근원에 접근하려 하지 않기 때문에 지식의 말씀이 아니면 추측하기가 매우 어렵습니다.

또 다른 유형은 의도적 혹은 잠재적으로 묻어 둔 것이 아니라 태어나기 전의 문제입니다. 태중의 아기는 의식이 없기 때문에 정상적인 상태일 때는 부모의 일상적인 대화내용이 입력되지 않지만 산모가 긴장하거나 공포와 분노를 느낄 때는 체내에 아드레날린이 분비되어 태반을 통해 아기의 뇌조직에 손상을 주게 됩니다. 분노나 충격에 의한 과격한 말들은 태아의 뇌에 입력이 되어 태어나 성장하면서 자신도 모르게 그 말들의 지배를 받게 됩니다.

성령은 이런 충격적인 말들을 드러내 줍니다. 피상담인의 습관적인 행동이나 즐겨 쓰는 말 혹은 자기 비하의 말들을 반복할 때 주의해서 살펴보면 태중에 있을 때 입력된 말들의 실마리가 나옵니다. 성령께서는 디스켓이나 테이프에 기록된 말들을 지우듯 그러한 말들을 지워 주실 수 있습니다.

상담에 있어서 사탄과 그의 악한 영들을 쫓아내는 일이 중요하지만 먼저 피상담인이 증오나 분노, 자기 연민에 빠지지 않게 해달라고 주님께 간구해야 합니다. 분노는 악한 영의 침입로가 됩니다. 계속되는 분노와 공포는 아드레날린의 분비를 촉진시켜 완전히 소모되지 않을 경우 위장병 관절염 등과 같은 각종 질환을 야기시킵니다.

주님께 짧은 시간 안에 상담을 효과적으로 할 수 있도록 기도하십시오. 긴 시간이 필요한 상담 등은 다른 성도들에게 맡기도록 하고 그에 따른 지혜를 구하십시오. 하나님의 사랑 안에서 영적 심리적 치유를 가져오는 효과적인 상담을 할 수 있을 것입니다. 모든 것을 혼자 하려 하지 마십시오. 하나님은 형제를 사용하시듯 다른 형제 자매들도 사용하십니다. 우리는 모두 주 안에서 하나이기 때문입니다.

산골짜기에서 온 편지

선교사역의 여러 유형들

존경하는 대천덕 신부님.

　신부님께서는 미국에서 휴가 중이신 것으로 알고 있는데 그곳에서도 한인교회를 방문하시느라 분주한 나날을 보내신다고 들었습니다. 친구가 편지를 보내왔는데 신부님께서 친구가 있는 곳에 오셨을 때 신부님 뵙는 것을 목사님이 허락하지 않았다고 하더군요. 무슨 사정이 있었겠지요.

　저는 US세계선교센터에서 보내온 회보를 읽고 그에 대한 몇 가지 의문점을 쓰려고 합니다. 그들에게 직접 편지를 쓰려고 했는데 신부님과 상의하는 것도 좋겠다는 생각이 들었습니다. OMF에 의하면 신입회원 중 아시아인이 처음으로 반수를 넘었다고 합니다.

　신부님, 선교사가 되려면 반드시 신학의 전 과정을 밟아야 합니까? 그리고 장기간의 어려운 훈련에 들어가기 전에 자신의 적성을 테스트해 볼 기회가 있는지, 또 선교지에서 목사나 의사 혹은 고학력 소지자들이 아닌 사람들이 가질 수 있는 직업이 있는지에 관해 말씀해 주셨으면 감사하겠습니다.

　　　　　　　　　　　　　　　　　　　　－윤진철 올림

사랑하는 윤진철 형제님.

 선교에 대해 궁금한 점을 편지로 주신 것에 감사합니다. 형제 앞에 놓인 기회는 아주 많습니다. 보통 한국에서 선교사라고 부르는 유형의 제한된 수의 사람들 이외에도 많은 일꾼들이 필요합니다. 나를 만나지 못했던 형제의 친구에게 사과하고 싶군요. 나는 '무능하다'는 말을 싫어합니다만 능력의 한계를 느끼는 것은 사실입니다. 내가 방문했던 대부분의 교회에서 설교를 준비하고 전달하는 데 나의 모든 시간과 능력을 다 썼습니다. 주어진 주제에 관해 강연을 하는 데 얼마나 많은 시간을 보내느냐 하는 것은 별로 중요한 것이 아닙니다. 만일 내가 기도시간을 충분히 갖지 않았다면 하나님은 나를 전적으로 사용하실 수 없었을 것입니다. 하나님께서 기도하지 않은 상태에서 나를 사용하셨다면 나는 영적으로 무기력했거나 교만에 빠졌을 겁니다. 말하자면 그분이 아닌 내가 그 일을 해냈다고 생각했을 테지요.

 강연 프로그램이 비교적 가벼운 경우도 있지만 개인이나 목회자 그룹과 같은 특정단체와의 비공식적인 교제시간이 있기 때문에 거의 쉴 틈이 없었습니다. 그곳 목사님과 나를 이해해 주기 바란다고 친구에게 전해 주십시오. 실제 나의 하루 24시간은 완전히 예약되어 있는 셈이지요. 개인과의 교제에 일일이 응하는 유일한 방법은 잠을 자지 않는 겁니다. 나에게 건강을 허락하신 하나님께 감사를 드립니다만 내 스스로도 건강에 유의해야 하지 않겠습니까?

 자, 이제 본론으로 들어갑시다. 하나님께서는 어느 선교단체보다도 훨씬 탁월한 구상력을 갖고 계시며 선교지에서의 직업도 우리가 추측할 수 있는 것보다 훨씬 다양하게 알고 계십니다. 형제가 몇 개월 혹은 평생 동안 선교사역에 임하도록 하나님께 부르심을 받았다고 생각한다면 그것은 올바른 판단일지도 모릅니다. 그러나 그것을 행함에 있어서는 능력이 있어야 하며 이전과는 전혀 다른 유형의 훈련과정을 거쳐야 합니다. 하나님께서 형제에게 맞는 일을 주실 때 그 일은 신학공부를 반드시 필요로 하지는 않습니다. 여러 가지 다양한 훈련에 대해 기꺼이 소개해 드리겠습니다.

예를 들어 OM전도단, YMCA전도단, 안디옥 프로젝트와 같은 선교단체들은 몇 주간의 브리핑을 통해 선교지에 대해 경험할 수 있는 좋은 기회를 제공합니다. 그들은 다양한 지역에서 상당히 가치 있는 일들을 하고 있으며 단기선교기간 중에는 사람들을 그들 고유의 언어별로 분류하여 일하게 합니다. 형제의 적성을 테스트해 볼 수 있는 좋은 방법 중의 하나가 아닌가 생각됩니다.

안디옥 프로젝트에서는 미국에 사는 형제의 친구처럼 영어를 할 수 있는 한국인을 찾고 있습니다. 그들은 하나님께서 미국에 이민온 모든 한국인들을 성서시대 이방선교의 근원지였던 안디옥 교회처럼 훈련하기 위해 보내셨다고 생각하고 있습니다. 하나님은 미국을 비롯한 지구상의 상당 부분을 차지하는 영어권 지역으로부터 궁극적으로 세계 도처에까지 복음을 전파하는 데 그들을 사용하시기 원합니다.

형제는 일생 동안 선교로 헌신하도록 하나님께 부름받았다고 생각할지도 모르겠습니다. 그러나 그렇더라도 형제가 임하게 될 훈련의 본질을 직접적으로 알기 위해 이런 종류의 단기 경험은 가치가 있을 것입니다. 신학대학을 가는 대부분의 사람들이 잘못된 개념을 갖는 경우가 많다고 봅니다. 즉 신학공부를 하는 것이 하나님께서 꼭 원하시는 일이라는 생각입니다. 해외로 나가거나 거주지에서 멀리 떠나본 경험이 없는 사람들은 '선교'에 대해 편협한 생각을 할 수도 있습니다.

'사역자(minister)'라는 단어의 개념도 잘못되어 있습니다. 성경 원어에서 보면 사역자의 실제 의미는 섬기는 사람입니다. 그것은 또한 영어 단어인 minister의 원래 의미이기도 합니다. 선교사나 사역자가 모든 종류의 전문적인 훈련과 종교적인 권위를 지닌 뭔가 대단하고 중요한 사람들인 것처럼 잘못 인식된 것은 제국주의 시대 서구로부터 파송된 선교사들 때문입니다. 이러한 고정관념을 가진 사람은 성경을 이해할 수 없습니다. 왜냐하면 이런 개념은 성경에 없기 때문입니다.

예수님의 제자들은 정규교육을 거의 받지 않은 사람들로 구성되었습니다. 3년 동안 예수님과 함께 성읍을 돌아다니며 평범한 사람들에게 평이한 말로 전했던 그분의 가르침을 듣고 그분이 행하신 기적을 보는 것이 그들이 받은 훈련의 전부였습니다.

예수님께서는 승천하시기 전에 제자들에게 두 가지 사명, 즉 증인이 될 것과 능력을 행할 것을 명하셨습니다. 이 두 가지 사명은 특정교육을 요구하지 않습니다. 증인이 된다는 것은 누군가 다른 사람에게 자신이 직접 보고 듣고 경험한 것을 말해 주는 것을 의미합니다.

또한 증인이 한 사람일 경우에는 그의 말이 믿어지지 않습니다. 구약의 율법에 의하면 "두 증인의 입으로나 세 증인의 입으로 그 사건을 확정할 것."이라고 되어 있습니다. 대개의 사람들은 본능적으로 이렇게 말합니다. "당신의 말을 믿을 수가 없습니다. 누구 다른 사람 더 없습니까? 본 것을 알고 싶군요."

이러한 이유 때문에 예수님께서는 제자들을 두세 명씩 짝을 지어 복음을 전하도록 보내셨고 초대 교회도 그런 식으로 선교사를 파송했습니다. 증인의 임무는 교회와 선교사의 가장 기본적인 임무로서 이 일은 특별한 사람이 아닌 먼저 증인의 역할을 하고 그 다음에 가르치는 자가 되는 평범한 사람들에 의해 행해져야 합니다.

이제 이러한 증인들이 각기 언어가 다른 사람들에게 복음을 전파할 때 언어문제가 생깁니다. 통역자를 구하거나 그 나라 언어를 직접 배우는 수밖에 없습니다. 그래서 교회의 선교사역이 복잡하고 힘든 것입니다.

그러나 앞에서 언급한 젊은이들로 구성된 선교단체는 통역자를 통해 성공적으로 사역을 하고 있으며 젊은 사람들에게 어떤 언어권에서 사역해야 할지를 결정하는 계기를 마련해 줍니다.

이러한 결정에는 많은 요인이 작용합니다. 문화수준, 토착 교회의 유무, 토착 종교의 형태, 선교에 대한 그 나라 정부의 입장, 선교사의 파송과 생계수단, 거주지 등을 정하는 병참업무 등 여러 가지가 있습니다.

자국의 교회로부터 전적인 지원을 받는 선교사의 경우에도 자신이 하고자 하는 일을 지역 주민들에게 납득시키는 데 어려움을 겪을 것입니다. 만일 선교사가 학교나 병원을 설립하기 원한다면 그 일이 환영받는 일인지도 알아야 하며 바쁜 시간을 쪼개어 사람들과 일대일로 만나 교제를 나누는 데도 관심을 기울여야 합니다. 새로운 언어를 배워야 한다면 그것은 어느 정도의 시간 소모가 필요하겠지만 그 지역의 사람들과 문화를 이해하는 좋은 방법일 수도 있습니다.

문맹지역에서의 복음전도는 매우 놀라운 분야의 하나입니다. 세계에는 상당수의 문맹인들이 있는데 그들은 누군가 글자를 읽을 수 있도록 가르쳐 준다면 매우 고맙게 여깁니다. 이런 유형의 사역은 만족도도 높고 긍정적인 평가를 받을 수 있는 창조적인 일이면서 문자를 가르치는 프로그램을 만들어 내고 개선하는 과정이 필요합니다.

언어의 문자표기가 오랜 세월 동안 가능해왔던 지역에서는 문맹인들이 교육의 혜택을 누린 현학적인 사람들로부터 소외감을 느낍니다. 그런 곳에서 사역자들은 사회의 하층을 구성하는 사람들을 상대로 일해야 합니다. 예수님께서 직접 하셨던 선교처럼 말입니다. "나는 가난한 자에게 복음을 전하러 왔다."

만일 형제가 가난한 사람들에게 복음을 전하기 원한다면 무지한 빈곤층을 착취하는 부유층과 권세 있는 자들에게 환영을 받을 수 없다는 것을 알아야 합니다. 형제도 예수님이 사두개인이나 바리새인들로부터 받았던 대접을 그대로 받게 됩니다. 결국 십자가만이 형제를 기다리고 있을 겁니다.

또 다른 유형의 선교사역으로 성경번역을 들 수 있는데 이 일은 매우 흥미가 있으면서도 힘든 작업입니다. 언어가 문자화되지 않아 성경이 없는 지역이 성경으로 번역된 지역만큼이나 많습니다. 이런 언어는 고립된 환경하의 소규모 집단에서만 통용됩니다. 이들 집단의 대부분은 열대 지방 주변이나 적도의 남부에 분포되어 있습니다.

이들에게는 문자체계가 전혀 없으며 이곳에 파송된 선교사는 이방인이 받을 수 있는 의심이나 적의를 무릅쓰고 모기, 타는 듯한 더위, 풍토병 등과 싸워 나가야만 합니다.

이러한 지역에 헌신하는 사람들이 현대문명의 편의 속에서 성장한 사람들이라는 것과 현대문명이라는 것이 결코 가난한 자에게 복음을 전하는 데 반대되는 유약하고 방종적이며 타락한 것만은 아니라는 사실에 흥미를 느끼게 됩니다.

그러므로 우리는 '현대화된' 한국인으로서 더 이상 문명의 화려한 외관에만 미혹되는 어리석은 자가 되지 말고, 문명에서 얻은 기술을 수천년 동안 읽고 쓰는 능력이 없이 살아온 의심 많은 사람들, 하나님의 살아 계심을 알면서도 그분을 만나며 그분의 말씀을 읽을 수 있는 방법을 모르는 사람들을 포함한 전 세계의 사람들에게 복음을 전파하는 데 사용해야 할 것입니다.

예수원을 위한 우리의 기도 제목

존경하는 대천덕 신부님.

지난 번 큰비에 어떤 피해라도 입지 않았는지 그곳 예수원의 상황이 무척 염려됩니다. 저는 하나님이 매년 큰비를 보내시는 데에는 나름대로의 이유가 있다고 생각합니다.

제가 신부님께 글을 통해 여쭙고자 하는 내용은 예수원에 대한 것입니다. 지난번 예수원을 방문한 이후로 저는 한 가지 사실에 대해 골몰하기 시작했습니다. 그것은 수많은 사람들이 예수원에 찾아와 그들의 문제를 놓고 열심히 기도는 하지만 정작 그들이 머물고 있는 예수원을 위해서 기도를 해 줘야겠다는 필요성은 느끼지 못하고 있었다는 점이었습니다. 신부님은 제가 그곳에 머무는 동안 몇 번에 걸쳐서 예수원 식구들이 외부 성도들의 기도를 필요로 한다는 사실을 강조한 바 있습니다.

그러나 저는 구체적으로 예수원이 무엇을 하는 곳인지, 어떤 신앙의 공동체인지를 잘 모릅니다. 예수원이 단지 기도만 하는 평범한 곳이라고는 생각지 않습니다. 신부님께선 예수원 일을 돕거나 상의하기 위해 예수원을 방문하는 어떤 손님들에 대해서 말씀하신 적이 있었습니다. 신부님, 제가 예수원을 위해 보다 구체적이고 현명하게 기도해 줄 수 있도록 예수원이 어떤 신앙공동체인지를 말씀해 주셨으면 합니다.

- 주 안에서 장신덕 올림

사랑하는 신덕 형제.

저희 예수원의 나무와 풀을 비롯한 초목들은 하도 번성해서 폭우의 피해를 이기고도 남을 정도입니다. 목장의 풀은 잘 자라나 양떼들의 좋은 먹이가 되고 있고 비탈길에 촘촘히 심기운 나무들은 폭우의 피해를 최소한으로 막아 줍니다. 그러나 우리가 필요로 하고 있지 않은 나무들이 거침없이 자라고 있는데도 이것을 제대로 정리할 수 있는 일손이 달리다는 점과 잘 정돈된 기존의 땅을 현 상태로 보존하는 데 필요한 일꾼이 부족하다는 사실이 안타까울 뿐입니다.

신덕 형제께서 예수원에 깊은 관심을 나타내신 데 대해 우선 감사를 드립니다. 그러나 한 가지 고백해야 할 사항이 있습니다. 그것은 외부 손님들을 맞이하는 저의 태도가 따뜻하지 못하다는 사실입니다. 사실 저는 예수원을 찾는 사람들이 그렇게 많을 줄은 미처 생각지 못했으며 이로 인해 하나님은 저의 계획성 없고 손님들을 향한 비호의적인 태도를 나무라시곤 했습니다.

저는 외부손님들을 잘 맞아들이고 그들을 위해 유익한 계획을 준비하라는 하나님의 음성에 귀를 기울였어야 했습니다. 저의 아내 현제인은 하나님으로부터 남을 호감있게 대해 주는 특별한 은사를 받았기 때문에 저의 이런 좋지 못한 태도를 자주 보완해 주었습니다. 그러나 하나님은 저의 비호의적인 태도를 회개하라고 계속 종용했습니다. 하나님이 예수원에 많은 방문객들을 보내 주셨다는 점과 우리가 이들을 충실히 보살피기를 원한다는 사실은 이제 명백해졌습니다. 그러나 이외에도 우리에게 맡겨진 하나님의 임무는 많이 있습니다.

우리 예수원이 기도하는 곳이라는 점 때문에 예수원에 오는 목적이 기도를 받기 위함이라고 생각한다면 그것은 오해입니다. 우리가 찾고자 하는 사람은 우리와 함께 기꺼이 남을 위해 기도할 수 있는 사람입니다. 하나님은 우리에게 기도할 수 있는 특권을 주셨습니다. 우리는 기도받기 원하는 사람들보다 적극적으로 남을 위해 기도할 수 있는 기도의 용사를 필요로 합니다. 우리는 우리의 기도에 동참하는 사람들이 그들의 생을 다 바쳐 남을 위해 기도해 줄 수 있게 되기를 바랍니다.

기도가 쉬운 것이라고 생각하는 사람들은 에베소서 6장 18절에서 19절의 말씀을 꼭 읽어보시기 바랍니다. 기도란 온몸에 전신갑주가 필요할 정도로 치열한 사탄과의 싸움입니다. 사탄과의 싸움에서 필요한 무기가 무엇이겠습니까? 기도입니다. 하나님의 전신갑주를 덧입지 않고 기도하려는 사람들은 예외 없이 낭패를 당하고 말 것이란 사실에 유념하십시오. 그러한 사람들은 사탄에게 속아 주님을 위한 일이라곤 아무것도 할 수 없을 것입니다. 또한 기도하지 않고 하나님의 뜻이라고 생각한 일들을 추진하려는 사람들도 모두 실패하고 말 것입니다.

이것은 우리 예수원이 만들어 낸 개념이 아닙니다. B.C.543년에 서거한 저 유명한 로마의 기도용사 베네딕트 수도승은 당시 외딴 곳에서 기도에 열심을 다하고 있던 집단을 가리켜 '수도원'이라고 명명했는데 바로 수도원에서 이 개념이 나온 것입니다. 베네딕트의 제자였던 그레고리 수도승이 로마의 주교가 됐을 때 그는 그의 후계자인 어거스틴과 일단의 기도용사들을 영국으로 보내 영국인들을 개종시키도록 했습니다. 비기독교문화권에 기독교인이 파송되기는 그들이 처음이었습니다. 그들은 선교사나 전도사가 되기 위한 전문적인 훈련을 받지 않았습니다. 다만 그들은 기도의 사람들이었습니다.

그런데 재미있는 일이 벌어졌습니다. 그들이 영국에 도착해 외딴 곳에서 공동체 생활을 하며 기도에 전심을 다하고 있는 동안 하나님을 모르고 있던 이 지역 사람들이 그들을 찾아와 그들이 하고 있는 일이 무엇이냐고 묻는 것이었습니다. 아마도 그 지역 사람들 눈에는 수도승들의 공동체 생활이 신기하게 보였던 모양입니다. 그들은 로마 수도승들이 어째서 세계에서 가장 발달된 나라인 로마를 저버리고 외딴 섬나라인 영국에 왔는지가 무척 궁금했습니다. 또한 이들은 수도승들과 대화를 하는 동안에 수도승들의 공동체 생활 이면에 초자연적인 힘이 뒷받침되고 있을 것이라는 확신을 얻게 됐습니다. 이들 중 청년 몇 명이 수도승들과 공동체 생활을 하기로 맹세했습니다. 이들 청년이 바로 수도승들로부터 기도가 무엇인지를 배우고 수도원을 나와 전 영국을 복음화한 장본인들입니다.

도대체 영국이란 나라를 기독교로 개종시킨 힘이 어디서 나왔습니까? 그것은 다름아닌 자신들의 전 생애를 오직 기도하는 일에 헌신하며 하나님의 뜻이 이루어지기를 기원했던 로마에서 온 어리석은(?) 외국 수도승들의 기도에서 나왔던 것입니다.

오늘날 교회들은 세계를 복음화하는 일과 이 일을 이루기 위한 선교사 교육에 큰 관심을 보이고 있습니다. 그래서 선교사를 훈련시키고 모집하며 선교자금을 얻기 위한 여러 프로그램을 개발하는 등 온갖 아이디어를 짜내고 있습니다. 그러나 자신의 삶 전체를 기도하는 일에 헌신해 하나님의 뜻이 이루어지도록 기도하는 사람을 찾아보기 힘듭니다(우연의 일치일지는 모르겠으나 어거스틴 시대에 기도의 용사들은 봉급을 받지 않았습니다. 그들은 자신들의 생계를 유지하기 위해 스스로 노동을 했습니다. 이것은 그들이 기도 외에 했던 유일한 일이었습니다. 그들의 좌우명은 '기도가 일이며 일이 기도'였습니다. 이는 예수원의 좌우명이기도 합니다).

이와 관련해 선교에 관해 언급한 중요한 성경 구절이 있습니다. 마태복음 9장 37절부터 38절까지 예수께서는 제자들에게 "추수할 것은 많되 일꾼은 적으니 그러므로 추수하는 주인에게 청하여 추수할 일꾼들을 보내어 주소서 하라."라고 말씀하셨습니다.

　예수께서는 "밖으로 나가 사역하라." "선교훈련 프로그램을 조직하라." "밖에 나가 사역자들을 모집하라."는 식으로 말씀하지 않았다는 사실에 유념하십시오. 예수께서는 언제나 이러한 일들은 최선의 일이 아니라 차선의 일이라고 밝히셨습니다. 예수께서 밝힌 최선책이란 바로 기도하는 일입니다.

　우리는 우리가 알고 있는 좋은 프로그램들을 포기해서는 안됩니다. 그러나 그 무엇보다도 먼저 해야 할 일이 있는데 그것이 기도입니다.

　어떤 사람들은 "한국의 교회들이 선교와 전도와 한국복음화 등 주요 교회사업을 위해 기도하고 있지 않느냐."라고 말합니다. 물론 교회들이 이런 현안들을 위해 기도하고 있는 것은 사실입니다.

　그러나 우리가 교회사를 면밀히 관찰해 본다면 교회에 엄청난 부흥의 역사를 가져온 것은 끊임없는 기도의 결과였다는 사실을 발견할 수 있습니다. 다시 이야기를 영국의 복음화로 돌려보겠습니다. 영국의 복음화는 자신의 생계를 유지하기 위해 극히 필요한 노동에 종사하는 일 외에는 생애 전체를 기도하는 일에 몰두했던 일단의 수도승들의 줄기찬 기도의 결과였던 것입니다.

　신덕 형제, 나는 형제가 들으면 매우 놀랄 사실 한 가지를 말씀드리겠습니다. 기도에 전념하는 생활이 영국의 복음화를 이룩한 것은 사실이나 세월이 흐르면서 기도하는 생활은 형식화되고 진부하게 되어 급기야는 타락의 길로 접어들고 말았습니다. 종교개혁이 일어났을 당시에는 이러한 기도의 생활은 불필요하고 불건전하며 심지어는 비기독교적인 태도로까지 취급당했습니다.

　이러한 현상은 종교개혁이 일어난 지 476년이 지난 오늘날에 있어서도 다를 바 없습니다. 초기의 로마교회 개혁자들은 기도에 전념하는 것을 체계화하여 남을 위한 중보기도에 열심이었습니다. 따라서 이들이 벌였던 선교활동은 곧바로 큰 효과를 낳아 로마교회와 로마정부의 영향력은 세계로 뻗어 나갈 수 있었습니다. 그러나 시간이 지날수록 교회개혁자들은 교회를 개혁하는 일에 너무 몰두한 나머지 중보기도하는 일과 선교하는 일을 그만두게 되었습니다. 이로 인해 선교활동은 근 5백 년간 유명무실하게 되었고 신앙공동체 안에서 기도에 전념하는 모습도 사라져 버렸습니다.

예수원이 세워진 목적이 바로 여기에 있습니다. 예수원은 기도받으러 오는 사람들을 위한 곳이 아니라 남을 위한 중보기도와 특별히 한국의 복음화를 위해 자신의 삶 전체를 기도에 헌신할 수 있는 사람들이 모인 신앙공동체입니다. 오늘날 한국에서 선교의 효과가 크게 나타나고 있다고 말들 하지만 겨우 전 국민의 25퍼센트만 기독교로 개종된 것은 어떻게 된 것입니까. 우리가 전도에 너무 바쁜 나머지 기도를 못하고 있는 것은 아닙니까. 자신의 전 생애를 남을 위한 중보기도에 기꺼이 헌신하려는 성도들이 극히 드문 것은 아닙니까. 혹시 우리가 예수님의 말씀을 경솔히 듣는 것은 아닐는지요.

우리는 모든 것을 다 시도해 보았습니다. 그러니 무엇보다도 제일 먼저 해야 할 일인 헌신적인 기도생활은 소홀히 여겼습니다. 우리는 "추수할 것이 많이 있으니 그러므로 기도하라."는 주님의 말씀에 귀를 기울이지 않았던 것입니다. 우리는 기도를 실천적으로 해내야 합니다.

신덕 형제, 이 일은 바로 예수원이 첫번째로 완수해야 할 사명입니다. 우리는 기도생활에 익숙해 있지 않기 때문에 때때로 곁길로 빠질 수 있습니다. 성 베네딕트 수도승의 기도원칙은 시편 119편 164절과 마가복음 14장 41절의 말씀에 따라 낮에 7번, 밤에 3번 모여 기도하는 것이었습니다. 그러나 오늘날의 성도들은 이러한 기도원칙을 자신의 삶에 적용시키려는 시도조차 하고 있지 않습니다.

저희 예수원도 그렇게는 하지 못하고 있는 형편입니다. 그 이유는 아직까지 예수원이 자급자족을 못하고 있고 방문객들을 위해 기도해 주는 일, 선교사 지망생들을 교육시키는 일, 문서 선교 등 하나님께서 저희들에게 맡긴 다른 사명들이 많기 때문입니다.

몇 해 전 우리는 '예수원의 비전'이란 새로운 계획을 하나님으로부터 받았습니다. 이 계획에는 하나님께서 원하시는 많은 일들이 담겨 있습니다. 지금까지는 이 계획들을 조금밖에 추진하지 못했으나 앞으로는 보다 많은 일을 할 수 있을 것 같습니다.

하나님께서 우리 예수원에 부여한 일들을 몇 가지 소개해 드리겠습니다. 우선은 세계 인구의 90퍼센트 복음화를 위해 기도하는 것입니다. 이 중에는 노동자도 있고, 농부들도 있으며, 사탄이 표적 제일로 삼고 있는 공산주의자들도 포함되어 있습니다.

누가복음 4장 18절을 보시기 바랍니다. 이 말씀을 보면 우리 믿는 자들에게는 자립(自立)할 수 있고 자치(自治)하며 또한 스스로 홍보활동을 벌일 수 있는 새로운 신앙의 자세가 요구되고 있습니다.

우리 예수원은 이러한 목적을 위해 세워졌으며 철저한 실험과 경험을 바탕으로 이를 실천할 수 있는 일꾼들을 양성하기 위해 부름을 받았습니다. 과거에는 신학을 '과학의 여왕'이라고 불렀습니다. 그러나 오늘날은 실험학문이 아닌 이론학문으로 분류되고 있습니다. 우리는 성경의 내용을 조사하고 이것이 우리 실생활과 얼마나 부합되는지를 연구하며 또한 크리스천의 삶이 현사회와 어떻게 조화를 이루어 나가는지를 실제로 실험해 보도록 부름을 받았습니다.

우리 예수원은 또한 평신도 선교사로서, 스스로 자립하며 풀타임으로 뛸 수 있을 뿐만 아니라 성 어거스틴처럼 기도에 전념할 수 있는 신앙공동체를 세울 수 있는 사람들을 양성하여 파송할 목적으로 세워졌습니다.

우리는 또 우리들의 자립은 물론 다른 사람들을 보조해 주도록 부름을 받았는데 이러한 일을 하기 위해선 목공, 양 치는 일 등 많은 기술이 필요합니다. 또한 우리는 번역 출판 저술 오디오 및 비디오 생산 등의 일에 종사함으로써 하나님의 군사기지를 튼튼히 하는 초석역할을 하도록 부름을 받았습니다. 형제도 아시겠지만 이런 업무를 완수하기 위해선 다른 여러 기술과 경력(예를 들어 농업 가공업 수공업 요리 관리 검사일 등)을 지닌 사람들이 상당히 많이 있어야 합니다. 뿐만 아니라 이들을 수용할 수 있는 건물도 있어야 할 것입니다. 그러나 그 무엇보다도 우리가 필요로 하는 것은 기도의 용사들입니다.

신덕 형제, 하나님께서 기도의 용사들을 저희 예수원에 많이 보내주시도록 기도해 주시기 바랍니다. 안녕히 계십시오.

산골짜기에서 온 편지4

초판발행 | 1994년 11월 10일
초판5쇄 | 2006년 10월 17일
개정 1판 1쇄 | 2016년 9월 7일

지 은 이 | 대천덕
발 행 인 | 이영훈
발 행 처 | (주)신앙계
　　　　　서울시 영등포구 여의도동 11-17
　　　　　영업부 02)785-3814

등록번호 제 13-46호

인 쇄 처 | 동양인쇄 02)838-3311
인 쇄 인 | 유일준
총 판 처 | 서울말씀사 02)846-9222~4

글 ©2016. 대천덕
이 책의 저작권은 저자에게 있습니다. 서면에 의한 저자와 출판사의
허락없이 내용의 일부를 인용하거나 발췌하는 것을 금합니다.

값 12,000원

ISBN 978-89-86622-40-9
ISBN 978-89-86622-36-2 (세트)

「이 도서의 국립중앙도서관 출판예정도서목록(CIP)은 서지정보유통지원시스템
홈페이지(http://seoji.nl.go.kr)와 국가자료공동목록시스템(http://www.nl.go.kr/
kolisnet)에서 이용하실 수 있습니다.(CIP제어번호: CIP2016016870)」